Shanghai JianQing Experimental School

1939

上海市建青实验学校

建树青年

上海市建青实验学校图志

| 1939—2019 |

潘敬芳　马学强　主编

上海社会科学院出版社
SHANGHAI ACADEMY OF SOCIAL SCIENCES PRESS

图书在版编目（CIP）数据

建树青年：上海市建青实验学校图志：1939—2019 /
潘敬芳，马学强主编. —上海：上海社会科学院出版社，
2019

ISBN 978-7-5520-2861-4

I. ①建… Ⅱ. ①潘… ②马… Ⅲ. ①上海市建青实验
学校－校史－1939—2019 Ⅳ. ①G639.285.13

中国版本图书馆CIP数据核字（2019）第192643号

建树青年　　上海市建青实验学校图志（1939—2019）

主　　编：潘敬芳　　马学强
责任编辑：蓝　天
封面设计：黄婧昉
出版发行：上海社会科学院出版社
　　　　　上海顺昌路622号　邮编200025
　　　　　电话总机021-63315947　销售热线021-53063735
　　　　　http://www.sassp.org.cn　E-mail: sassp@sassp.cn
排　　版：南京展望文化发展有限公司
印　　刷：上海万卷印刷股份有限公司
开　　本：889×1194毫米　1/16开
印　　张：14.75
插　　页：5
字　　数：316千字
版　　次：2019年10月第1版　　2019年10月第1次印刷

ISBN 978-7-5520-2861-4 / G·874　　　　　　定价：118.00元

· 潘敬芳

　　教育学硕士。现任上海市建青实验学校校长，上海市第十五届人大代表、上海市特级校长。曾荣获上海长宁区"十佳"巾帼建功标兵、上海市"三八"红旗手、全国"六五"普法先进个人等荣誉称号。历任上海市天山初中校长、华东师范大学附属天山学校校长、华东政法大学附属中学校长等职；兼任上海市初中德育专业委员会副主任、上海市教育学会高中专业委员会副秘书长、上海市教育评估协会基础教育专业委员会副主任。发表《基于课堂教学关键教育实践开展校本研修》《十五年一贯制学校学生优势智能实验室课程建设的实践研究》等30余篇论文，出版《民主课堂》《循理而行》等专著。多项教学成果获奖，其中主持的上海市级课题《建设明德尚法课程体系，推进学校特色发展》获上海市基础教育教学成果二等奖。

· 马学强

　　历史学博士。现为上海市史志学会副会长、上海社会科学院历史研究所研究员。主要研究领域为中国城市史、区域史、都市人文遗产等。在各类学术刊物上发表论文百余篇。已出版的主要著作有：《从传统到近代——江南城镇土地产权制度研究》、《江南席家——中国一个经商大族的变迁》、《出入于中西之间——近代上海买办社会生活》（合著）、《八百里瓯江》（合著）等；参与主编《千年龙华》《阅读思南公馆》《上海的城南旧事》《上海城市之心》《从工部局大楼到上海市人民政府大厦》《西学东渐第一校：从徐汇公学到徐汇中学》《沪上名校：百年大同研究》《存古开新：从绍郡中西学堂到绍兴市第一中学》《〈密勒氏评论报〉总目与研究》《石库门珍贵文献选辑》等30余部作品。先后承担多项国家和上海市哲学社会科学研究项目，有多项成果获上海市哲学社会科学优秀成果奖。目前主持"百年名校与江南文脉"丛书（商务印书馆出版）、"城市更新与人文遗产·上海系列"丛书（上海社会科学院出版社出版）等。

目录

目
录

附　录

序言一

　　这是一册记录上海市建青实验学校发展的图志，主要收集了该校80年来发展的各种图片资料，附有一些文字说明，反映了该校办学的历程和改革实验的经验。我对这所学校不熟悉，看完这册图志，对该校有了初浅的了解。这所学校的前身是抗日战争期间在上海孤岛上办起的南洋模范无线电学校，1955年改为"私立建青初级中学"，翌年转为公办，1984年将原建青中学、虹桥路第一小学、虹桥路第二幼儿园合并为15年制的建青实验学校，前12年实行一贯制。是我国较早实行九年一贯制的学校。

　　我一直主张义务教育阶段实行九年一贯制，五四分段，并且从20世纪80年代中开始组织北师大教育科学研究所的同志们编写了一套"五四分段"教材，在山东、湖北、黑龙江几个县市开展实验，直到新课改启动以后才停止。许多学者也都支持五四分段，上海小学一直就是五年制。

　　为什么主张九年一贯五四分段？因为，第一，小学生的潜力很大，五年完全能够完成小学的任务，而初中课程较多，难度增加，初中学生负担较重，学生常常在初级阶段出现分化。实行五四分段可以减轻初中生的负担，提高初中教育的质量。

　　第二，小学初中九年一贯，就可以避免小学升初中的竞争。虽然现在国家规定小学升初中不能用考试录取，但由于学校发展不均衡，总还存在着升初中的竞争。实行小学初中九年一贯，小学毕业直升初中，避免了家长对孩子升学的焦虑。

　　第三，有利于对课程的整合，提高教育质量，推进素质教育。九年一贯五四分段，不是简单地把小学和初中合为一个学校，而是要统筹九年的人才培养方式，整合课程，把小学教育和初中教育有机地连接起来。

　　上海建青实验学校是一所从幼儿园到高中的15年制学校，并在小学和初中实施九年一贯，有一个班的学生还延伸至高中，实行了15年一贯的学制试验。他们放弃重点中学的"择优权"，就近招收学生入学，后来又进行了初中毕业免试直升高中的试点，35年来取得了卓越的成绩，受到上海各界的关注。

　　我认为，上海建青实验学校能够取得如此好的成绩，关键在于观念的转变，相信学生内在的发展潜力，相信每一个学生都能在学习上取得成功。其次是坚持素质教育，不以升学考试为目的，把立德树人作为学校的根本任务，让学生在德智体美劳全面发展。第三是开展课程教材改革，调整课程设置，改革学科知识体系，优化教学内容，改进教学方法，开展了学校全面的综合改革。

　　一贯制的学校在全国还不太多，上海建青实验学校自创建以来，在全体教职工的努力下，筚路蓝缕，创造了新的经验，值得大家借鉴。

顾明远

2019 年 8 月 19 日

顾明远，北京师范大学资深教授，中国教育学会名誉会长。

在喜迎中华人民共和国成立70周年之际，欣闻全市唯一一所公办的十五年一贯制学校——上海市建青实验学校将迎来建校80周年的纪念日。感谢潘敬芳校长送来了由上海社会科学院专家团队和建青实验学校共同编撰的《建树青年》一书的样稿，让我有机会深入了解了建青实验学校的前世今生和80年的办学历史。

《建树青年》一书图文并茂，我看到了很多珍贵的图片资料，其中有的史料尘封多年，刚刚揭开神秘面纱。比如说：学校几易校址，《申报》上有招生启事，等等。有的资料是近半个世纪后被广大教师和校友"往事重提"，比如说：《光明日报》刊登介绍建青中学好校风的文章；1979年7月11日，《文汇报》头版头条介绍了《建青中学坚持八年学雷锋》，等等。有的资料虽然感觉普通，但是对于"建青人"来说却是难忘的、值得一辈子珍藏的青春记忆，比如说：照片中的老校舍、旧操场、幼儿部八角亭，等等。尤其令我感动的是，我看到了一批在"文革"时期坚持教书育人、执着追求、立德树人的优秀老教师们的黑白照片，照片拍摄者精湛的照相技术在抓拍的瞬间将老一辈建青教师艰苦奋斗、自强不息、敢为人先、立德树人的教育情怀和教育境界非常传神地传递了出来。

《建树青年》一书从3个篇章对建青的办学历史进行了详细的回顾和阐述。第一篇反映的是从南洋模范无线电学校到私立南洋模范补习学校（1939—1955）的办学历史；第二篇反映的是上海市建青中学时期（1955—1984）的办学历史；第三篇反映的是上海市建青实验学校时期（1984年以来）的办学情况，相对而言，我对这段时期比较熟悉。

建青实验学校80年的办学历史是建青人筚路蓝缕、孜孜以求、艰苦奋斗、自强不息的奋斗史，也是建青人咬定青山不放松，坚持教育本真，立德树人、建树青年的教育史，更是建青人敢为人先、实验创新、追求优质改革的发展史。

建青80年的办学发展史不仅反映一所学校"由小变大、由弱变强"的不凡校史，还是上海学前教育、基础教育和高中教育不断改革、实验、发展的缩影，体现了上海教育改革走过的艰辛而坚实的路程。80年的办学史，建青一代又一代教师坚守育人价值，艰苦奋斗、立德树人，为新中国社会主义事业培养了千千万万各领域的优秀建设者和接班人。

梳理校史的过程是寻根溯源的过程，寻找学校发展的起点在哪里？寻找建青精神的起点在哪里？追溯教育的本质是什么？学校80年育人的价值体现在哪里？仔细阅读了《建树青年》一书，以上的问题便可以在书中找到答案。这是今天建青的领导、老师编写这本书难能可贵的地方，也是最有价值的地方。

建青实验学校是一所幼、小、中十五年一贯制学校，长跨度的办学体制可以从德育培养、课程教学、潜能挖掘、个性发展等多方面对学生开展教育，希望建青实验学校领导、老师们励精图治、不懈努力，持续探索幼、小、中学生的身心发展规律与培养途径。站在学校新发展的起点，今天的建青人需要传承优秀的学校传统文化，让建青精神激励新一代教师，不忘教育初心，勇担实验改革责任。让建青优秀实验改革文化薪火相传，一棒接一棒，脚踏实地，走好学校改革发展的新征程，在新时代，为每一位建青学子提供优质的教育，为祖国培养更多德智体美劳全面发展的社会主义建设者和接班人！

岁月如歌，光阴荏苒；80载春秋，春华秋实；继往开来，未来可期！

是为序。

尹后庆

2019 年 9 月

尹后庆，国家督学，上海市教育学会会长，上海市教委原副主任。

篇首

恰同学少年

不同时期毕业照选

南洋模范无线电学校时期

上海市建青中学

上海市建青实验学校

南洋模范无线电学校时期

1944 年南洋模范无线电学校部分毕业生照片

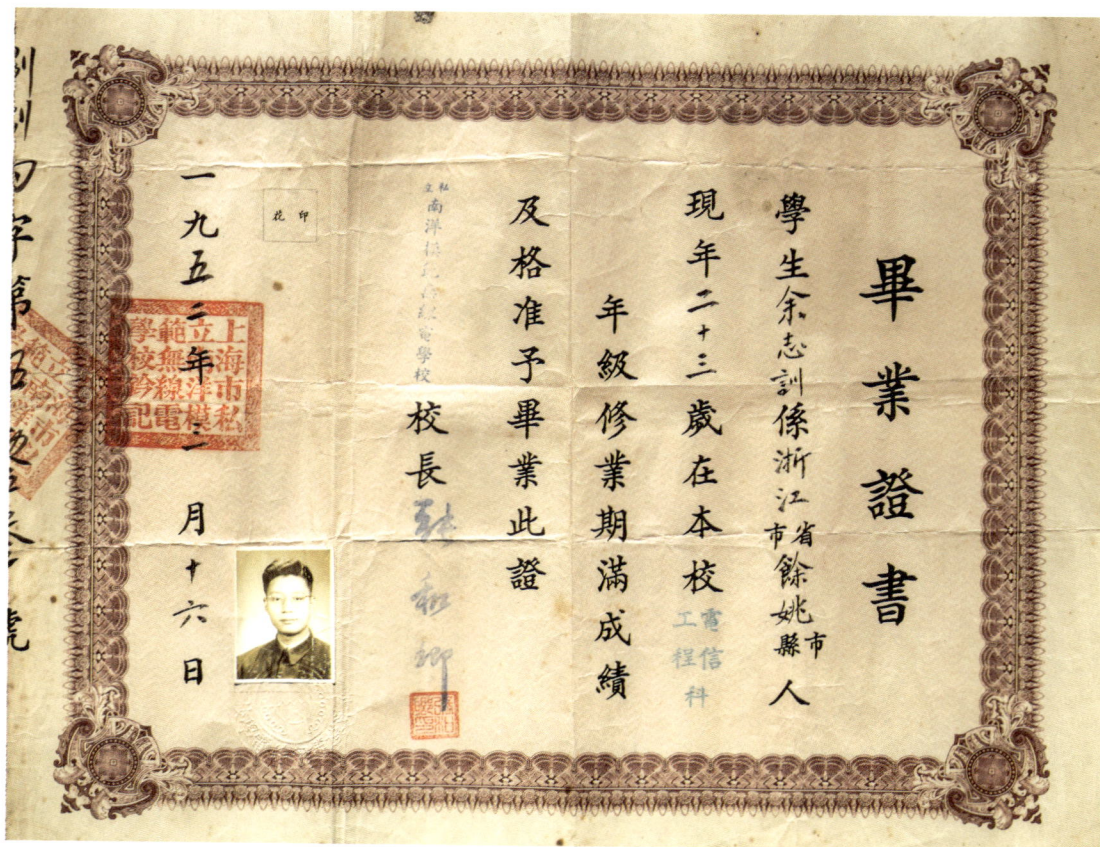

畢業證書

學生余志訓係浙江省餘姚縣人

現年二十三歲在本校電信科

工程科

年級修業期滿成績

及格准予畢業此證

校長 駱和卿

一九五二年立 二月十六日

上海市私立南洋模範無線電學校

1952 年上海市私立南洋模范无 线电学校毕业证书

上海市建青初级中学第一届初三七班毕业生留影（摄于 1957 年 6 月）

上海市建青初级中学第四届全体毕业生暨教职员工合影（摄于 1959 年 8 月）

上海市建青初级中学第六届毕业生在教学楼前合影留念（摄于 1961 年 8 月 1 日）

上海市建青中学第九届毕业班师生合影留念（摄于 1964 年 8 月 7 日）

共青团建青中学总支初三毕业班全体团员合影（摄于 1965 年）

上海市建青中学 1964—1965 年度初中毕业生暨老师合影

20 世纪 60 年代初上海市建青初级中学师生合影（1966 届陆映红提供）

上海市建青中学 80 届高二理科 (1) 班毕业留念（摄于 1981 年 7 月 25 日）

上海市建青中学 80 届文科班全体师生留念（摄于 1981 年 6 月 27 日）

上海市建青中学 1983 年初中毕业生合影留念（摄于 1983 年 6 月）

上海市建青中学1983年高中毕业生合影留念（摄于1983年6月）

上海市建青中学初三（4）班毕业留念（摄于1984年6月）

延青中学初三（5）班毕业留念 1984.6.

上海市建青中学初三（5）班毕业留念（摄于 1984 年 6 月）

延青中学高三（1）班毕业留念 1984.6.

上海市建青中学高三（1）班毕业合影留念（摄于 1984 年 6 月）

上海市建青中学 83 届高三（2）班毕业留念（摄于 1984 年 6 月）

上海市建青中学高三文科班毕业留念（摄于 1984 年 6 月）

上海市建青实验学校 1984 年度初三（1）班毕业留念

上海市建青实验学校 1985 届高三（2）班毕业照

上海市建青实验学校 1987 年高三毕业留念

上海市建青实验学校 1988 届高三（2）班毕业留念（摄于 1988 年 5 月）

上海市建青實驗學校96届九年級(2)班畢業留影 *1996.5*

上海市建青实验学校 96 届九年级（2）班毕业留影（摄于 1996 年 5 月）

上海市建青实验学校 2000 届九年级(1)班毕业留影 Apr.24,2000

上海市建青实验学校 2000 届九年级（1）班毕业留影（摄于 2000 年 4 月 24 日）

上海市建青实验学校 2000 届高三(1)班毕业留影 May 10,2000

上海市建青实验学校 2000 届高三（1）班毕业留影（摄于 2000 年 5 月 10 日）

上海市建青实验学校 2001 届九（2）班毕业留念（摄于 2001 年）

上海市建青实验学校 2001 届高三（1）班毕业留影 *May 14, 2001*

上海市建青实验学校 2001 届高三（1）班毕业留影（摄于 2001 年 5 月 14 日）

上海市建青实验学校 2001 届高三（6）班毕业留影 *May 14, 2001*

上海市建青实验学校 2001 届高三（6）班毕业留影（摄于 2001 年 5 月 14 日）

上海市建青实验学校

上海市建青实验学校 2019 届幼儿部大（1）班毕业留念
（摄于 2019 年 6 月，上海市建青实验学校提供）

上海市建青实验学校 2019 届幼儿部大（2）班毕业留念
（摄于 2019 年 6 月，上海市建青实验学校提供）

上海市建青实验学校 2019 届幼儿部大（3）班毕业留念
（摄于 2019 年 6 月，上海市建青实验学校提供）

上海市建青实验学校 2019 届幼儿部大（4）班毕业留念
（摄于 2019 年 6 月，上海市建青实验学校提供）

上海市建青实验学校 2019 届小学毕业生合影（摄于 2019 年 5 月 24 日，上海市建青实验学校提供）

上海市建青实验学校 2019 届初中毕业生合影（摄于 2019 年 5 月 24 日，上海市建青实验学校提供）

上海市建青实验学校 2019 届高中毕业生合影（摄于 2019 年 5 月 24 日，上海市建青实验学校提供）

第一篇

从南洋模范无线电学校到
私立南洋模范补习学校
1939／1955

1937 年抗战军兴，掌握军事动态、肩负交通传播使命的无线电通信事业扮演起越来越重要的角色，也成为各方政治、军事力量竞相角逐的“特殊阵地”。一时间，电讯、通信、报务工程技术专门人才需求孔亟。1939 年 8 月，由“交通部”等备案的南洋模范无线电学校成立，首任校长为张和卿。成立伊始，即以电信、报务工程为特色，旨在培养“无线电通讯工程专门技术人才”。（图 1-1）1942 年，由于时局动荡，学校在上海、南京之间辗转搬迁，曾迁至南京中山路韩家巷，增设报务员特别训练班。

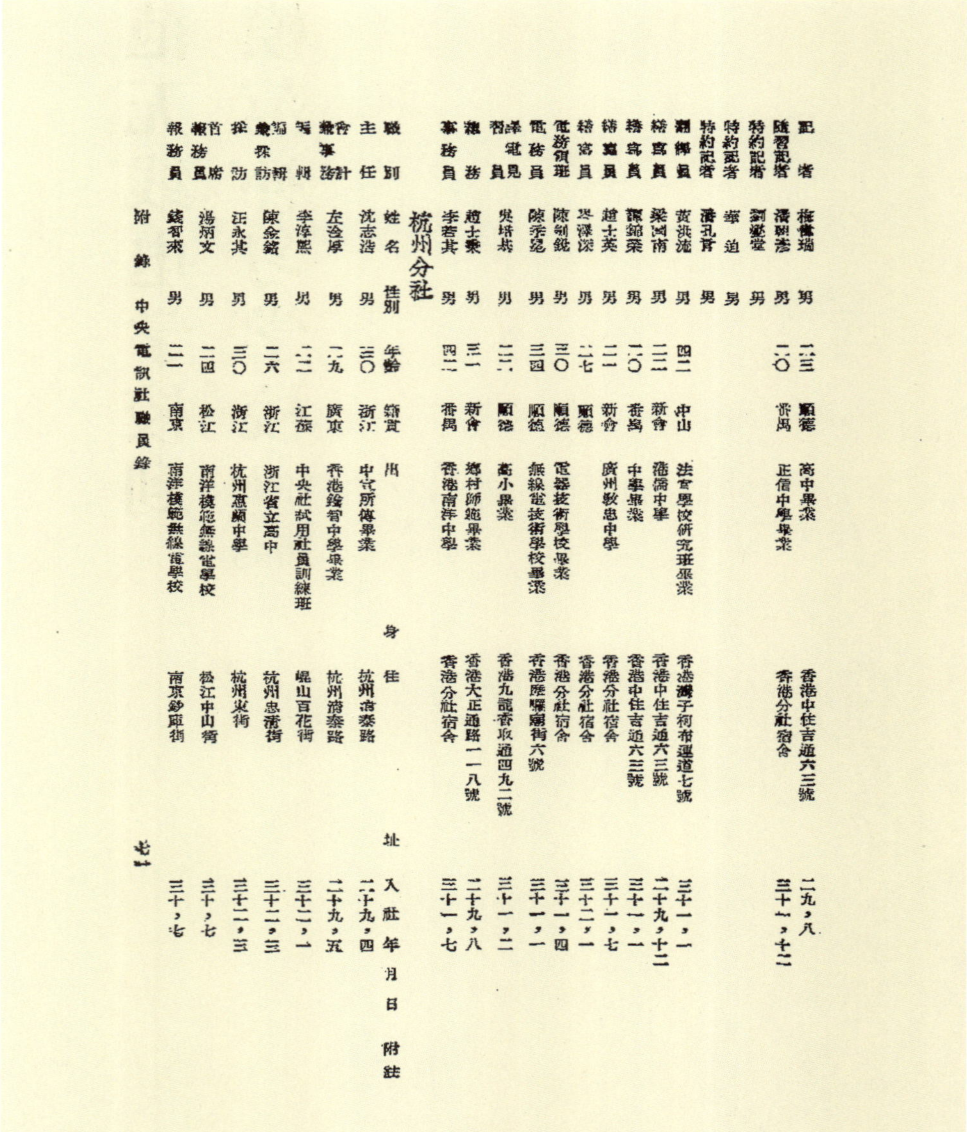

職別	姓名	性別	年齡	籍貫	出身	住址	入社年月日	附註
記者	梅偉瑞	男	二三	順德	高中畢業	香港中住吉道六三號	二九，八	
隨習記者	潘樹彥	男	二〇	番禺	正信中學畢業	香港分社宿舍	三十一，十二	
特約記者	劉燮堂	男						
特約記者	華迫	男						
特約記者	潘孔育	男						
翻譯員	黃洪流	男	四二	中山	法官學校研究班畢業	香港灣子荷李活道七號	三十一，一	
譯電員	梁國南	男	二三	新會	港僑中學	香港中住吉道六三號	二十九，十二	
譯電員	譚錦榮	男	二〇	番禺	中學畢業	香港中住吉道六三號	三十一，一	
譯電員	趙士英	男	二一	新會	廣州敎忠中學	香港分社宿舍	三十一，七	
譯電員	岑澤深	男	二七	順德		香港分社宿舍	三十二，一	
電務領班	陳劍銳	男	三〇	順德	電器技術學校畢業	香港分社宿舍	三十一，四	
電務員	陳秀强	男	三四	順德	無線電技術學校畢業	香港摩囉廟街六號	三十一，一	
見習電務員	吳培基	男	二二	順德	高小畢業	香港九龍香取通四九二號	三十一，二	
雜務	趙士乘	男	三一	新會	鄉村師範畢業	香港大正通路一一八號	二十九，八	
事務員	李若其	男	四二	番禺	香港南洋中學	香港分社宿舍	三十一，七	

杭州分社

職別	姓名	性別	年齡	籍貫	出身	住址	入社年月日	附註
主任	沈志浩	男	三〇	浙江	中宣所傳畢業	杭州清泰路	二十九，四	
會計事務	左滄厚	男	一九	廣東	香港鐘智中學畢業	杭州清泰路	二十九，五	
編輯	李淳熙	男	二二	江蘇	中央社試用社員訓練班	崑山百花街	三十二，一	
編輯採訪	陳金銘	男	二六	浙江	浙江省立高中	杭州忠清街	三十二，三	
採訪	汪永其	男	三〇	浙江	杭州蕙蘭中學	杭州東街	三十二，三	
首席報務員	湯炳文	男	二四	松江	南洋模範無線電學校	松江中山街	三十，七	
報務員	錢智求	男	二一	南京	南洋模範無線電學校	南京鈔庫街	三十，七	

附錄 中央電訊社職員錄 七十一

图 1-1 《中央电讯社职员录》中的南洋模范无线电学校毕业生，选自“中央电讯社出版委员会”编:《中央电讯社第三年》，1943 年

上海解放前夕又迁回上海复校，校址（授课点）分设多处，规模益增，校友遍布于全国各地电信界与交通机关，声誉夙著。1949 年 5 月上海解放，学校迎来新生，此后陆续改称上海市私立南洋模范无线电学校、私立南洋模范补习学校，逐渐从特殊的专门电校向普通的全日制中学过渡。

第一节　早期校史：来自《申报》等的记载

追溯上海市建青实验学校的"前世"，它脱胎于抗战时期一所特殊的专门技术学校——"南洋模范无线电学校"。之所以言其特殊，是因为该校诞生于特殊的年代，其创办背景、办学性质也与其他学校有所不同。

这所学校创建于何时，校址在哪里，早年招收了哪些学生？这是研究建青早期校史绕不开的议题。我们通过对大量档案文献尤其对《申报》的整理与研究，逐渐解答了这些疑问。

1937 年抗战军兴，肩负军情传播与情报安全使命的无线电通信技术地位日益凸显，成为国民党、共产党、日方、汪伪等各方角逐争胜的"特殊利器"。一时间，各交通建设机关对无线电报务员、机务员等专门技术人才需求孔亟。1939 年 8 月，"南洋模范无线电学校"在上海爱多亚路 1292 弄均乐邨 7 号创办，校长由当时政府里的一名技术幕僚张和卿出任。张和卿，又名张亦璞，江苏镇江人，平生对于科学"富有天慧"[1]，自幼沉醉于电讯技术，颇有专攻。早年为国民政府交通部派驻东北的铁道电务员，后专心留沪主办中华职业教育社无线电专修科，为西南交通界输送了不少电信人才，这是他人生中主持电信教育事业的起点，自认为是"生平极可纪念的一样事"[2]。1939 年，张和卿创办南洋模范无线电学校。用他自己的话说，"希望能造就一支电信铁军，为国家社会效微劳"[3]。

关于南洋模范无线电学校成立的相关信息，我们是通过查阅《申报》获悉的。[4]1939 年 8 月 13 日，《申报》上刊登一则《告学电信工程者注意》，涉及这所学校的招生情况：

> 本校鉴于一般毕业生经介绍往各电台服务者，每多不能胜任，仍需经过相当训练，始可正式值班，故各电台多不愿录用，良以训练期间短促，设备不全，纸上谈兵，无裨实用，本校有鉴于此，特设电信工程合并科以造亦通信及工程兼长之专门技术人才为宗旨，庶毕业即任领班主任，亦能应付裕如，倘欲得一专门技术之青年，希注意焉！**南洋模范无线电学校谨启　详章备索　校址爱多亚路均乐邨七号**。[5]（图 1-2）

这份布告非常清楚地记载了这所学校创设的背景，包括办学宗旨、招收对象、以及校址。鉴于一般电信工程毕业生分往各电台服务时，"良以训练期间短促，设备不全，纸上谈兵"，导致大多数才不堪任，

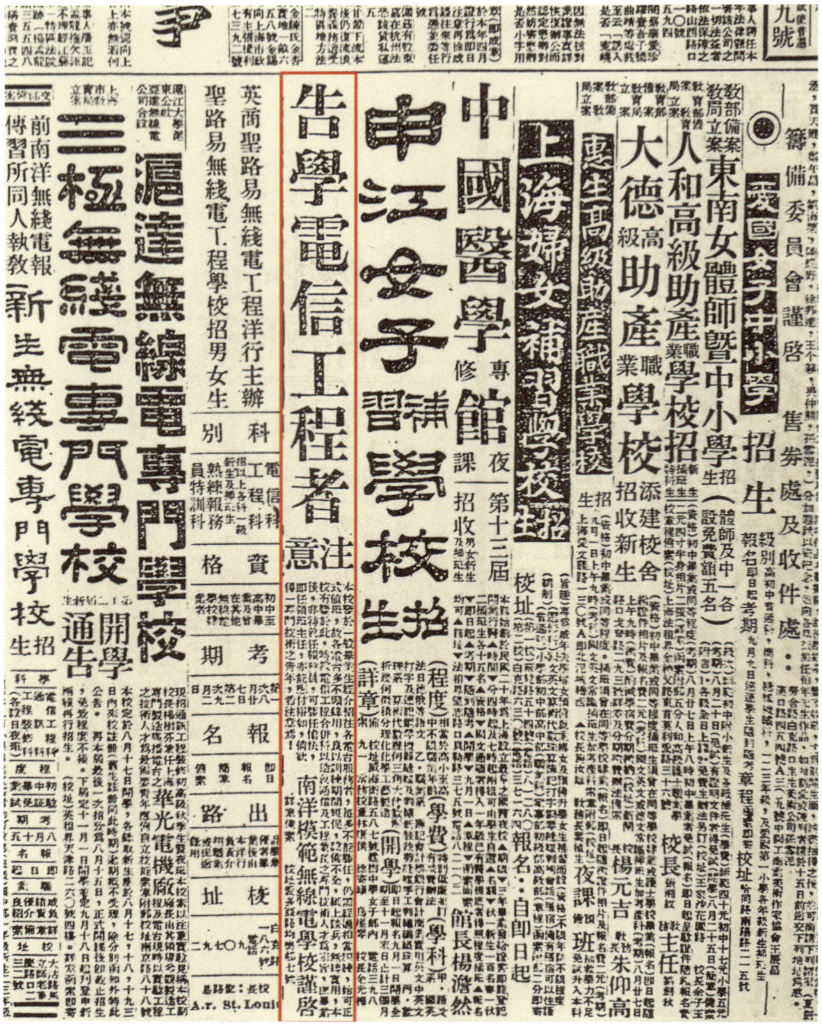

图 1-2 《告学电信工程者注意》，《申报》1939 年 8 月 13 日，第 2 版

遂特开"电信工程合并科"。招收初级新生、高级插班生二级，均分日、夜班两种，课程包括无线电通信工程装修及有线电报等，[6] 以期养成通信及工程兼长的"全材报务员"为宗旨。[7]

这所学校的校址爱多亚路 1292 弄（一度改为中正东路，今延安东路）均乐邨 7 号，位于重庆路东，具体可参见图 1-3。

接着阅读《申报》，查看学校的招生、开学等情况。这所在"交通部"备案的学校，此后不断刊登招收男女生的广告：

（设科）电信工程、报务工程合并，以养成全材报务员为宗旨。

（设备）有最新式自动收发机其他零件仪器，均由亚洲公司特制。

（出路）由本校赞助人尽先负责介绍

（代招报务员）受香港某公司委托，须有曾服务三年以上者，月薪二百元

（章程）备索

（校址）爱多亚路（重庆路东）均乐邨七号。[8]

（设科）电信工程科、报务工程并重，以养成全材报务员为宗旨

（设备）有最新式之自动发报机，以提高收报之速度。其他各种仪器，均由亚洲无线电公司供给实习

（班级）电信工程科初高级、初级日夜班各四十名，高级日夜班各二十名

（程度）初中毕业或具有同等学力者

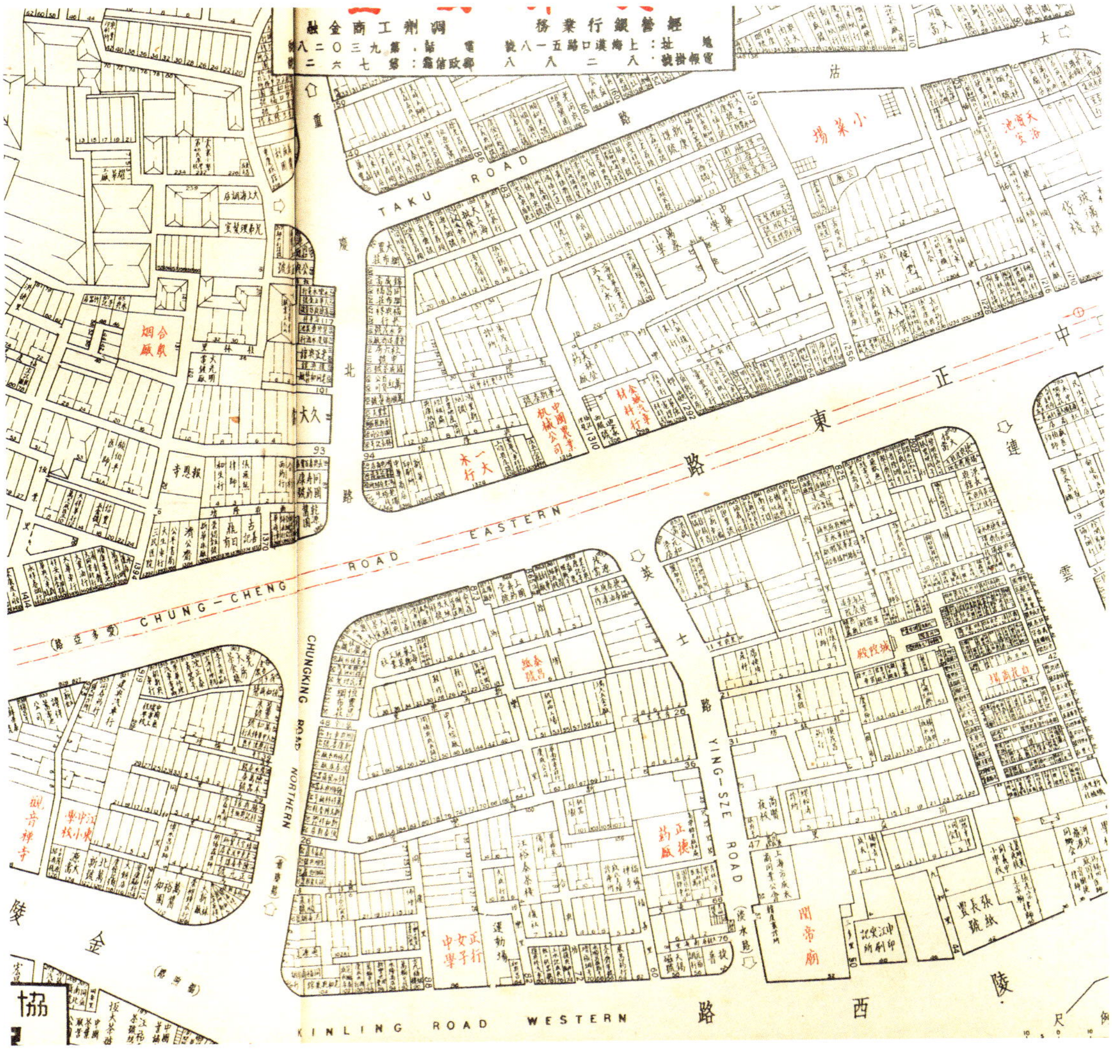

图1-3 创校校址爱多亚路（一度改为中正东路，今延安东路）1292弄均乐邨7号，选自《上海市行号路图录》（上册）第17图

（考期）八月十日上午

（报名）即日起（出路）由本校赞助人尽先介绍职业

（章程）备索

（校址）爱多亚路（重庆路东）均乐邨七号二楼甲 A3221。[9]

南洋模范无线电学校第一次录取新生名单，在 1939 年 8 月 16 日的《申报》上予以揭晓：

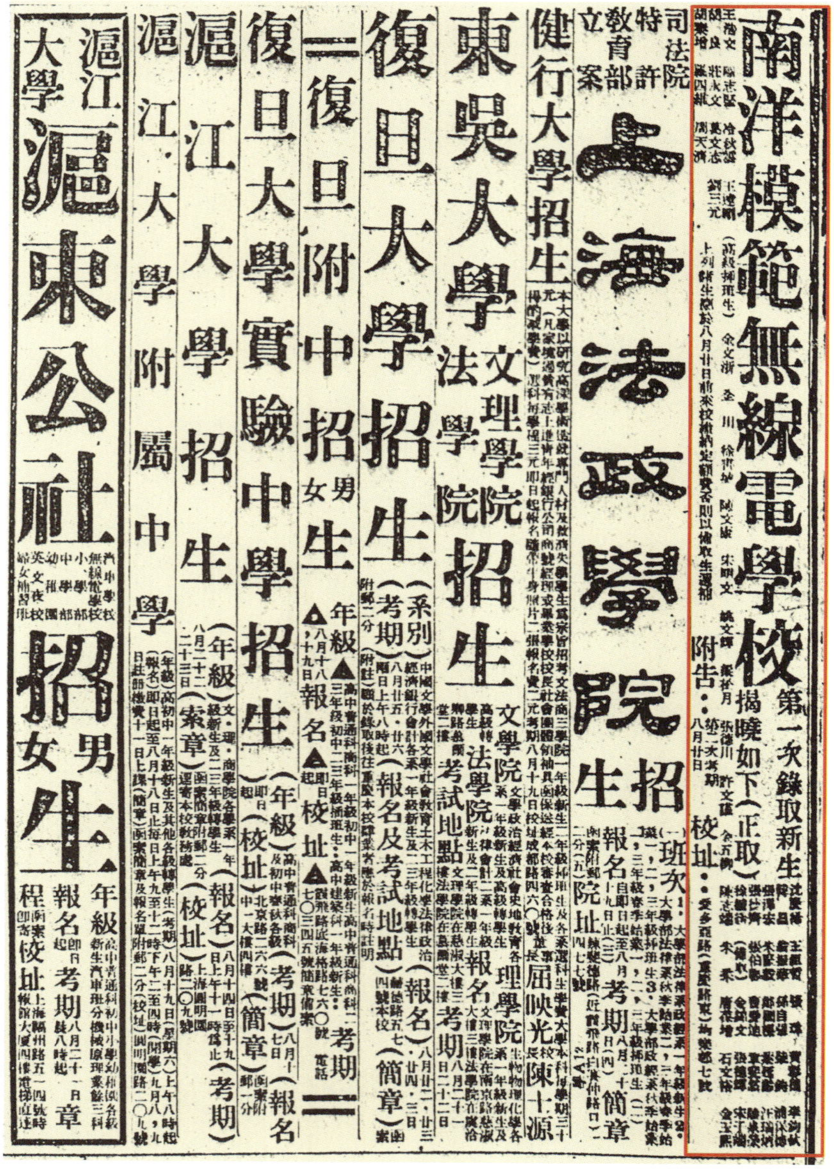

图 1-4 《南洋模范无线电学校第一次录取新生》，《申报》1939 年 8 月 16 日，第 5 版

揭晓如下（正取）沈庆稀 王祖哲 张玮 黄彰德 李钧秋 韩昌 翁振华 孙自强 柴钧 浦保德 张泽宏 朱坚毅 郑国梁 叶延龄 汪瑞炳 张德齐 张伯馨 曹爱迪 章斐然 陆泉荣 徐毓 （备取）金锦文 张德辉 宋子端 王浩文 陆志坚 冷秋云 王达刚 （高级插班生）金文浙 全川 徐书城 陈文康 宋明文 姚文辉 梁松月 张德川 许文谨 金五柳 陈志端 朱柔 唐葆增 石文裕 金玉熙 胡良 庄永文 葛文志 刘三元 胡秦增 罗四维 周天济

上列诸生应于八月廿日前来校缴纳定额费，否则以备取生递补。

附告：第二次考期八月廿日

校址：爱多亚路（重庆路东）均乐邨七号[10]（图 1-4）

学校定于 9 月 3 日开学。《申报》1939 年 8 月 29 日第 5 版刊登"通告"：

> 本校已定九月三日开学，录取各生务于九月三日以前来校缴费注册为要。再本校初级日班及高级夜班已将额满，初级夜班及高级日班尚有余额，报名从速。高级插班生另有优待减费办法验证免试，酌收住宿生。（校址）爱多亚路 1292 弄七号（重庆路东）[11]（图 1-5）

与同类的其他电校相比，这所电校确有一定的优势：如入学门槛不高，凡中学毕业或具有同等学力者皆可报考初级班，高级插班生可验证免试；

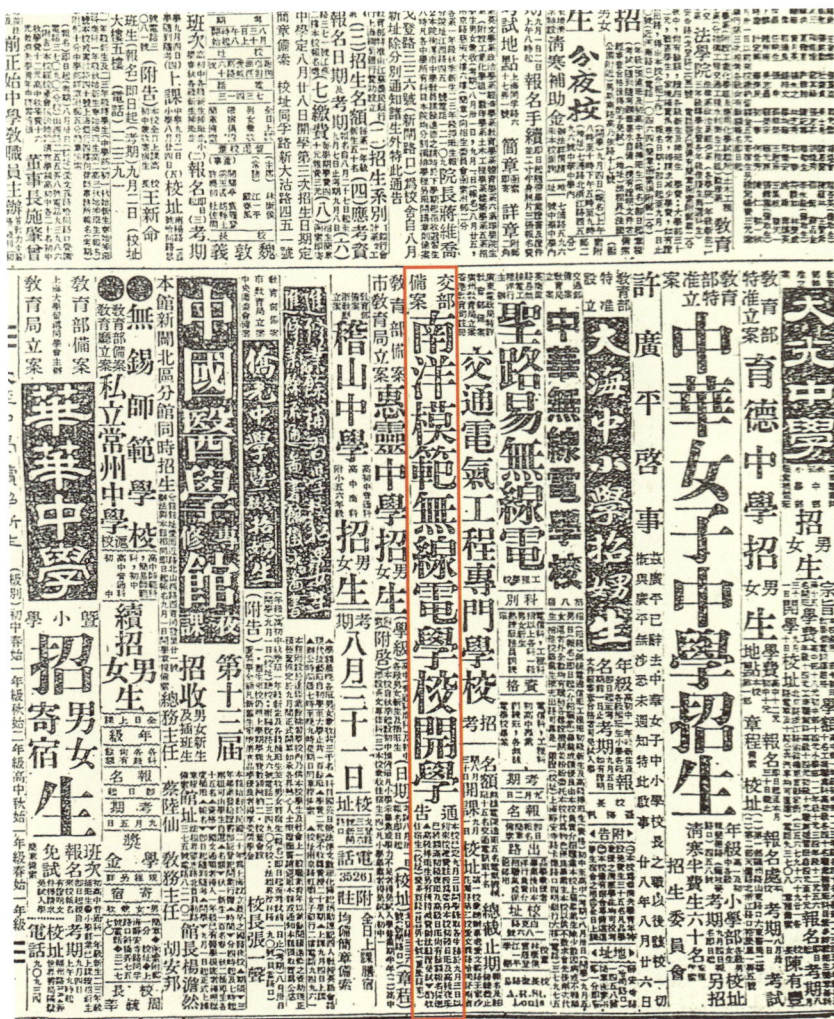

图 1-5 《交部备案南洋模范无线电学校开学通告》，《申报》1939 年 8 月 29 日，第 5 版

修业限期不长，共两学期八个月；对于优秀学生，特设奖学金，可免学费；设备方面，配有最新式的自动发报机与有线电报机，另有当时亚洲无线电公司特制供给的各种仪器，精良程度较高。最有保证的是毕业出路，由本校负责保送至各电信机关服务，[12]（图 1-6）主要去向是南京、镇江、无锡、苏州、崇明五埠电台最多。凡此种种，使这所学校很快在同侪中脱颖而出，广为电信界所知。（图 1-7、图 1-8）

然而，细致爬梳这所学校的名称身份与早期发展轨迹，不难发现其自身存在多处易引起迷惑、疑窦甚至是舛误之处。

首先，关于它的校名与性质之辩。全称为"南洋模范无线电学校"，但在《申报》、中央电讯社刊，以及该校自办的《校光》杂志上，有时也简称为"南洋无线电（学）校""南洋电校"，省去"模范"

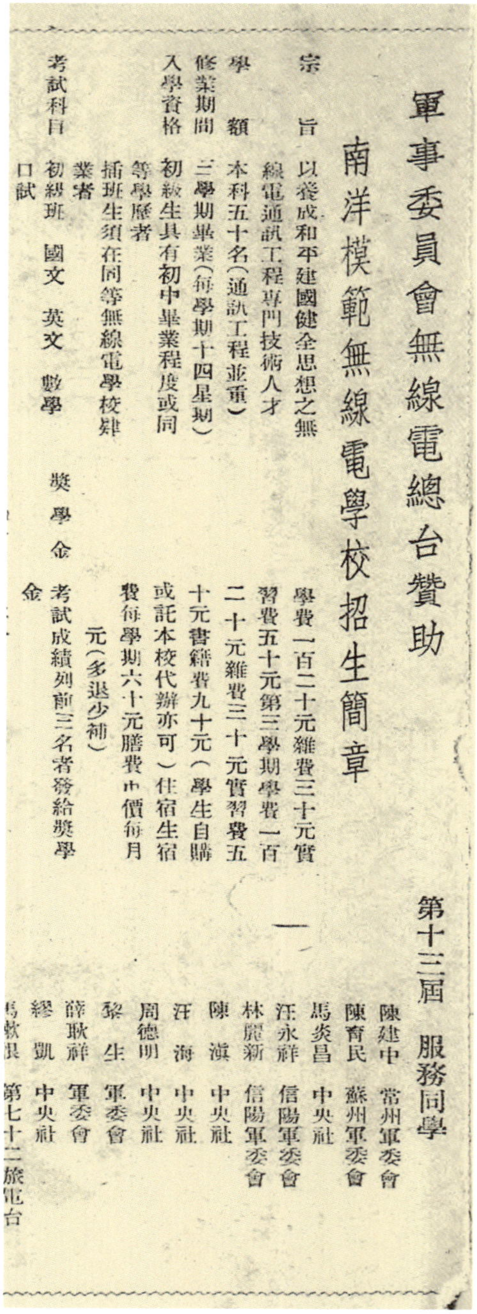

图 1-6 "军事委员会无线电总台"赞助南洋模范无线电学校招生简章，选自《校光》1943 年，第 1 卷第 5 期，第 11 页

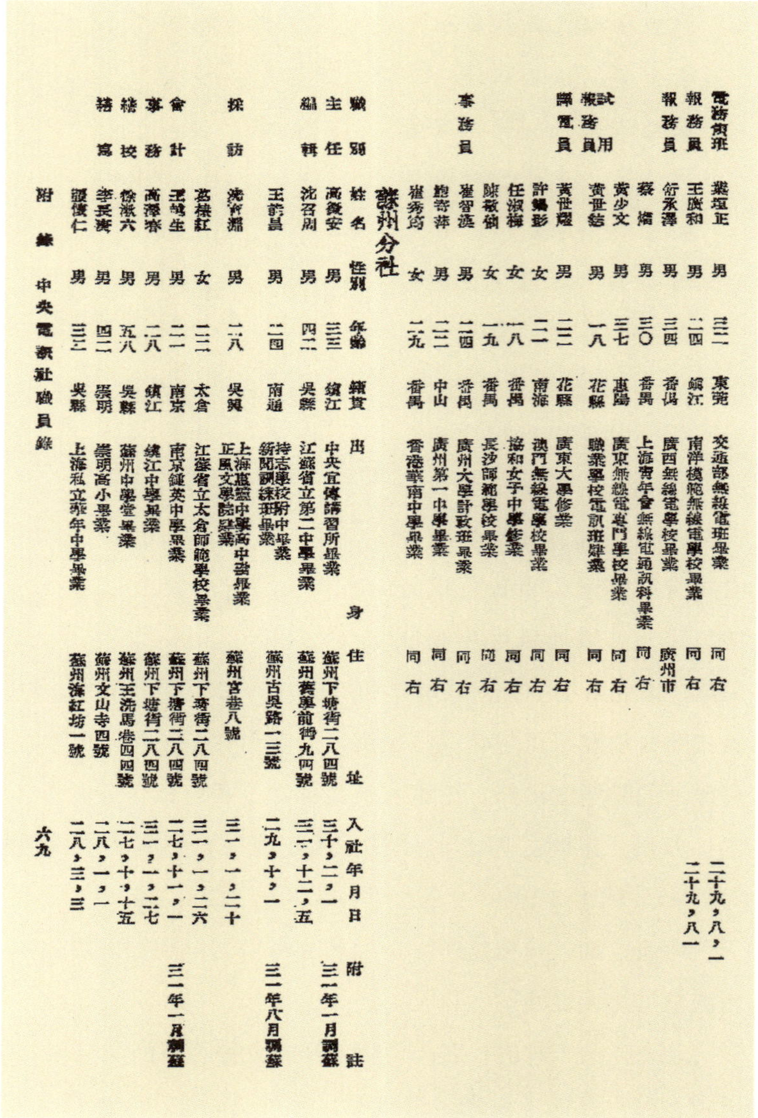

軍事委員會無線電總台贊助
南洋模範無線電學校招生簡章
第十三屆　服務同學

宗旨　以養成和平建國健全思想之無線電通訊工程專門技術人才

學額　本科五十名（通訊工程）

修業期間　三學期畢業（每學期十四星期）

入學資格　初級生具有初中畢業程度或同等學歷者　插班生須在同等無線電學校肄業者

考試科目　初級班　國文　英文　數學　口試

獎學金　考試成績列前三名者發給獎學金（多退少補）

費每學期六十元膳費時價每月二十元書籍費九十元實發五十元雜費三十元實習費一百學費一百二十元第三學期學費一元住宿生宿費或託本校代辦亦可（學生自購）習費五十元第三學期學費一百

陳建中　常州軍委會
陳育民　蘇州軍委會
馬炎昌　中央社
汪永祥　信陽軍委會
林麗新　信陽軍委會
陳滇　中央社
汪海　中央社
周德明　中央社
黎生　軍委會
薛耿祥　軍委會
繆凱　中央社
馬欽良　第七十二旅電台

图 1-7《中央电讯社职员录》中的南洋模范无线电学校毕业生，选自"中央电讯社出版委员会"编：《中央电讯社第三年》，1943 年

附錄　中央電訊社職員錄　蘇州分社

職別	姓名	性別	年齡	出生	住址	入社年月日	附註
電務員班	趙塩正	男	三一	東莞	交通部無線電班畢業	同右	二十九,八,一
	王廣和	男	三二	鎮江	南洋模範無線電學校畢業	同右	二十九,八,一
	衍承潭	男	三四	香邑	廣州無線電學校畢業	廣州市	
報務員	蔡橋	男		香邑	廣東無線電通訊科畢業	同右	
報務員用	黃少文	男	三七	香邑	上海青年會無線電專門學校畢業	同右	
報務員	黃世結	男	一八	惠陽	廣東無線電訊班肄業	同右	
譯電員	黃世燦	男	三三	花縣	職業軍校電訊班肄業	同右	
	任淑梅	女	一九	花縣			
主任	許錫彭	男	二二	南海	廣東大學修業	同右	
編輯	陳敏倫	女	一八	澳門	澳門無線電學校修業	同右	
	任詩周	男	二一	番禺	長沙師範學校畢業	同右	
採訪	崔等莘	女	二三	中山	廣州女子中學修業	同右	
	崔寶鈞	女	一九	番禺	香港聯南中學畢業		二十九,八,一

職別	姓名	性別	年齡	出生	住址	入社年月日	附註
主任	沈名周	男	四一	吳縣	江蘇省立第二中學畢業	蘇州舊學前街九四號	三十,十二,五
編輯	沈召周	男	三三	鎮江	中央宜傳講習所肄業	中央宜傳講習所肄業	三十,二,一
	高啟安	男	三三	鎮江		蘇州下塘街二八號	三一,一,二六
主任	王薪昌	男	二四	南通	持志學校附中畢業	蘇州古奧路一三三號	二九,九,二十
會計	沈育淵	男	二八	吳興	錫閩訓練班畢業	蘇州宮巷八號	二九,九,二十
事務	高樓紅	女	二八	太倉	上海惠靈中學高中肄業	蘇州下塘街一八四號	三一,一,一
	汪城生	男	二一	南京	正風文學院肄業	蘇州下塘街二八號	三一,一,六
	高澤承	男	二一	鎮江	江蘇省立太倉師範學校肄業	蘇州下塘街一八六號	二七,七,十一
繕寫	徐淑六	女	五八	吳縣	續江中學肄業	蘇州玉涵馬卷四號	二七,七,二五
	李長庚	男	四二	蘇州	崇明中學堂畢業	崇明高小畢業	二七,十三,一
附錄	屈懷仁	男	三二	吳縣	上海私立敬年中學肄業	蘇州文山寺四號	二八,三,三
					蘇州海紅坊一號		

二十九,八,一
二十九,八,一
六九

二字。学校后曾迁往南京，遂还有"南京南洋无线电学校"[13]"金陵电校"之称，名目繁多，辨识不易。值得一提的是，当时上海还有一所校名与之极为相似的"上海市私立南洋无线电报传习所"，成立于 1929 年 8 月，也简称为"南洋无线电校""南洋电校"。这就难免引起两者混淆不清。创办于上海爱多亚路均乐邨 7 号的"南洋无线电校"，系"教育部"（后改为"交通部"）备案、中雍无线电机厂（后改为"军事委员会无线电总台"）赞助的一所官办性质的电校，校名前无"私立"二字；而位于上海法租界贝勒路 601 号[14]的"南洋无线电校"，系非官方背景的刘平叔所创办，经费大部分来源为学费，确属"私立"性质，且呈准它备案的是南京国民政府交通部无线电管理处，与前者的"特殊出身"明显不同。（图 1-9、图 1-10）

中央電訊社第三年

職別	姓名	性別	年齡	籍貫	出身	住址	入社年月日	附註
官席	吳候軒	女	廿二	吳縣	江蘇女子師範學校肄業	蘇州古吳路八五號	三一,八,一	七〇
報務員	王文宪	男	廿七	吳縣	蘇州私立崇範學校肄業	蘇州下塘街二六四號	二八,十二,廿五	
報務員	陳紹經	男	廿三	烟台	中河無線電學校畢業	蘇州西中市一四五號	三二,五,一	
譯電員	張紹和	男	廿三	奈興	南洋模範無線電學校畢業	蘇州西中市一四五號	三一,五,八	
譯電員	洪永和	男	十九	南京	江蘇省立揚州中學畢業	蘇州胥門崇聖街一二一號	三一,十一,一	
	朱鑑熊	男	四一	吳縣	南京新華無線電學校畢業	蘇州育門寅慶街一二一號	三一,九,六	
	王道	男	卅八	吳縣	南京青年會冰貿中學畢業	蘇州塔倪巷一〇號	二九,二,十	
編輯	王英和	男	三〇	武進	武進縣立中學畢業	蘇州西中市一四五號	三一,六,十六	

東京分社

職別	姓名	性別	年齡	籍貫	出身	住址	入社年月日	附註
主任	陶條晋	男	卅	廣東高明	東京高等工業專門學校畢業	本社	三一,一,卅	
編輯	田灵源	女	廿八	東京	立正學園高等女學校卒業	本社	三一,一,卅	
	譚覺真	男	卅六	廣東	早稻田大學卒業	本社	三一,十,卅	

香港分社

職別	姓名	性別	年齡	籍貫	出身	住址	入社年月日	附註
主任	陳少翔	男	卅三	廣東	日本明治大學畢業	香港中大正通一一八號	三一,一,二	三十,四
代理主任	林廉時	男	四二	廣東	中學畢業	香港中大正通一一八號	三一,一,二	二九,八
總編輯	衛佩綸	男	廿九	廣東	吳淞商船專科學校輪機系	香港嘉咸街十八號	三十,十一	三十,八
編輯	桑汝桢	男	卅	廣東	師範畢業	香港灣仔堅尼地街二十四號	三十,十四	三十,八
記者	熊子端	男	廿三	廣東	港僑中學畢業	香港九龍上海街六〇八號	二九,八	
記者	趙紫岡	男	三六	廣東	上海大夏大學	香港中大正通一一八號	二九,八	
記者	駱景先	男	三三	廣東		香港九號鹿島三〇五號	二九,十二,廿	
記者	梁莎常	男	四四	番禺	廣東陶侃民營書院畢業	香港九號鹿島三〇五號	三一,八	
記者	覃振添	男	卅一	番禺		香港九號鹿島三〇五號	三十,四	

图 1-8 《中央电讯社职员录》中的南洋模范无线电学校毕业生，选自"中央电讯社出版委员会"编：《中央电讯社第三年》，1943 年

图 1-9 "中央电讯社出版委员会"编：《中央电讯社第三年》（1943 年），有关南洋模范无线电学校的记载

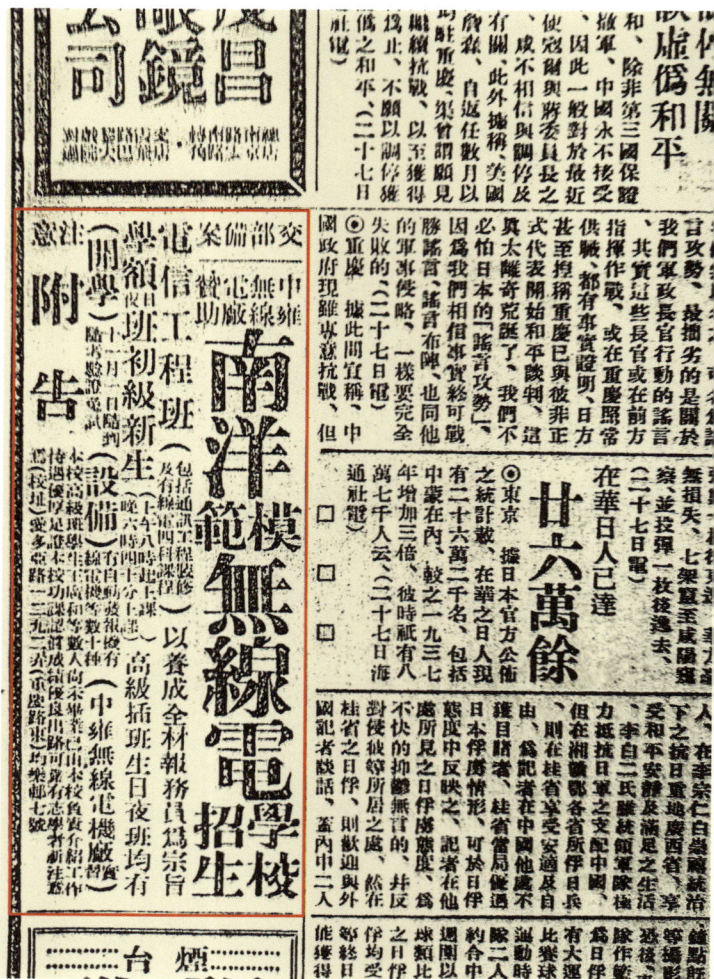

图 1-10 《交部备案，中雍无线电厂赞助，南洋模范无线电学校招生》，《申报》1939 年 10 月 28 日，第 3 版

其次，早期这所学校的校址屡经迁徙变动，与政治时局的变幻更替不无关联。先是 1942 年，即学校成立后的第三年，从上海爱多亚路（重庆路东）均乐邨 7 号迁往南京中山路韩家巷 1 号。[15] 这次迁校，主要与当时重庆国民政府对在上海的敌方特工技术进行严厉打击有关。据教员沈惟毅回忆："当时沪上旧有电校，皆为渝方所统制……租界上渝方势力非常嚣张，暗杀事件，层出不穷……张校长鉴于沪上毫无保障，决计迁京。"[16] 至于为何选址在南京韩家巷，也是有其渊源的。1928 年国民党北伐定鼎之后，这里是国民政府建设委员会所在地，掌理全国建设事业之设计、研究及从事水利、电气和矿冶业之开创与示范。抗战爆发前，建设委员会下设的电力事业处总部就位于韩家巷，并常在上海开设无线电报务人员养成所，招考工程师[17]。另有一说，南京韩家巷内有校长张氏寓所。[18]

第二节　复校上海：多处布点

在南京办学期间，《申报》上已很少见到这所学校的相关报道，直至 1948、1949 年间又重新在《申报》上刊登报名启事，再次进入公众的视线：

> 南洋模范无线电校 44 届招生。设备完善，出路可靠，备有宿舍，二月十四开学。校址：（一）保定路 375 号（塘山路口）；（二）西门路 210 弄二号（132155）。索章处：华龙路八十号四楼、天后宫市商会补校。[19]（图 1-11）

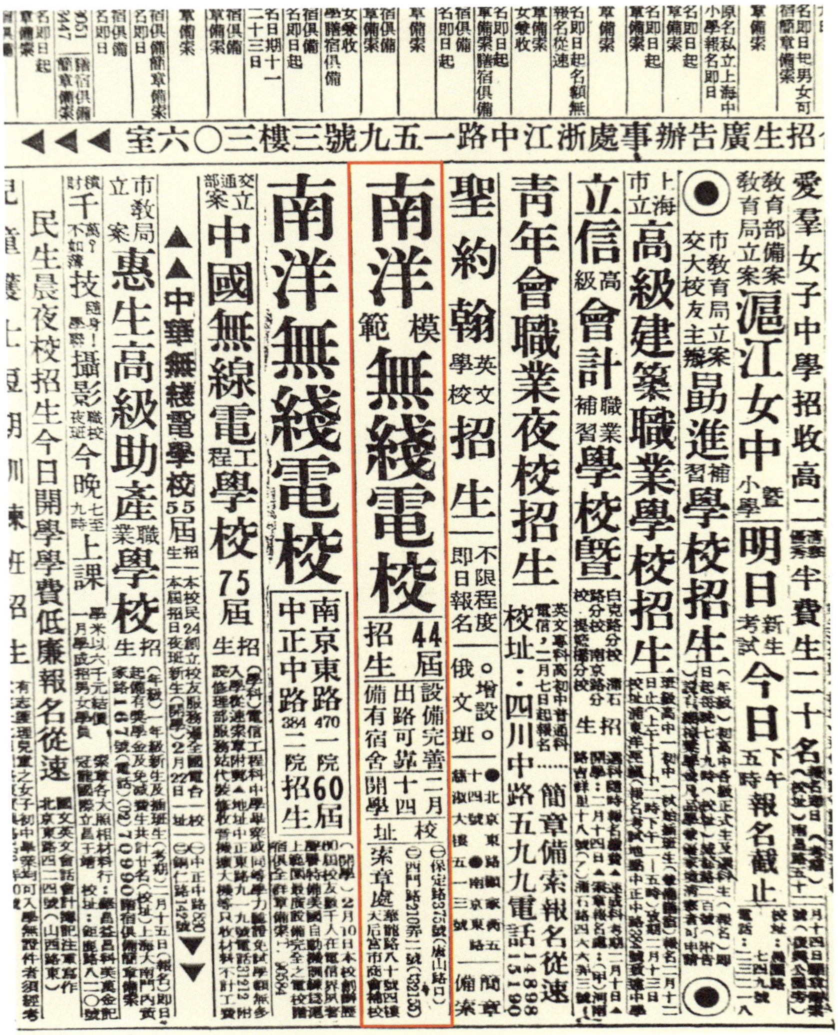

招生廣告辦事處浙江中路一五九號三樓三〇六室

南洋模範無綫電校
44屆招生
設備完善
出路可靠
備有宿舍
二月十四開學
校址
(一)保定路375號(塘山路口)
(二)西門路210弄二號(132155)
索章處
華龍路八十號四樓
天后宮市商會補校

愛羣女子中學招收高二…
滬江女中暨小學 明日今日
上海市立高級建築職業學校招生
立信高級會計職業補習學校暨…
青年會職業夜校招生 校址：四川中路五九九號
聖約翰英文學校招生 不限程度 即日報名
南洋無綫電校 南京東路470一院 中正中路384二院 60屆招生
交通部立案 中國無線電工程學校 75屆 招生
中華無綫電學校55屆招生
市教局立案 惠生高級助產職業學校招生
千萬技攝影 今晚上課
民生晨夜校招生今日開學學費低廉報名從速

图 1-11 《南洋模范无线电校 44 届招生》，《申报》1949 年 2 月 9 日，第 3 版

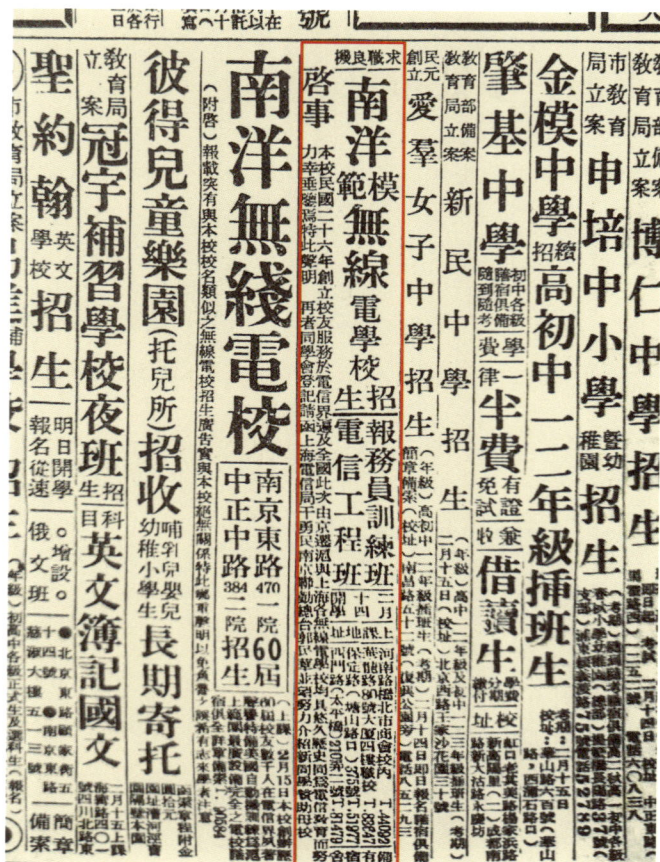

图 1-12 《求职良机，南洋模范无线电学校招生》，《申报》1949 年 2 月 13 日，第 3 版

报务员训练班、电信工程班，二月十四开学。上课地址：河南路桥北市商会校内，T44092；华龙路 80 号大厦四楼职校，T83647；保定路（塘山路口）375 号，T51977；西门路（太平桥）210 弄二楼，T81479。备有宿舍。[20]（图 1-12）

究竟何时从南京迁回上海复校？相关记载阙如。我们在学校的档案室查阅到："1948 年，张和卿返回上海"，推测张在其唐山路住所复校，名为"私立南洋模范无线电学校"。[21] 从复校上海的时间来看，此次回迁似乎显得突兀，令人费解的是：为何它不跟其他学校一样选择在 1945 年抗战胜利后迁回上海？南洋模范无线电校在抗战胜利后遭遇了怎样的命运？为何还能复员上海继续办学？根据相关文献披露，抗战胜利后的 1946 年，校长张和卿曾被国民党判处有期徒刑三年。[22] 也有迹象表明，张氏似乎提前释放了，出狱时间在 1947、1948 年间。1948 年复校上海应该是张和卿刑满之后的事，而此时也正是国民党军队忙于发动内战，无暇顾及其他，南洋模范无线电学校抓住时机，复校上海，可以说正逢其时。

颇有意味的是，在 20 世纪 40 年代末的复校招生启事中，这所学校将创校时间改为 1937 年，似乎有意淡化那一段特殊的"前世"，以求电信教育界的认同，以便较快获得立足之地：

> 本校民国二十六年创立，校友服务于电信界，遍及全国。此次由京迁沪，与上海各无线电学校均具悠久历史，同为电信教育，而努力幸垂鉴焉。特此声明。[23]

这一段历史的细节、疑点较多，尚需坚实的史料进行深究。但一个明确的事实是，自在上海复校后，南洋模范无线电学校继续大量招生，举办报务员训练班、电信工程班等，在上海各处设立办学点，规模益增，其校友遍布于全国各地电信界与交通机关。其所拥有诸多的上课点，也为后来的南洋模范补习学校设立创造了条件。

第三节　破旧立新：从专门无线电学校
向普通中学过渡

随着上海解放、中华人民共和国成立，学校迎来了新生，先后改名为上海市私立南洋模范无线电学校、私立南洋模范补习学校等，逐渐从特殊的、专门的无线电学校向普通的全日制中学过渡。

上海解放以后，在军事管制委员会的接管之下，南洋模范无线电学校的历史翻开了崭新一页。彼时，校名首次冠以"私立"。（图1–13）学校已迁至位于北京路266号的中一信投大楼五楼，有课堂3间。（图1–14）从当时学校刊印的教材、讲义来看，仍然是一所培养无线电人才的技术类学校。（图1–15、图1–16、图1–17、图1–18、图1–19、图1–20）

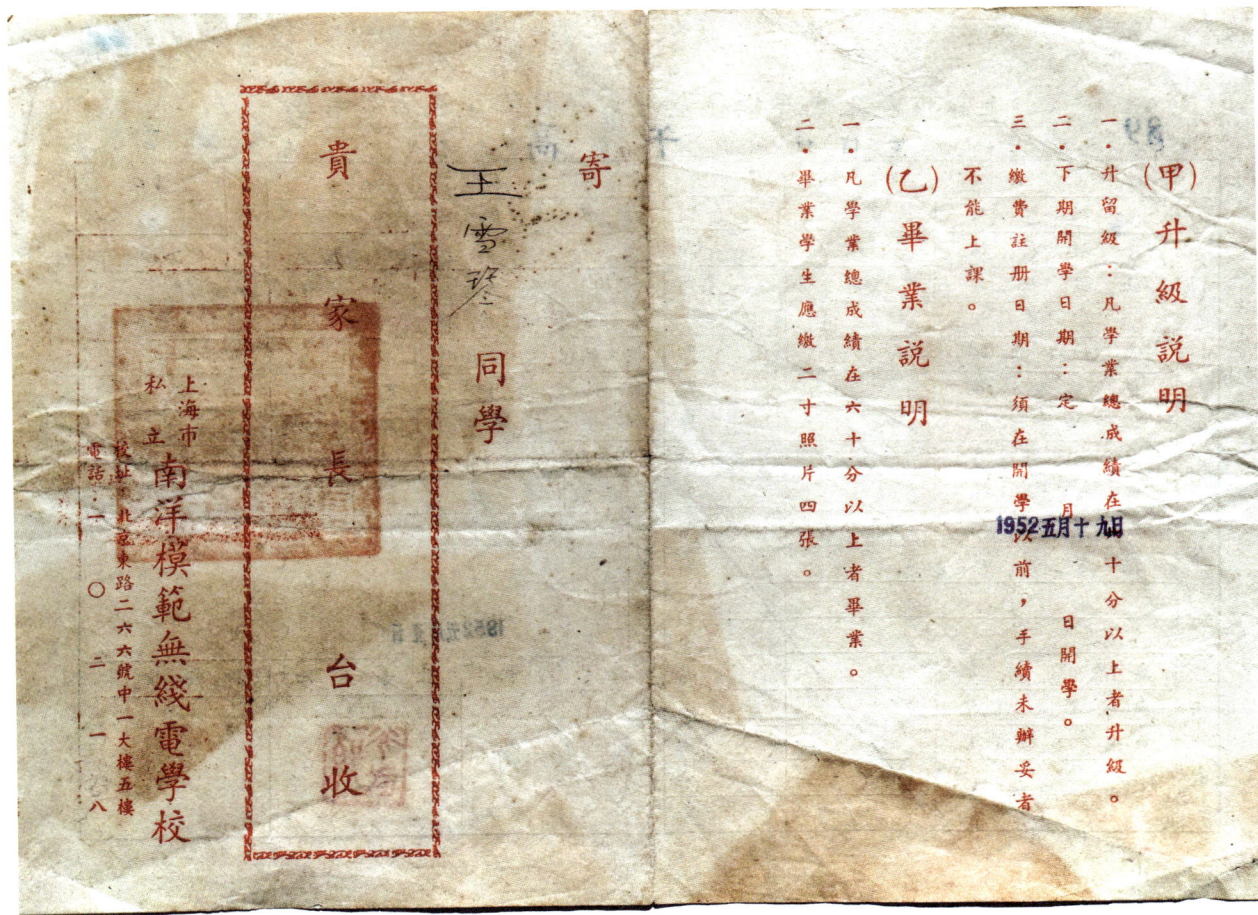

图1-13　上海市私立南洋模范无线电学校信函（1952年）

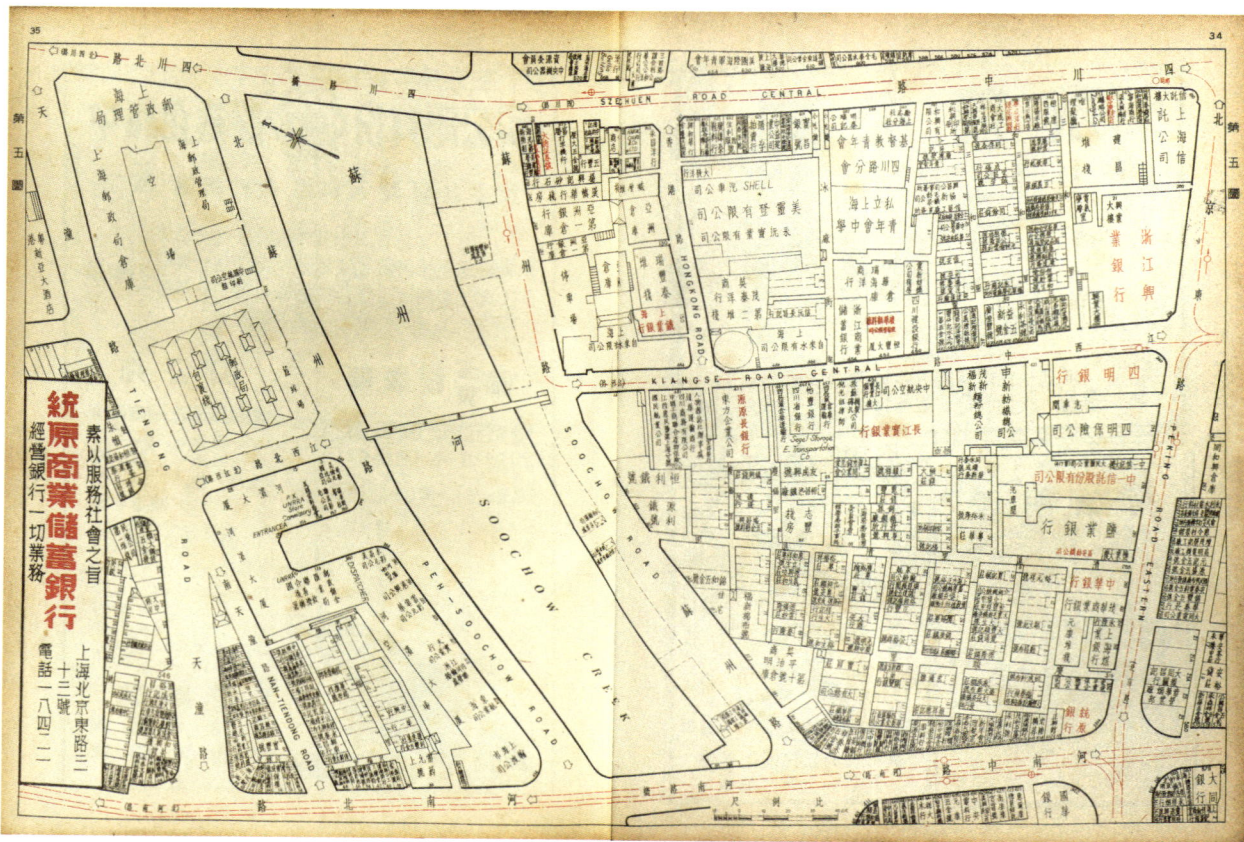

图 1-14　上海市私立南洋模范无线电学校位于北京东路 266 号中一信投大楼五楼，选自《上海市行号路图录》（上册）第 5 图

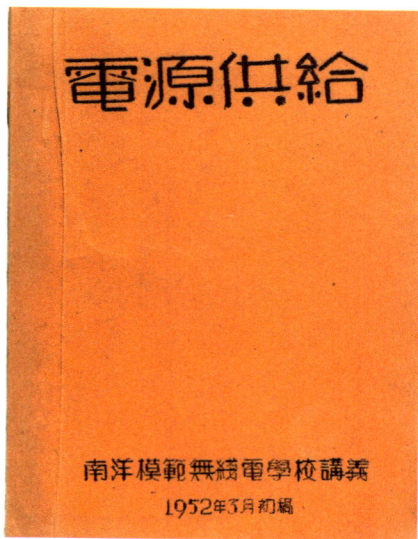

图 1-15　《电源供给》封面，南洋模范无线电学校讲义，1952 年 3 月初稿

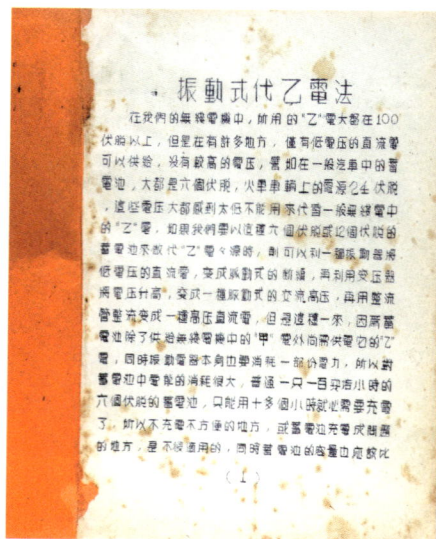

图 1-16　《电源供给》（内页），南洋模范无线电学校讲义，1952 年 3 月初稿

图 1-17 《简易三角讲义》封面，南洋模范无线电学校编印，1952 年 12 月

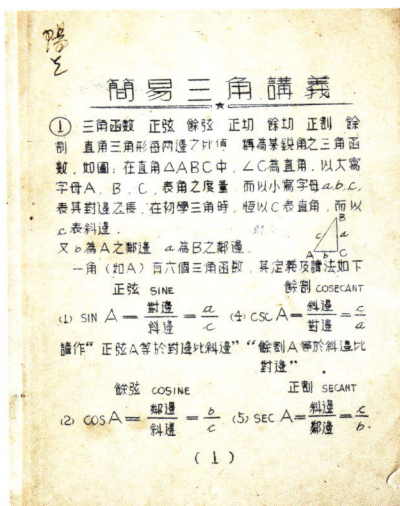

图 1-18 《简易三角讲义》（内页），南洋模范无线电学校编印，1952 年 12 月

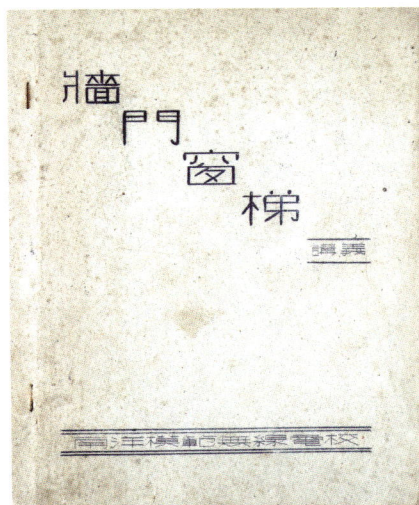

图 1-19 《墙门窗梯讲义》封面，南洋模范无线电学校，20 世纪 50 年代初期印

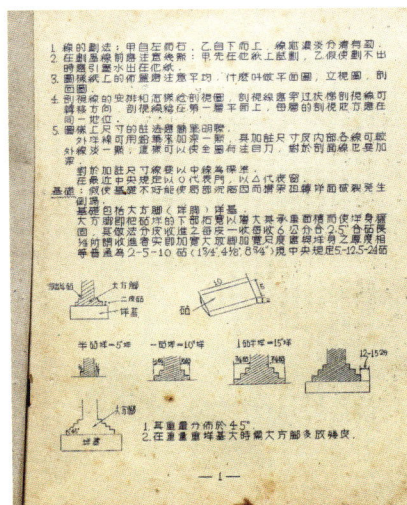

图 1-20 《墙门窗梯讲义》（内页），南洋模范无线电学校，20 世纪 50 年代初期印

　　1952 年初，校方决定迁址，搬至宁波路的一条弄堂内，有七八间课堂，校名照旧，教授电务、电信及其装修等课程。1952 年 11 月，上海市教育局委派共产党员焦英任上海私立南洋模范无线电学校副校长，张和卿仍为校长。是年底，改校名为"私立南洋模范补习学校"，实施相当于初中的单科、文化补习，如机械制图、语文、数学等。单科补习维持一年余。（图 1-21）

　　下面，是关于"南洋模范无线电学校基本情况统计表"，分别涉及教职员工调查、学生情况、学生会工作情况、班级组织情况（每班）等，对于了解学校 20 世纪 50 年代初期的各方面情况具有重要的参考价值。（图 1-22、图 1-23、图 1-24）

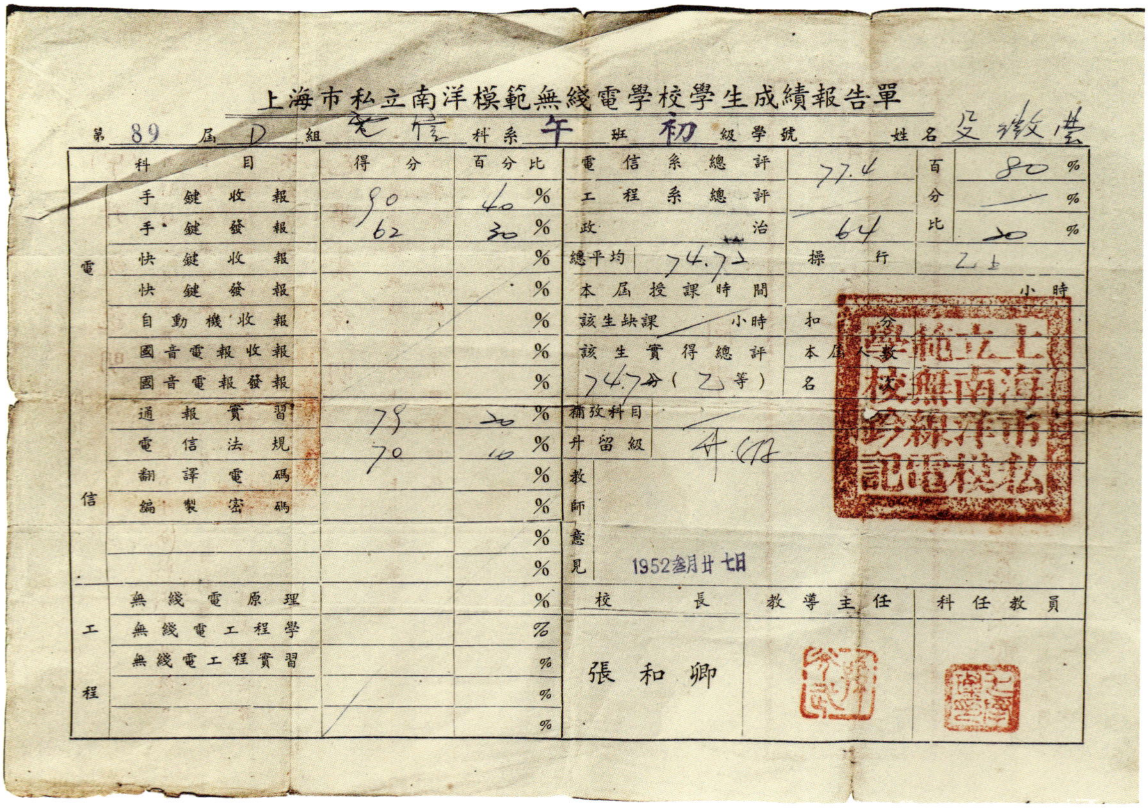

上海市私立南洋模範無綫電學校學生成績報告單

第 89 屆 D 組 電信 科系 午 班 初 級學號 姓名

科目		得分	百分比			百分比	
電信	手鍵收報	90	40 %	電信系總評	77.4	百	80 %
	手鍵發報	62	30 %	工程系總評		分	%
	快鍵收報		%	政治	64	比	20 %
	快鍵發報		%	總平均	74.72	操行	乙
	自動機收報		%	本屆授課時間			小時
	國音電報收報		%	該生缺課	小時	扣	分
	國音電報發報		%	該生實得總評	74.7分（乙等）	本屆人數	
	通報實習	79	20 %	補攷科目		名次	
	電信法規	70	10 %	升留級	升級		
	翻譯電碼		%	教師意見	1952年3月廿七日		
	編製密碼		%				
			%				
			%				
工程	無綫電原理		%	校長	教導主任	科任教員	
	無綫電工程學		%	張和卿			
	無綫電工程實習		%				
			%				
			%				

图 1-21　上海市私立南洋模范无线电学校学生成绩报告单（1952 年 3 月）

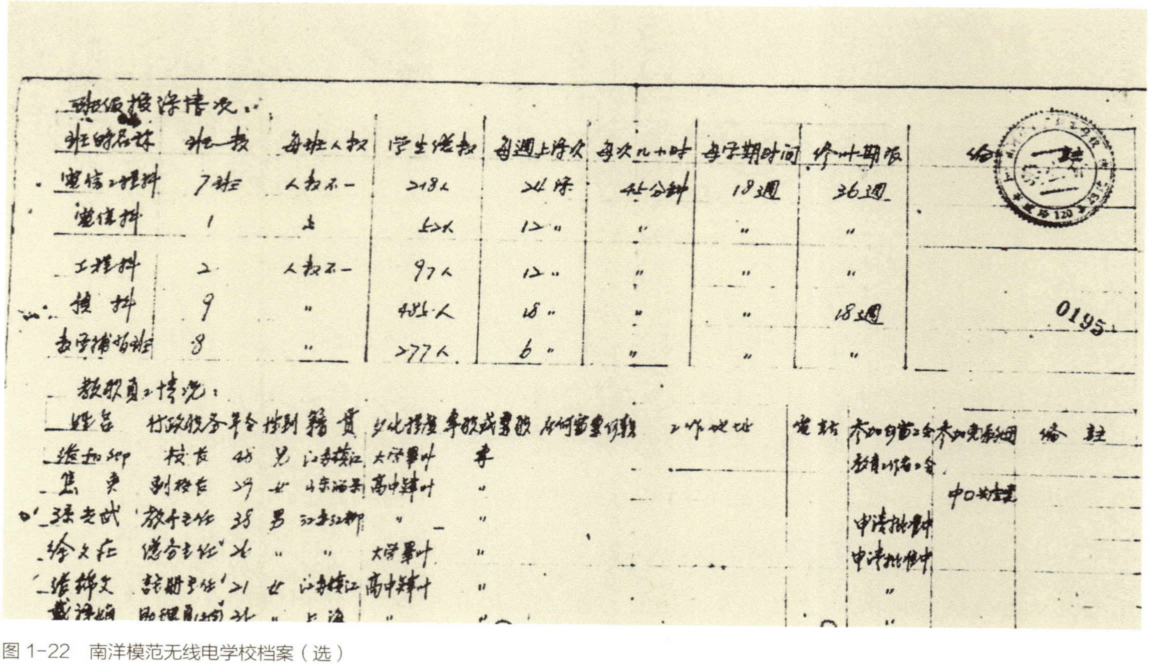

班级授课情况：

班的名称	班数	每班人数	学生总数	每周上课次	每次几小时	每学期时间	修业期限
电信工程科	7班	人数不一	218人	24次	45分钟	18週	36週
电信科	1	〃	52人	12〃	〃	〃	〃
工程科	2	人数不一	97人	12〃	〃	〃	〃
技科	9	〃	486人	18〃	〃	〃	18週
专修补习班	8	〃	277人	6〃	〃	〃	〃

0195

教职员工情况：

图 1-22　南洋模范无线电学校档案（选）

表 1-1　1952 年南洋模范无线电学校基本情况统计表（教职员工情况）

（地址：宁波路 120 弄 28 号　电话：10218）

姓名	行政职务	年龄	性别	籍贯	文化程度	专职或兼职	参加党派社团
张和卿	校长	48	男	江苏镇江	大学毕业	专	
焦英	副校长	29	女	山东淄博	高中肄业	专	中国共产党
张光武	教导主任	38	男	江苏江都	高中肄业	专	
徐文庄	总务主任	26	男	江苏江都	大学毕业	专	
张锦文	注册主任	21	女	江苏镇江	高中肄业	专	
戴祥娟	助理员教学	35	女	上海	高中肄业	专	
刘传顺	助理员事务	22	男	江苏镇江	高中肄业	专	
房恺彬	助理员教务	34	男	浙江钱塘	高中肄业	专	
张炳炎	校工	41	男	江苏江都	小学	专	
余友涛	电信教员	43	男	江苏镇江	专科肄业	专	
徐新符	原理教员	26	男	山东威海	专科肄业	专	
卞承灿	电信教员	29	男	江苏江都	专科肄业	专	
徐明源	工程教员	34	男	上海	专科肄业	专	
徐兢	政治教员	36	女	上海	大学毕业	专	
朱明	数理教员	46	男	湖南	大学毕业	专	
汪鼎鑫	数理教员	35	男		大学毕业	专	
郑寿南	数理教员	30	男	上海	大学毕业	专	
杨嘉钧	数理教员	28	男		大学毕业	专	
周世业	数理教员	35	男		大学毕业	专	
胡文健	原理教员		男			兼	
吴英剑	原理教员		男			兼	
崔诚	数理教员		男			兼	
傅鹤鸣	数理教员		男			兼	
汪歆鉴	数理教员		男			兼	
徐树庄	数理教员		男			兼	
谭义奎	数理教员		男			兼	

资料来源：南洋模范无线电学校学生会填报的"学校基本情况统计表"，1952 年，上海市档案馆藏，档号：C23-2-21-194。

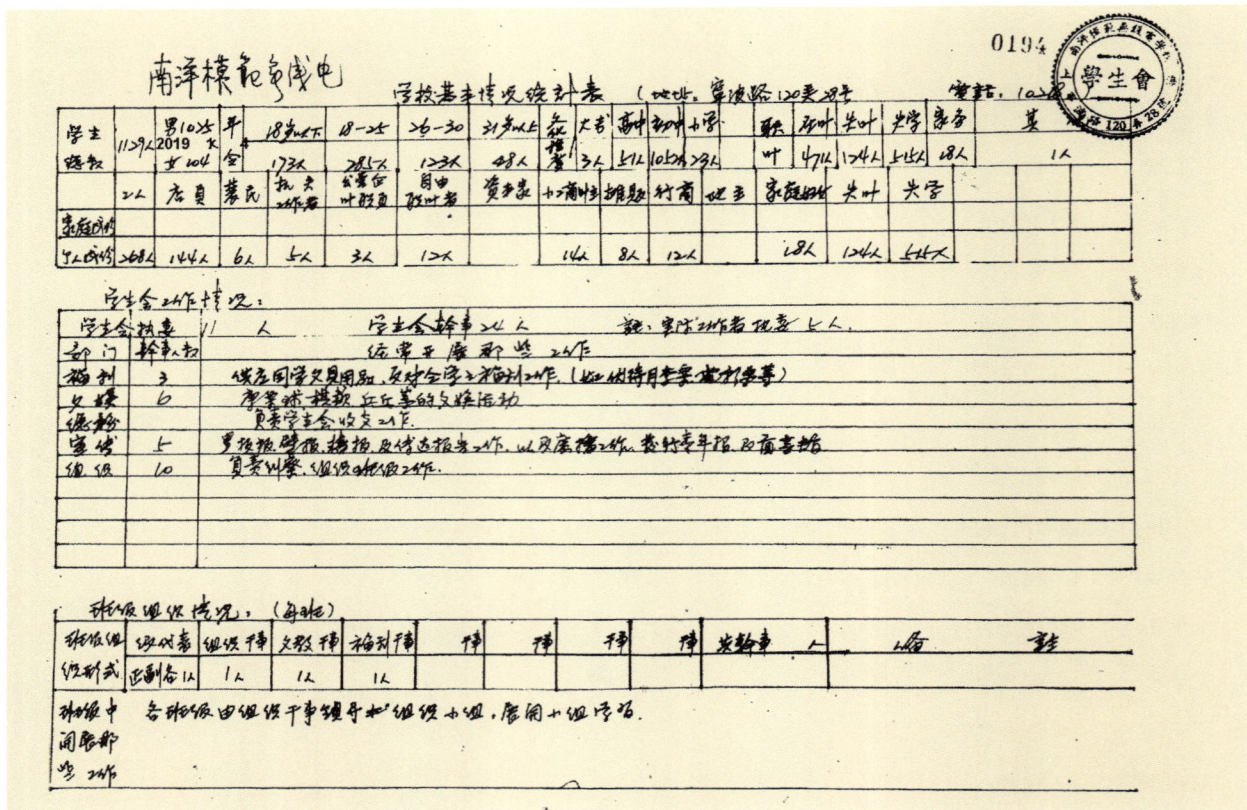

图 1-23　南洋模范无线电学校学生会填报的学校基本情况统计表，1952 年

表 1-2　1952 年南洋模范无线电学校基本情况统计表（学生情况）

学生总数	1 129人	男 1 025 女 104	年龄	18岁以下	18—25	26—30	31岁以上	文化程度	大专	高中	初中	小学	职业	在业	失业	失学	家务	其他
				173人	285人	123人	48人		3人	51人	1 052人	23人		471人	124人	515人	28人	1人
家庭成分	工人	店员	农民	抗美工作者	公营企业职员	自由职业者	资本家	小工商业主	摊贩	行商	地主	家庭妇女	失业	失学				
个人成分	268人	144人	6人	5人	3人	12人		14人	8人	12人		18人	124人	515人				

资料来源：南洋模范无线电学校学生会填报的"学校基本情况统计表"，1952 年，上海市档案馆藏，档号：C23-2-21-194。

表1-3　南洋模范无线电学校基本情况统计表（学生会工作情况）

学生会		执委11人（实际工作执委5人）
部门	干事人数24人	经常开展哪些工作
福利	3	供应同学文具用品，应对同学之福利工作（如优待月季票、电影票等）
文娱	6	康乐球、棋类、乒乓等的文娱活动
总务		负责学生会收支工作
宣传	6	黑板报、壁报、墙报及传达报告工作，以及广播工作，发行青年报及图书报
组织	10	负责纠察、组织班级工作

资料来源：南洋模范无线电学校学生会填报的"学校基本情况统计表"，1952年，上海市档案馆藏，档号：C23-2-21-194。

表1-4　南洋模范无线电学校基本情况统计表（班级组织情况，每班）

班级组织形式	级代表	组织干事	文教干事	福利干事
	正副各1人	1人	1人	1人
班级中开展哪些工作	各班级由组织干事领导组织展开小组学习			

资料来源：南洋模范无线电学校学生会填报的"学校基本情况统计表"，1952年，上海市档案馆藏，档号：C23-2-21-194。

表1-5　南洋模范无线电学校基本情况统计表（班级授课情况）

班级名称	班数（个）	每班人数	学生总数	每周上课次	每次几小时	每学期时间	终业期限	备注
电信工程科	7	人数不一	218人	24课	45分钟	18周	36周	
电信科	1	人数不一	52人	12课	45分钟	18周	36周	
工程科	2	人数不一	97人	12课	45分钟	18周	36周	
预科	9	人数不一	485人	18课	45分钟	18周	18周	
数学补习班	8	人数不一	277人	6课	45分钟	18周	36周	

资料来源：南洋模范无线电学校学生会填报的"学校基本情况统计表"，1952年，上海市档案馆藏，档号：C23-2-21-194。

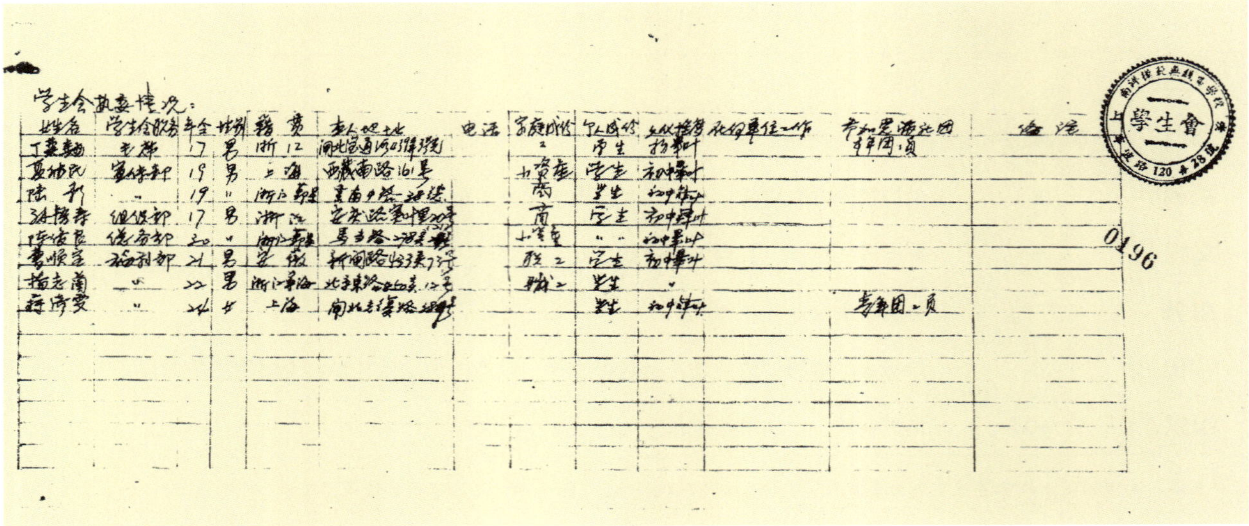

图 1-24　南洋模范无线电学校学生会填报的学校基本情况统计表（学生会执委情况），1952 年

表 1-6　南洋模范无线电学校基本情况统计表（学生会执委情况）

姓名	学生会职务	年龄	性别	籍贯	本 人 地 址	家庭成分	个人成分	文化程度	参加党派社团
丁叶勉	主席	17	男	浙江	闸北宝通路 439 弄 3 号	工人	学生	初中毕业	青年团团员
夏伟民	宣传部	19	男	上海	西藏南路 161 号	小资产	学生	初中毕业	
陆　影	宣传部	19	男	浙江鄞县	云南中路 38 号	商	学生	初中毕业	
孙悟寿	组织部	17	男	浙江	安庆路富业里 20 号	商	学生	初中毕业	
陈俊良	总务部	30	男	浙江鄞县	马当路 278 号	小资产	学生	初中毕业	
曹顺宝	福利部	21	男	安徽	新闸路 433 弄 73 号	职工	学生	初中毕业	
杨志兰	福利部	22	男	浙江宁海	北京东路 850 弄 12 号	职工	学生	初中毕业	
蒋济雯	福利部	24	女	上海	闸北光复路 389 号		学生	初中建业	青年团团员

资料来源：南洋模范无线电学校学生会填报的"学校基本情况统计表"，1952 年，上海市档案馆藏，档号：C23-2-21-194。

随着中华人民共和国教育事业的发展，上海原有一些学校也在不断进行改组调整，以适应新的社会发展需要。在此背景下，1954年"私立南洋模范无线电学校"改为"私立南洋模范补习学校"，这所学校的办学性质也发生了改变。自"变身"为补习学校以来，学校的规模开始拓展，分为东、西两校。其具体情况如下：

校舍情况（本校分东、西两校）

东校，在河南路宁波路口、河南中路516（号）、宁波路兴仁里1号、28号三处，共有课室18间，办公室6间，另外有学生会、图书室、教师宿舍4个小间，厨房1间。体育场，从上学期起，即租借四川路宁波路人民银行体育场一个，可供全天使用。

西校，江苏路华山路（新租校舍），房子较多，但不很整齐。如修建后，除办公室外，可以有34个课室，两个篮球场、运动场。本学期由于经费限制，计划只修理15个课室，办公室9间，健身房1间，俱乐部1间，音乐室1间，学生会、少先队办公室2间；男女教师宿舍大小十余间，容纳三四百人的大礼堂1个。体育场本学期计划暂借人民解放军医院的操场使用，离我校很近而且球场较大。有篮球场2个，单杠、双杠、沙场等。另外还计划修理玻璃大棚的雨天操场1个。[24]（图1-25）

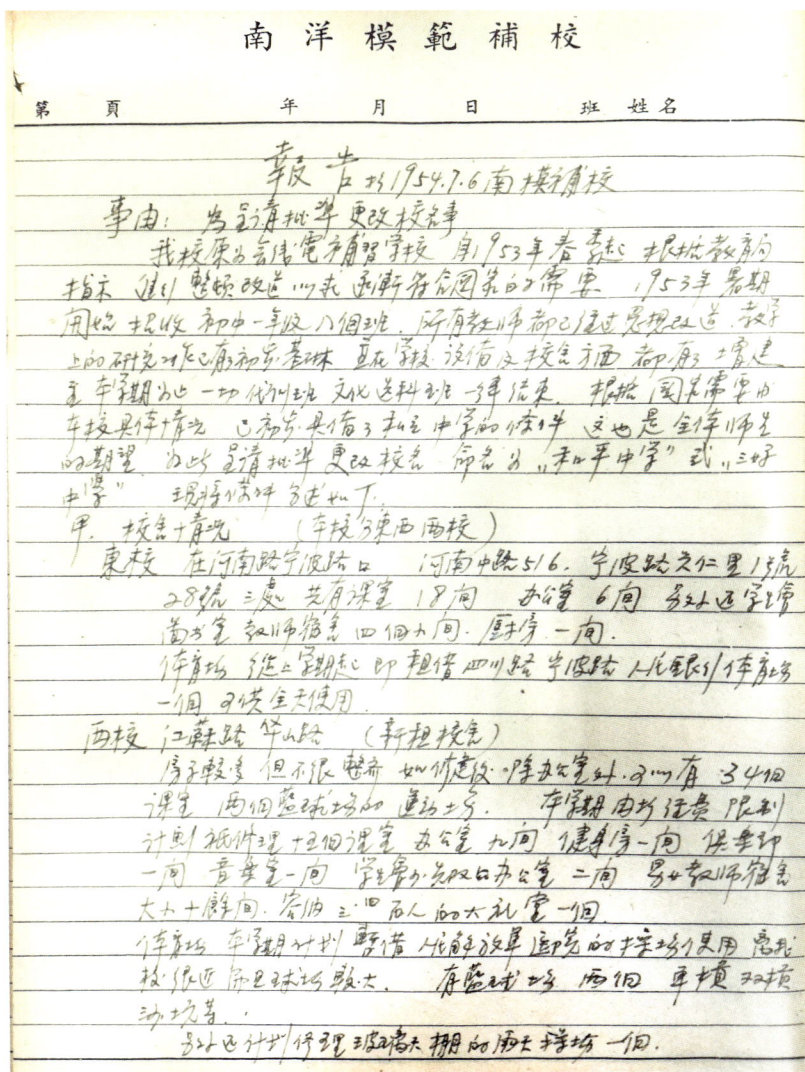

图1-25　1954年7月6日，时任副校长焦英呈请私立南洋模范补习学校改名的报告

东校，位于黄浦区，共有 3 处：河南路宁波路口、河南中路 516 号、宁波路兴仁里 1 号与 28 号。西校，位于长宁区华山路江苏路口，即华山路 1364 号，为新租校区。之所以在 1952、1953 年间出现较大的扩张势头，很大程度上得益于中共党员焦英受派执掌该校后所进行的整顿与改造，进而使之从一所专门的无线电补习学校逐渐向普通中学过渡。（图 1-26）

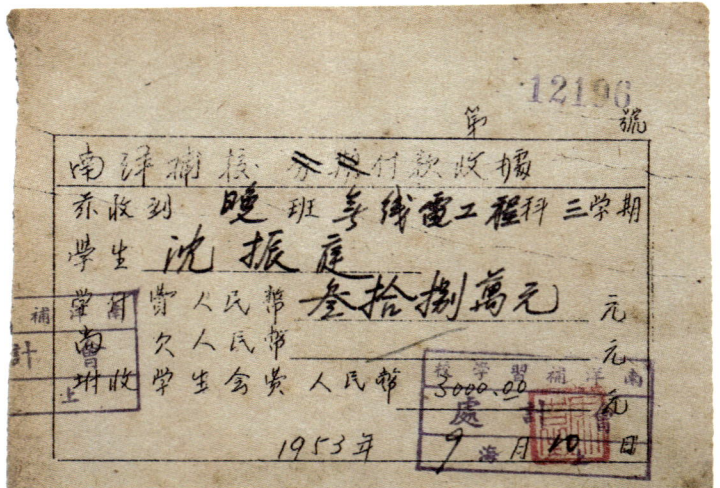

图 1-26　私立南洋模范补习学校的一份收据，1953 年

图 1-27　1954 年 7 月上海私立南洋模范补习学校情况表

焦英，山东淄博人，曾任上海市人民政府卫生局副科长，中华人民共和国成立前曾在天津、济南等地做过长期的地下工作。[25] 她来学校时仅 29 岁，文化程度为高中肄业，虽然年轻，却是一位有着丰富领导经验的共产党员。1952 年 11 月，她调任私立南洋模范无线电学校副校长。1953 年出任私立南洋模范补习学校副校长。（图 1-27）根据国家的需要与教育局"指示、指引、整顿、改造"[26] 的政策，她对学校的办学定位进行重新调整，确立为转办私立中学的目标。然而，因该校历来以工程技术见长，并无开办普通中学的经验与条件，相比其他底蕴深厚的中学，起步较晚，并无优势可言。更让焦英感到棘手的是，该校教师成分复杂，且这些人业务水平一般较高，在群众中具有一定

的威信，[27] 由此造成较大的领导难度。另一方面，共产党员、共青团员在领导层与全体教职员中只有 3 位，而中华人民共和国成立前参加过各类旧派党团的教职员却占到半数以上，新旧力量对比悬殊，也对改造工作是一个极大的挑战。

面对薄弱的基础与复杂的形势，焦英始终坚守“宁慢勿乱，稳健勿偏”的精神，在维持队伍的基础上，通过班制调整、基础设施建设、引进新师资等措施进行逐步改造。自 1953 年暑期开始，学校首次招收初中一年级 8 个班，1954 年停止招收技术选科班、文化选科班。至 1954 年，初中一、二年级共 30 个班，学生数 1 800 人，教职员数 59 人。[28] 关于师资的具体情况：

1. 原有师资：

高中数理化 3 人，文史 2 人；初中数理化 4 人，文史地 3 人半，动植物 1 人，体育教师 1 人，音乐教师 1 人。

2. 已确任用之新教师：

高中达尔文主义 1 人，初中文史地教师 7 人，数理化教师 7 人，美术教师 2 人，音乐教师 1 人。

3. 尚缺师资（按高中 3 班、初二 7 班，初一 10 班计）：

高中，政治教师 1 人（兼初中语文）；地理教师 1 人；体育教师 1 人（兼教初中）。

初中，文史地教师 5 人，动植物教师 2 人，政治教师 1 人，理化教师 2 人，体育教师 2 人（兼做职员）。

尚缺师资尚计算不太准确，是大概估计数。[29]（图 1–28）

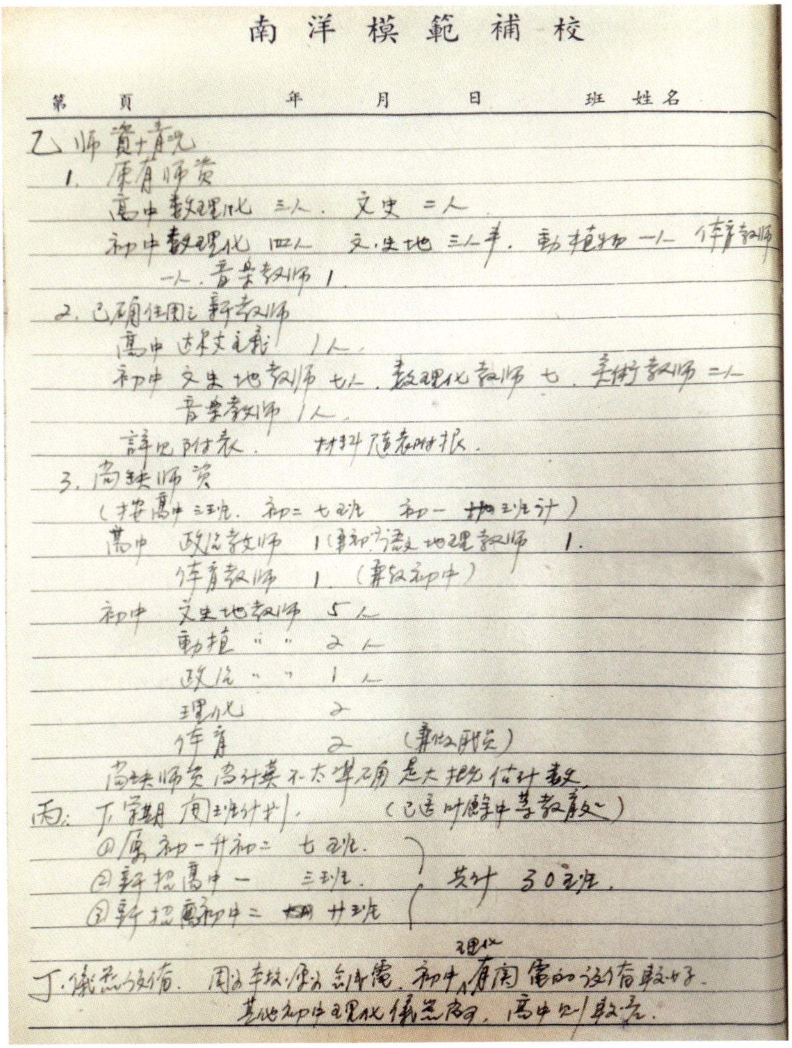
南洋模範補校

第　頁　年　月　日　班　姓名

乙、师资情况
1. 原有师资
高中 数理化 三人 文史 二人
初中 数理化 四人 文史地 三人半 动植物 一人 体育教师 一人 音乐教师 1
2. 已确任用之新教师
高中 达尔文主义 1人
初中 文史地教师 七人 数理化教师 七 美术教师 二人
音乐教师 1人
详见附表 材料随后补报
3. 尚缺师资
（按高中三班 初二七班 初一 十班计）
高中 政治教师 1（兼初中语文） 地理教师 1.
体育教师 1（兼教初中）
初中 文史地教师 5人
动植 " " 2人
政治 " " 1人
理化 2
体育 2（兼做职员）
尚缺师资尚计算不太准确 是大概估计数
丙、下学期开班计划
(1) 原初一升初二 七班
(2) 新招高中一 三班
(3) 新招初中一 廿班
共计 30班

图 1–28　私立南洋模范补习学校师资情况，选自 1954 年 7 月焦英呈请私立南洋模范补习学校改名的报告

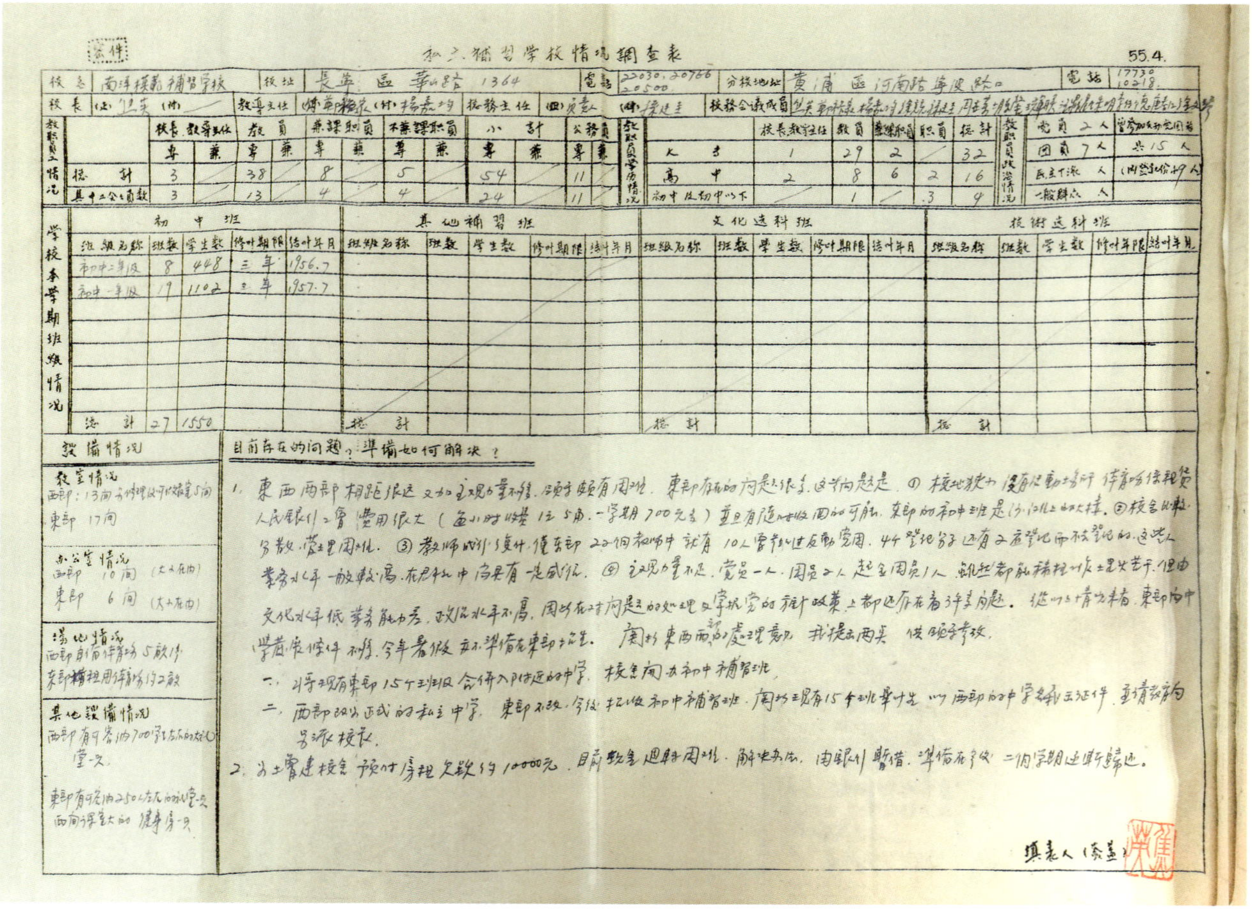

图 1-29　私立南洋模范补习学校情况调查表，1955 年 4 月

学校陆续新聘复旦大学、财经学院等院校毕业的 19 位新教师担任中学各科教学，逐渐改变了原先以大专、高中为主的学历结构，以及偏重数理化、工程的学科结构。

这时，学校领导班子成员也开始变化，在 1955 年 4 月填写的《私立（南洋模范）补习学校调查表》中，已明确该校校长为焦英，学校教导主任郑裕家，副主任杨嘉均（有时也写"杨嘉钧"），校务主任（负责人）孙廷圭，校务会议成员有焦英、郑裕家、杨嘉均、徐兢、孙廷圭等。（图 1-29）

在建青校史上，"私立南洋模范补习学校"可以说是办学史上的重要过渡时期。需要指出的是，私立南洋模范补习学校东校在转办中学上的一些条件不及西校，1955 年之后只招收初中补习班，不再单独招生，后又转至九江路，改名"九江中学"。至于西校，从性质上来说，此时已不再是补习学校，而已初具私立中学的雏形。不久，私立南洋模范补习学校西校就演变为私立建青初级中学，翻开了办学史上崭新的一页。

注　释

［1］张和卿编著：《无线电报务手册》，"自序"，出版地不详，1942年，第1页。

［2］张和卿编著：《无线电报务手册》，"自序"，出版地不详，1942年，第1页。

［3］张和卿：《怎样完成我们的使命》，《校光》1942年第1卷第1期。

［4］《申报》系清同治十一年（1872年）由英商安纳斯脱·美查（E. Major）等在上海创刊，是近代上海的一份重要报纸，也为近代中国历史最久之报纸。《申报》不仅限于上海，在江浙乃至全国也广有影响，江南一带的人们一度把《申报》当作报纸的同义词，老报人徐铸成在《谈老〈申报〉》中就谈到："别的地方我不清楚，在我的幼年的江南穷乡僻壤，都是把《申报》和报纸当作同义语的。"（徐铸成：《谈老〈申报〉》，载《报海旧闻》，上海人民出版社1981年版，第8页）《申报》从其创刊之初，在注重对国内外大事采访与记载的同时，也关注市井琐闻与社会新闻，以其鲜明的特色吸引了一大批读者。翻阅该报，也刊登了不少有关上海南洋模范无线电学校的内容。

［5］《告学电信工程者注意》，《申报》1939年8月13日，第2版。

［6］《中雍无线电机厂赞助交部备案南洋模范无线电学校招生》，《申报》1939年12月13日，第4版。

［7］《中雍无线电机厂赞助交部备案南洋模范无线电学校招生》，《申报》1939年12月13日，第4版。

［8］《南洋模范无线电学校招男女生》，《申报》1939年8月21日，第2版。

［9］《南洋模范无线电学校招男女生》，《申报》1939年9月3日，第6版。

［10］《南洋模范无线电学校第一次录取新生》，《申报》1939年8月16日，第5版。

［11］《交部备案南洋模范无线电学校开学通告》，《申报》1939年8月29日，第5版。

［12］张和卿：《南洋模范无线电学校招生简章》，《校光》1942年第1卷第1期。

［13］中央电讯社出版委员会编：《中央电讯社第三年》，中央电讯社出版委员会1943年，第65—76页。

［14］中华职业教育社编：《全国职业学校概况》，商务印书馆1937年版，第266页。

［15］《南洋模范无线电学校招生简章》，《校光》1942年第1卷第2期。

［16］沈惟毂：《南洋电校之将来》，《校光》1942年第1卷第1期。

［17］《国民政府建设委员会电力事业处招考学习工程师广告》，《申报》1928年12月20日。

［18］曾在学校档案室查阅到相关记载，但出处不详，存疑待考。

［19］《南洋模范无线电校44届招生》，《申报》1949年2月9日，第3版。

［20］《求职良机，南洋模范无线电学校招生》，《申报》1949年2月13日，第3版。

［21］存此说，但在其他档案资料中没有查实，待考。

［22］《赵锡麟等三逆各处徒刑》，《申报》1946年8月24日，第3版。

［23］《启事》，《申报》1949年2月13日，第3版。

［24］《关于私立南洋模范补习学校改名建青初级中学的报告（1954年）》，上海市档案馆藏，档号：B105-1-1151-38。

［25］《私立南洋模范学校情况表》（1954年7月16日），上海市档案馆藏，档号：B105-2-822。

［26］《关于私立南洋模范补习学校改名建青初级中学的报告（1954年）》，上海市档案馆藏，档号：B105-1-1151-38。

［27］《私立补习学校情况调查表》（1955年4月），上海市档案馆藏，档号：B105-1-1369。

［28］《私立南洋模范学校情况表》（1954年7月16日），上海市档案馆藏，档号：B105-2-822。

［29］《关于私立南洋模范补习学校改名建青初级中学的报告（1954年）》，上海市档案馆藏，档号：B105-1-1151-38。

第二篇

上海市建青中学时期

1955
/
1984

1955 年 7 月，上海市教育局将学校更名为"私立建青初级中学"（为行文方便，文中有时简称"建青"）。翌年，按照"一次接办，逐步整顿"的方针，学校由私立转为公办，揭开了办学历史上的崭新篇章。20 世纪 50 年代末 60 年代初，在"向工农开门""向科学技术现代化进军"办学方针的指引下，建青中学发扬"艰苦奋斗、自强不息"的精神，逐步完善教学设施，稳步提升教育质量，坚持"德、智、体、美、劳"五育并重发展。尤其是在长期以来坚持学雷锋的活动中，建青中学好人好事层出不穷，优良校风远近驰名，成为长宁区乃至上海基础教育战线上的一面先进旗帜。1978 年，学校跻身长宁区属重点学校行列。（图 2-1）

沐浴改革开放的春风，学校勇于开拓，不断突破，砥砺前行，"建青"声名鹊起。

图 2-1　上海建青中学教学楼东南面，前操场（摄于 20 世纪 70 年代）

第一节　更名为私立建青初级中学

在建青校史上，有一份档案至为关键，这就是 1954 年 7 月 6 日南洋模范补习学校副校长焦英向上海市教育局有关部门提交的《关于私立南洋模范补习学校改名私立初级中学的报告》。这份报告较详细地反映了学校沿革、现状以及要求更改校名的请求：

事由：为呈请批准更改校名事

我校原为无线电补习学校，自 1953 年春季起，根据教育局指示、指引、整顿、改造，以求逐渐符合国家的需要。1953 年暑期开始招收初中一年级八个班，所有教师都已经过思想改造，教学上的研究工作已有了初步基础，并在学校设备及校舍方面都有了增建。至本学期为止，一切代训班、文化选科班一律结束。根据国家需要与本校具体情况，已初步具备了私立中学的条件，这也是全体师生的期望。为此，呈请批准更改校名，命名为"和平中学"或"三好中学"。[1]

（见图 1-26）

焦英将学校的条件分述为四个方面，即：甲、校舍情况（本校分东、西两校）；乙、师资情况；丙、下学期开班计划；丁、仪器设备。在送达上海市教育局业余中等教育处关于"下学期开班计划"中，她提到："1. 原初一升初二，七班；2. 新招高中一，三班；3. 新招初中二，廿班。共计 30 班。"其中还涉及仪器设备问题："因为本校原有无线电、初中理化，有关电的设备较好，其他初中理化仪器尚可，高中则较差。"[2]

焦副校长也实事求是指出了本校办学面临的困难，主要表现在几个方面：1. 经费方面。"经教育局业余中教处对我们的帮助和支持，廿三个课室的课桌椅已经解决，2 亿 1 千万的人民银行贷款也已解决，我们计划一切费用，一律精打细算，节约开支，还有 1 亿欠款，本学期不能解决。"2. 干部缺乏。新教师很多教学经验很少，缺少骨干。[3] 最后，她写道："上述情况属实，需求更改为私立中学，是否妥当，请予审核。谨呈业余中等教育处补习教育科转胡处长，转局长室。"[4]（图 2-2）

上海市教育局接到学校的报告，做了一些调研与审核。1954 年 8 月，上海市教育局业余中等教育处正式批准焦英关于更改学校为私立中学后的呈请：

（私立南洋模范补习学校）一年以来，通过加强行政领导，充实各科师资，扩充校舍及结束转变其他"杂类"班级等措施，给转变为私立初级中学准备了必要条件。特别在班级整理方面，今年秋季以后，已成为单一的"初中班"。[5]

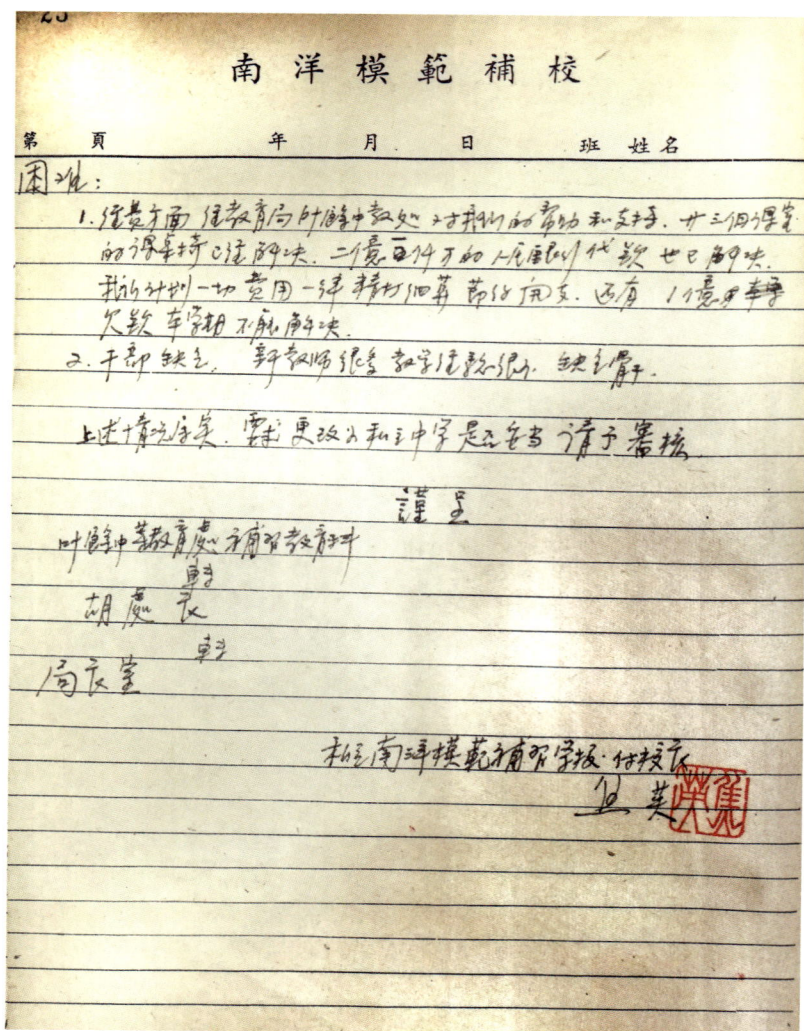

图2-2　1954年7月6日，时任副校长焦英呈请私立南洋模范补习学校改名的报告

从中，可以看到教育局对学校的各项工作还是肯定的，对学校领导提出的"转变为私立初级中学"的提议也予以支持。

1955年7月7日，上海市教育局决定将私立南洋模范补习学校（西校）正式改名"私立建青初级中学"，校址华山路1364号。（图2-3）同时，任命焦英担任代理校长，为此，上海市教育局签发"关于派焦英为上海市私立建青初级中学代理校长的令"。（图2-4）

关于"建青"校名由来及蕴含之意义，翻阅相关档案文献，未有详细解释。不过，1954年7月，时为副校长的焦英在呈请教育局改立中学的报告中，曾提议的校名原为"和平中学"或"三好中学"。[6]但教育局方面没有采纳，而是在"南模""培建"等名称之间，踌躇反复。[7]最终择取"建青"为校名，也颇耐人寻味，抑或隐含着上级教育机关对这所学校转型的期许。但无论如何，从南洋模范补习学校转立为建青初级中学，确是这所学校办学方向的一次重大转折。

从私立南洋模范无线电学校，到私立南洋模范补习学校，再到"建青"校名的确定，这所学校的性质发生重大变化。不仅开始有了独立的中学建制，同时也面临着与之前截然不同的全新教育格局，这是一种挑战，也是一种机遇。共产党员焦英自从来到私立南洋模范无线电学校，历任私立南洋模范无线电学校副校长，私立南洋模范补习学校副校长，并最后成为私立建青初级中学的代理校长，其间她加强党的领导，团结依靠进步教师，采取各种措施，充实师资，改善办学条件，对学校的发展起到重要作用。（图2-5）

新教师队伍的壮大，新时期学生的塑造，"建青"就在这样的背景下诞生了。

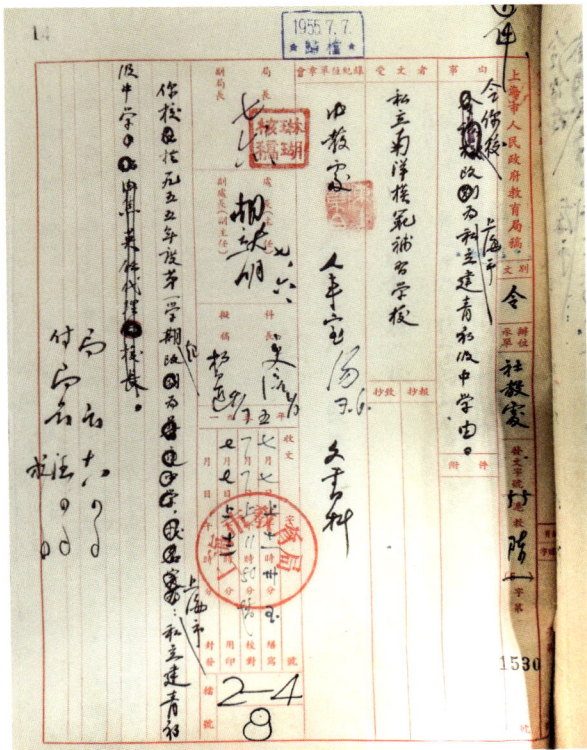

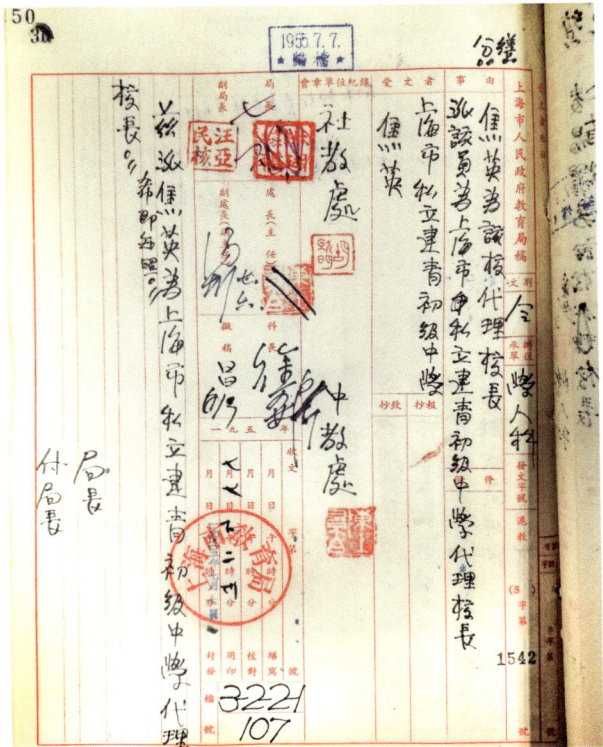

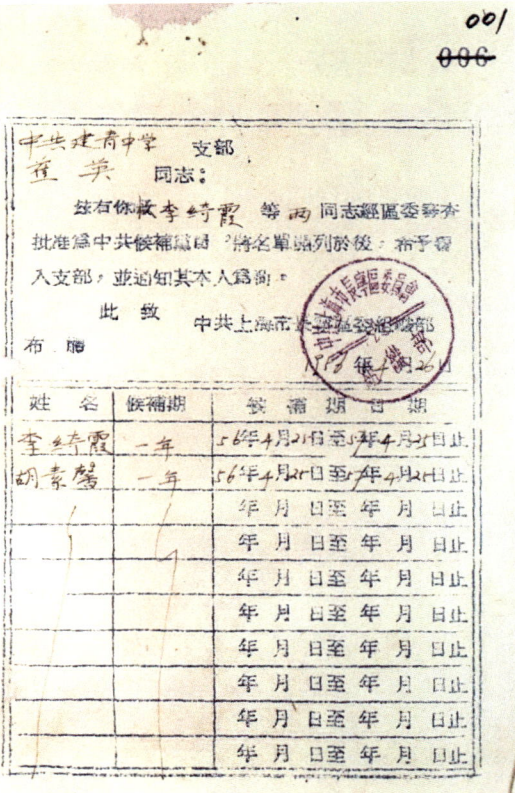

图2-3　1955年7月7日，南洋私立补习学校（西校）改名为上海市私立建青初级中学（左上）

图2-4　1955年7月7日，上海市教育局签发"关于派焦英为上海市私立建青初级中学代理校长的令"（右上）

图2-5　中共上海市长宁区委组织部关于建青中学李绮霞等同志批准为中共候补党员，1956年4月26日（左下）

第二节 从私立到公办

　　私立建青初级中学建立起来，学校主要精力用于调整与稳定学校的各项工作上。紧接着，1956年，按照上级"一次接办，逐步整顿"的方针，长宁区内的私立中、小学和幼儿园均改为公立，私立建青初级中学也转为公办学校。

　　1956年至1966年，是"建青"作为一所中学新格局奠定的重要阶段，学校教育工作重新得到调整，教师队伍不断充实，教学质量逐渐提高，校园环境有所改善，设施不断完善。（图2-6）

　　1955年、1956年间，学校共有教职员50人，包括一名代课教师。有一份档案反映了该校的基本情况：

　　从学校的情况来看，本校是一个新办学校，前身是个无线电专业学校，历史是比较复杂的。……从学校于1954年改为补校直至改为初级中学才走向正规。[8]

图2-6　1958年建青初级中学举行运动会

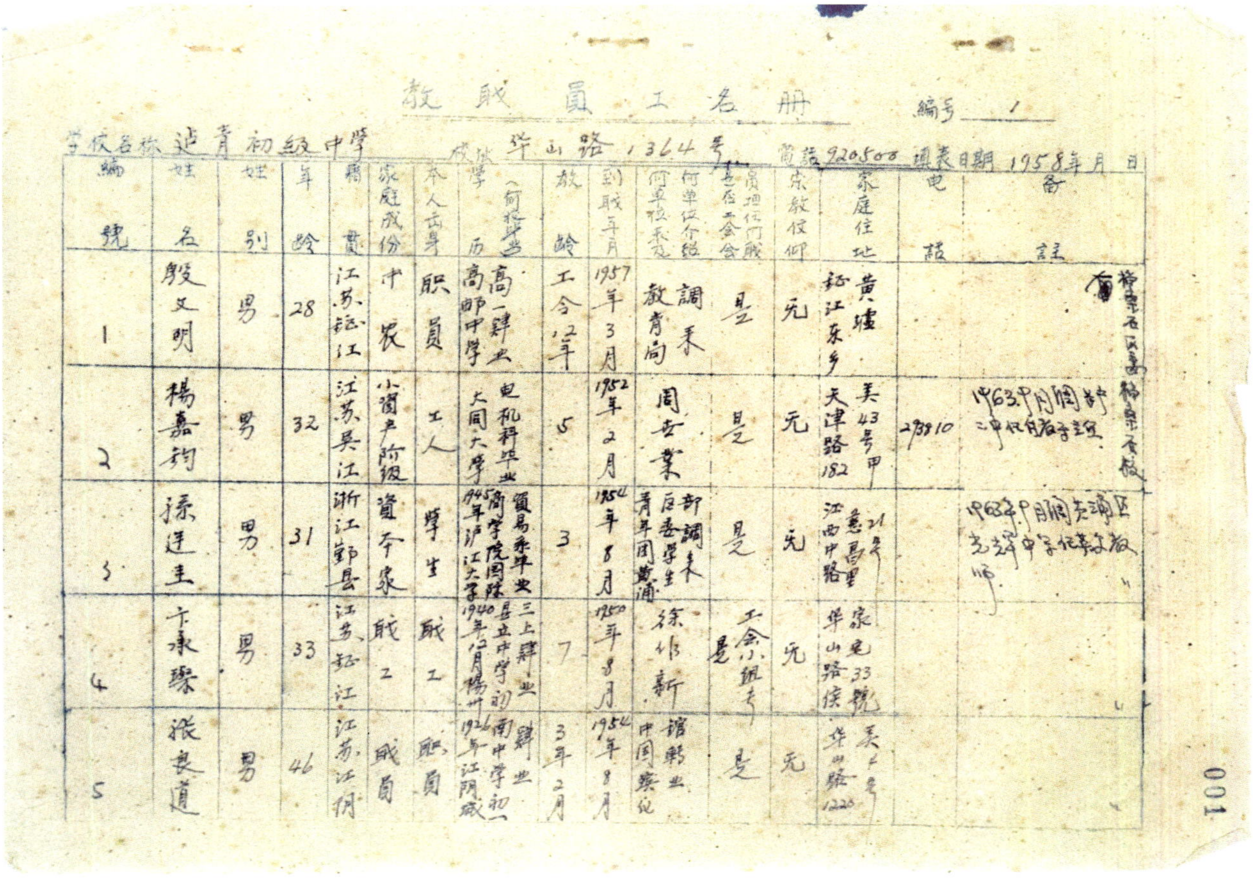

教职员工名册　编号 1

学校名称 建青初级中学　地址 华山路1364号　电话 920500　填表日期 1958年 月 日

编号	姓名	性别	年龄	籍贯	家庭成份	本人出身	何校毕业学历	教龄	到职年月	何单位介绍或何单位派来	是否工会会员	负担任何职	宗教信仰	家庭住址	电话	备注
1	殷文明	男	28	江苏镇江	中农	职员	高邮中学高一肄业	工令12年	1957年3月	教育局调来	是		无	镇江东乡黄墟		[illegible]
2	杨嘉钧	男	32	江苏吴江	小资产阶级	工人	大同大学电机科毕业	5	1952年2月	周安业	是		无	天津路182美43号甲	29910	1963.1月调静二中任副教导主任
3	[illegible]	男	31	浙江鄞县	资本家	学生	1948年沪江大学国际贸易商学院毕业	3	1954年8月	青年团黄浦区委学生部调来	是		无	江西中路[illegible]		1963年1月调[illegible]中学任专任教师
4	[illegible]	男	33	江苏镇江	职工	职工	1940年12月扬州县立中学初三上肄业	7	1950年8月	徐作新	是	工会小组长	无	华山路33号[illegible]		
5	张良道	男	46	江苏江阴	职员	职员	1926年江阴南菁中学初二肄业	3年2月	1954年8月	[illegible]	是		无	华山路[illegible]		

001

图2-7　1958年上海市建青初级中学教职员工名册（节选）

全校50名教职工中，教员40人，职员10人。其中女教员28人，占全校教职工的56%；男教员22人，占全校教职工的44%。1957年上学期新教师特别多，有21人，占全校教职工的42%；全校共有中共党员4人，占8%；团员3人，占6%。[9]

为了适应中学教育，建青中学的师资队伍在不断调整充实。表2-1为1958年“上海市建青初级中学教工名册”，反映该校教师的构成情况。（图2-7）

从表2-1中可以看到，此时的教职员工已有59名，焦英不在此名录中，此时她已经调到其他学校任校长。[10]1957年，上海市教育局任命殷文明为党支部书记。

从当时教师的构成来看，总的说来还是比较复杂的，“开始的一批教师（自1954年来的加上电校时留下的几个），绝大部分是私人介绍来的……”[11]。后来，经过调整，引进新教师，有学历较高的，也有调干的，也有从学校刚毕业出来的，师资队伍逐渐得到加强。有一份档案较详细地反映学校教师存在的问题及在1957年“肃反”时期表现的状况：

表 2-1　上海市建青初级中学教职员工名册（1958 年）

学校名称：建青初级中学　校址：华山路 1364 号

编号	姓名	性别	年龄	本人出身	学历（何校毕业）	籍贯
1	殷文明	男	28	职员	高邮中学高一肄业	江苏镇江
2	杨嘉钧	男	32	工人	大同大学电机科毕业	江苏吴江
3	孙廷圭	男	31	学生	1945 年沪江大学商学院国际贸易系毕业	浙江鄞县
4	卞承灿	男	33	职工	1940 年扬州县立中学初三上肄业	江苏镇江
5	张良道	男	46	职员	1926 年江阴城南中学初一肄业	江苏江阴
6	汤庆慧	女	41	职员	1937 年沪江大学一年级肄业	江苏嘉定
7	张芝华	女	25	学生	1952 年安徽大学农学院大一肄业	浙江绍兴
8	李康衢	男	51	职工	私塾	江苏镇江
9	沈　萍	女	24	革命军人	1948 年嘉兴明德女中初中	浙江嘉兴
10	陈孟萍	女	31	职员	1941 年上海培明女中	浙江鄞县
11	郭文举	男	31	革命军人	1953 年华东革命大学（？）中毕业	江苏
12	金晓岷	男	32	职员		浙江绍兴
13	吴大焯	男	44	职员	1932 年沪江大学商学院银行系	浙江杭州
14	何冠瑛	女	45	教工	1929 年复旦大学教育系肄业	上海市
15	庞涣艇	男	49	教师	1922 年萧山义桥镇（？？）毕业	浙江萧山
16	王志英	女	26	职员	1952 年 9 月圣约翰大学外文系毕业	江苏吴县
17	许之森	男	44	职员	1934 年东吴大学法学院毕业	浙江上虞
18	王辉联	女	26	学生	1953 年财经学院会计专修科毕业	江苏川沙
19	顾　琦	女	34	职工	1940 年震旦女中高中肄业	广东番禺
20	谢含芬	女	34	教师	1941 年光华大学大一肄业	上海市
21	张珍珍	女	34	职员	1944 年大同大学文学系三年级肄业	浙江鄞县
22	徐曼丽	女	24	教师	1956 年上海师专语文科毕业	浙江鄞县
23	戴祥娟	女	39	商	1936 年上海务本女中初中毕业	上海市
24	李绮霞	女	23	学生	1953 年上海市六女中毕业	上海市
25	余传舜	女	23	教员	1953 年南京市一女中	江苏镇江
26	费新华	男	38	职员	1940 年大夏大学理学院化学系一年级	浙江慈溪
27	胡开洛	男	36	教工	1943 年东吴大学经济法律系毕业	安徽祁门
28	符光辉	男	32	工人	1948 年上海大夏大学法律系毕业	浙江绍兴
29	张子方	男	55	职员	1921 年江苏省立第六中学	江苏镇江
30	周天浩	女	49	商人	1933 年大夏大学教育行政系	湖南湘潭

编号	姓名	性别	年龄	本人出身	学历（何校毕业）	籍贯
31	王维馨	女	27	职工	1953 年圣约翰大学毕业	江苏丹阳
32	黄养焘	男	46	职工	1943 年沪江大学商学院银行系肄业	北京
33	王海蓝	女	27	商	1950 年大夏大学教育系肄业	山东青岛
34	徐鼎臣	男	23	商	1954 年南京大学数学系	江苏吴县
35	钱芩蔚	女	30	学生	1956 年沪江大学教育系	浙江德清
36	周世业	男	38	职员	1942 年复旦大学会计系肄业	浙江吴兴
37	董董生	女	36	职员	1943 年苏州美专肄业	浙江慈溪
38	孙扬年	女	26	反动军官	1954 年上海财经学院会计系毕业	江苏涟水
39	谢联璧	女	36	职员	1941 年省立苏州师范毕业	浙江上虞
40	黄贞琴	女	34	职员	1943 年江西省立赣女师毕业	江西赣县
41	朱登慧	女	27	教师	1956 年第一师范毕业	江苏松江
42	屈文淑	女	27	职员	1951 年交通大学财务管理系肄业	江苏常熟
43	罗宇隆	男	46	职员	1953 年武汉大学法律系毕业	四川巴县
44	杨淑芬	女	45	职员	1937 年沪江大学商学院毕业	南京
45	王　沅	男	41	学生	1941 年圣约翰大学经济系毕业	上海市
46	陈秉娴	女	40	学生	1941 年复旦大学法学院经济系毕业	广东番禺
47	吴志礼	男	36	学生	1950 年复旦大学法律系毕业	浙江杭州
48	沈传礼	男	42	职员	1935 年伪内政部警官高等学校正科	广东番禺
49	宋骏声	男	46	职员	1940 年西南联大经济系毕业	河北黄骅
50	顾廷良	男	23	职员	1954 年上海体干班结业	上海市
51	范泓庠	男	23	革命军人	1950 年高桥中学高二肄业	浙江吴兴
52	盛世侠	女	36	教员	1939 年日本东京女子医专预科肄业	上海市
53	黄相麟	男	44	工人		江苏南通
54	郭熙孚	男	56	工人		江西九江
55	张阿根	男	58	工人		江苏
56	张炳炎	男	46	职工		扬州市
57	祝宛才	男	28	工人		南通
58	孙爱凤	女	25	工人		江苏常州
59	孙晋秀	女	48	工人		江苏溧阳

资料来源：《1958 年（上海市建青初级中学）教工名册》，长宁区档案馆藏，档号：113-1-5。

注：1. 该教职员工名册填写的内容甚多，此为部分摘选。2. 个别字迹模糊。3. 1954—1966 年间，学校教职工有一些变动，具体名单参见"附录四·《上海市建青中学教职员工名录》（1954—1966）"。

由于教师来自各方面各阶层，所以思想比较复杂，尤其是二部制实施后，各方面都有了新的变化。新老教师间互不熟悉，掌握教学缺乏经验，课堂纪律很坏。校长调走后，党政领导政治思想抓得不紧，长期存在的课堂纪律及教学问题得不到解决和行政的支持。教师们思想苦闷怕负责任，有些眼开眼闭，上课来下课去，相互之间很少开展一些批评与自我批评，谈谈自己的意见，所以对肃反的看法是有各种不同的态度。

1. 骨干积极分子。普遍存在着无敌论的麻痹思想，认为本校人数少……，女同志占多数，新教师大部分是由师训班改造后分配来的。大家认为他们已经过肃反了，从教学上来看也未发生什么重大事故，就是有问题，不过是一些没有搞清的历史问题……（这些思想骨干已在干训中有了解决）。

2. 大部分中间群众。有一般政治历史问题的人或思想上不关心政治的人，对肃反目的意义、方针、政策不了解。因自己有问题，思想上存在着一定的顾虑，怕领导对自己不信任，从来不敢提意见，怕得罪人。平日小组发言先作好书面准备，以免讲错，有的是认为与己无关，多一事不如少一事，其中师训班来的教师认为在班内已经学习过，这次是否可以不参加了，或者认为已作结论。

3. 落后群众（包括有严重政治历史问题的人）。思想上普遍有些紧张，平时很活跃，听说肃反开始有些不声不响，别人开会，自己未被请参加，正面不敢问，背后打听一番。[12]

这是一段特殊的时期，对这所学校的教职员工进行整顿，对存在的问题也进行整改。自 1956 年开始，已转型为公办中学的建青初级中学，尽管在制度序列上纳入到国家中等普通教育的框架之内，然而，红色中坚力量薄弱、阶级成分复杂、队伍思想混乱等历史遗留问题始终未得到根本有效解决，在思想上、组织上都严重阻碍着学校正常化、正规化发展。直到 20 世纪 50 年代中后期全国范围掀起肃清内部反革命分子运动（简称"肃反运动"）之后，这个长期困扰的"顽疾"才得以祛除。

据《上海市建青初级中学 1957 年肃反工作总结》称，至 1956 年止，对那些由私人关系介绍来的旧教师，工作上不服从分配、思想上不愿进步的新教师，则要求必须经过"师训班""干训班"的改造，以达到"矫枉""养正"的目的，提高教师队伍的思想政治觉悟与水平。然而，要真正确立党团力量对思想政治工作的绝对领导地位，只求"破旧"还是不够的，必须从"立"的层面去"布新"，大力发展学校的党团工作尤其是壮大共青团组织。[13]（图 2-8、图 2-9、图 2-10、图 2-11）

此时，上级派殷文明到学校，这给"建青"带来新的活力。殷文明，约生于 1930 年，江苏镇江人，曾就读于江苏省高邮中学，早年参加革命工作。1957 年 3 月受教育局委派，来到建青初级中学。此前，殷文明已有 12 年的工作经历。焦英调离后，殷文明任该校党支部书记。也就在 1957 年，长宁区教育局将延安中学语文教研组长许之森与复旦中学数学骨干教师徐鼎臣调入，据相关档案记载："许

图 2-8　1958 年建青初级中学举行运动会，观众席

图 2-9　1958 年学校在延安西路上海第三制药厂旁边搭建宣传台，宣传春季爱国卫生运动

图 2-10　1958 年建青中学红领巾开幕式，欢迎革命前辈施小妹妈妈前来做报告

之森，1957 年 8 月，延安中学，教育局调"；"徐鼎臣，1957 年 9 月，教育局调职"。[14] 他们到了建青初级中学后，学校即成立"中心教研组"，许之森负责文科教研组，徐鼎臣负责理科教研组。（图 2-12）

对于殷文明的治校，老教师徐鼎臣后来回忆："在'建青'的办学历史上，从一所普通学校成为重点中学，有几位校领导发挥了关键作用。在初创阶段，焦英校长是一位。殷文明也是一位重要的校领导。建青中学 1956 年改为公立学校，1957 年殷文明到校。当时政治运动不断，但教育事业还在发展。建青中学办学基础薄弱，建青师生克服种种困难，逐渐提高教学质量。1956 年，全校仅 6 个毕业班，当年只有 6 名学生考取高中。学校教室简陋，无图书馆，无实验室，无绿地。在校领导殷文明主持下，提出'建青就是建青'的口号，教师们发扬'艰苦奋斗、自强不息'的精神，自力更生、克服困难，使学校设施逐步完善，教育质量逐年提高。要办好一所学校，教师是关键。殷文明知人善用，形成了以杨嘉钧、孙廷圭、许之森、徐鼎臣、王维馨、钱岑蔚、钱裕民等新老结合的较强的师资队伍，学校教学质量明显提高。殷文明校长（书记）治校特点就是善于用人。这一时期，我们听党的话，勤俭办学，自强不息，所以，办学有了一定成效。"[15] 据殷文明校长 1989 年 2 月回忆："1957 年学校工作混乱，教学纪律、秩序混乱。1965 年学校的面貌是：绿化工作、卫生工作，连续数年评为区的先进。团队工作连续被评为市的先进。从 1963 年起至 1965 年，学校考取高中的比例都在全区前三名，特别是 1965 年的名次是全区前列，超过了延安中学（本区的市重点），而且这些学生大多品学兼优。发生了这些变化，主要在于上级的正确领导和全体教工长期的艰苦努力。从工作的有效性来检验学校的成绩，主要有以下几点：

图 2-11　1959 年，建青中学学生赴闵行下乡参加"三秋"劳动

图 2-12　上海市建青初级中学语文教师许之森带学生进行民歌采风（摄于 1957 年）

1. 教师队伍和骨干队伍的形成和不断优化。建青的发展中，原有教师不是被筛选摈弃而是不断培养提高。语文教师如许之森、李家煜，数学教师如徐鼎臣、屈文淑、时学孟等等。这些同志在提高学校教学质量、改变学校面貌上都起了重要作用。

2. 团队的组织和思想建设取得较大成就，共青团和少先队组织在学生中享有崇高威信。共青团员和少先队干部，是学生中的表率，从而受到全体师生的赞美和尊重。他们不仅帮助学校形成了良好的学风和校风，而且毕业后，大多数人成为社会主义建设事业中的优秀骨干，为改革开放做出较好的贡献。

3. 建青的教工艰苦成风。勤奋艰苦，不怕困难。招进来的学生不少是成绩不及格或中下的，待培养到毕业时，成绩为优良或合格。学生从进校时品德纪律特差，到转变了思想，稳定了纪律，学习品德天天向上。以上这些都是从早抓到晚，辛勤备课、耐心教育、艰苦育人的结果。建青教工放弃休息，自觉对学生的学科知识和思想品德，进行个别辅导和耐心帮助。

4. 建青的教工实干成风。求实、求细。领导深入班级和备课组，坚持上课和听课。教研组长、年级组长更加深入细致，除了自己备好课、上好课、带好班以外，还要深入具体地帮助自己组里的班主任和任课老师，上好课、带好班。至于一般教师，认真备课，深入家访，对教学教育上的重点难点，进行研究探讨，相互观摩，都已形成常规。有时甚至逐个班级、逐个学生，逐一研究，提倡一把钥匙开一把锁地进行工作。

5. 建青的教工爱校成风。每一位教师工作量很重，又没有任何超过其他兄弟学校的物质奖励。但是，基本上没有一个不安心在建青工作要求调离建青的。大家产生了一种共同的强烈愿望，要把建青搞上去。

6. 建青的教工朴素成风。工作都朴实无华，不摆花架子。学校工作上，勤俭节约，不铺张浪费。教工的个人生活也都很俭朴。

1959年，侯玉田任校长。学校继续狠抓校风建设，提出"早三抓、中三抓、晚三抓"的方针。早抓进校、早操、上课；中抓课内、课余、饮食；晚抓课余活动、教室整洁、离校。校风明显改善。到1962年，学校有16个班，其中初一4个班，初二6个班，初三6个班，共821名学生。当年升学考试，6个毕业班只有6名学生未考取高中、中专。

"殷文明之后，纪孝敏校长对建青发展也有很大贡献。"[16] 纪孝敏在担任校领导前曾任建青初级中学团总支书记，在任期间，对"建青"共青团的发展做了大量工作，成绩突出。20世纪60年代初纪孝敏多次代表学校团总支在市、区做交流发言。在1964年召开的共青团上海市第五次代表大会上，纪孝敏做了题为《我们是怎样做团的发展工作的》发言，具有一定的社会影响。纪孝敏在发言中提到，"过去，我们对团的发展工作是不够重视的，1957—1959年三年当中，只发展了48个团员。学校里团员很少，每年暑假毕业后，只剩下六七个团员，团的作用也就不能很好发挥"[17]。纪孝敏于1960年下半年从工厂调到建青中学，也遇到了很多困难，据他自己说，这时候校党总支书记找他谈话，教导他："你一定要抓发展工作，壮大团的队伍，这样才能当好党的助手，才能更好地帮助青年成长。"[18] 在校党总支的领导与关怀下，纪孝敏开始放手工作，加强发展团队的工作。建青初中从 1960 年建立团总支，开始在学生中抓团员发展工作。1961—1963 年中，发展了 172 个团员，至 1964 年，要求入团的青年学生共有 212 人，占全校学生总数的 43%。[19] 团员队伍之所以在短短数年之内呈现星火燎原之势，纪孝敏认为，最重要的就是"注意团队衔接，从初一开始就开始扎根建团"[20]。从而在源头上加强理想信念教育。共青团组织的蓬勃发展，不仅壮大了党组织的领导核心作用，而且对建青优良校风、学风的涵养都起到了推动与引领作用。用纪孝敏的话来说，"团员发展了，学校工作有了核心，就好像党支部有了左右手"；"团支部在班级中发挥了作用，工作好做了，一些好的集体就容易形成了"。[21]"文化大革命"期间，因"坚持八年学雷锋"而享誉上海全市教育战线的"建青好校风"就由此而来。（图 2-13、图 2-14、图 2-15）

图 2-13　1958 年，建青中学团支部活动，华山路 1364 号

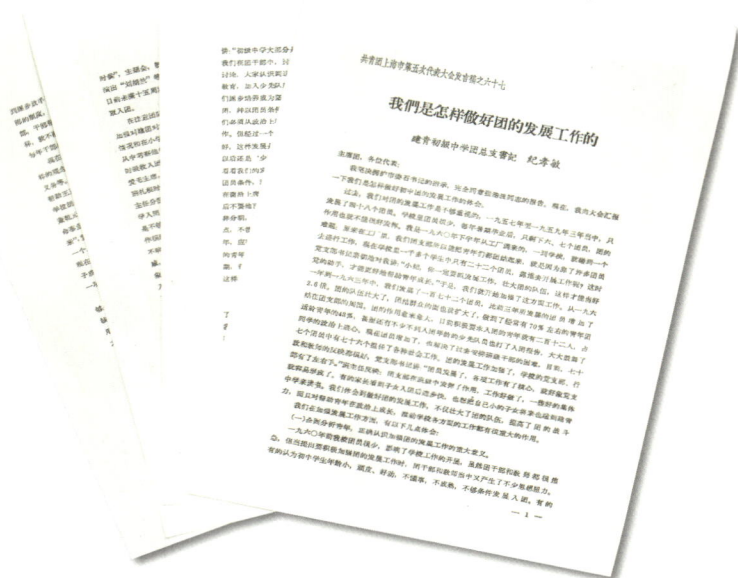

图 2-14 《我们是怎样做好团的发展工作的》，1964 年时任建青初级中学团总支书记纪孝敏在共青团上海市第五次代表大会发言稿

图 2-15 共青团建青中学总支 1965 年初三毕业班全体团员合影

在建青这样一所具有特殊背景下创建的学校，从专门的技术学校转型为普通中学，又经历了私立到公办，在师生中加强党的领导，发展团员，注重理想道德教育，成为学校发展的特色与亮点。同时，也给"建青"校名赋予了特殊意义。（图 2–16、图 2–17）

图 2-16　1958 年，班主任陈孟萍与团支部赴中山公园活动

图 2-17　1959 年，建青中学团支部去黄家花园（今桂林公园）活动

　　1964 年，学校迁至华山路 1448 号。这一年，学校规模有 20 个班，其中初一 6 个班，初二 10 个班，初三 4 个班。

　　建青中学华山路校园及其周边状况，有校舍图纸可供参阅。（图 2-18）

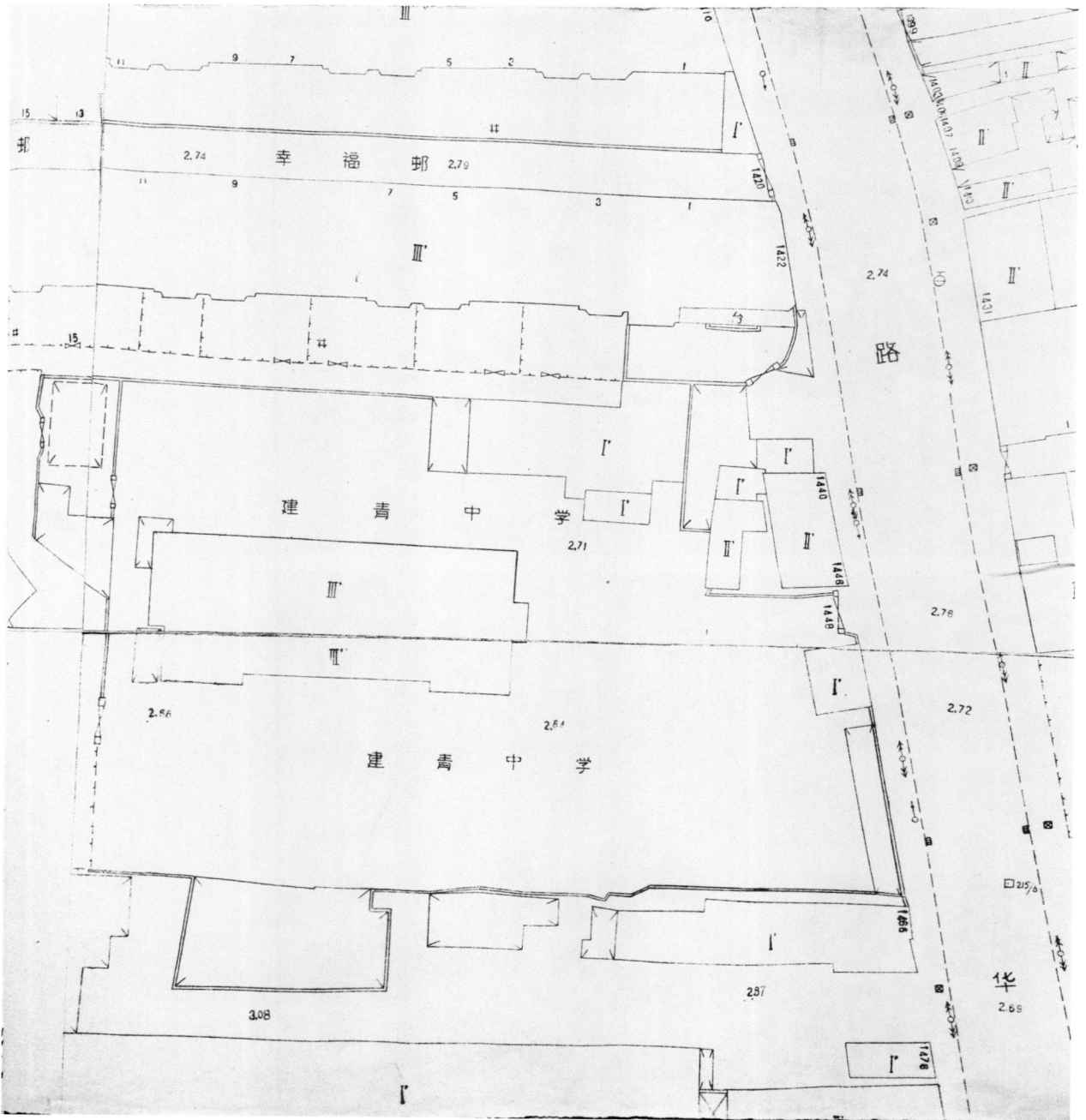

图 2-18　建青中学华山路校舍图纸，1973 年

这一时期的建青中学校园，充满着欢乐，到处洋溢着青春的活力，昂扬向上，老师们努力教学，学生积极好学，这是建青中学发展的一个好时期，逐渐形成了学风扎实、学生兴趣广泛、全面发展的特点。这里有一组图片，从各个侧面真实、形象地反映了建青中学的校园及其学生生活。（图2-19、图2-20、图2-21、图2-22、图2-23、图2-24、图2-25、图2-26）

图2-19　1960年3月，建青中学运动会，大礼堂前做广播操

图2-20　1960年3月，建青中学运动会，校外操场长跑比赛（华山路1389弄）

图 2-21　1960 年，建青中学欢送服兵役同学

图 2-22　上海市建青中学选调飞行学员动员大会，报名台，1960 年

图 2-23　1960 年，建青中学初三（3）班自修课

图 2-24　1960 年，建青中学初三（3）班被评为长宁区先进集体，女同学合影留念

图 2-25　1960 年，建青中学开展大扫除活动

图 2-26　1962 年建青中学全校师生参加反帝游行

学校重视对学生的全面发展，德、智、体、音、美，"五育并举"，各科都配备了出色的教师，这些教师不仅在课内受到学生喜爱，课外在他们的指导下，校园文化也开展得有声有色。（图 2-27、图 2-28）

图 2-27 建青中学学生积极参加课外科技活动，1960 年（1）

图 2-28 建青中学学生积极参加课外科技活动，1960 年（2）

第三节　特殊年代的特殊记忆

从 20 世纪 50 年代末的"反右"斗争扩大化开始，上海市建青初级中学与各地中学一样都卷入到了政治运动之中。原来学校实行的一些好的做法逐渐被抛弃，"左"倾思想抬头，并呈蔓延发展之势。在改革中等教育结构和教学的过程中，出现了师生参加劳动过多和随意更改课程、教学等情况。连续不断的政治运动，学校的教学秩序与教育质量曲折反复，严重挫伤教师的积极性。随着"调整、巩固、充实、提高"八字方针的推进，学校的发展也有所调整。1959 年，重新强调学校以教学为主，全面安排各项活动，教学秩序渐趋正常。1963 年，中小学试行《中学、小学暂行工作条例》，改进教学、思想政治教育、生产劳动和体育卫生工作，广泛开展学雷锋活动，建青中学成为这一时期涌现出来的特色学校。

1966 年，"文化大革命"爆发，整个国家陷入空前的浩劫之中。教育领域首当其冲，属于"重灾区"之一，学校教育在此期间遭受严重破坏。学校原有的管理体制逐渐被肢解，教师队伍被离散，干部、教师被批斗，教学设施被破坏，课程设置被打乱，学生思想被毒害。师生频繁参加下乡、下厂劳动，学校正常教学秩序无法建立，教育质量严重下降。"学工、学农、学军"成为那个年代特殊的教学形式。（图 2-29）

1966 年至 1976 年的十年间，建青中学也迫于教育领域整体局势的改变，学校正常的教学工作被打断，各项事务也深深烙刻着时代的印记。1969 年以后，根据上海在学制方面做出的改动，建青中学也做出了相应的变革。在具体课程设置与教学上，学校按照"精简课程"的规定，只设几门课程，包

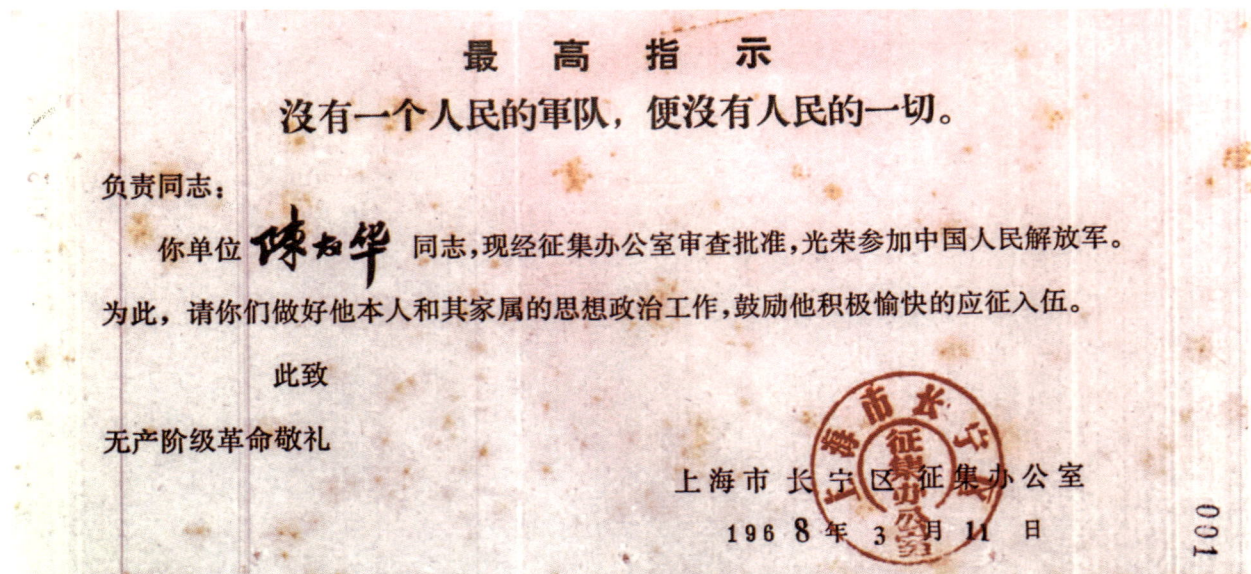

图 2-29　建青中学学生征兵入伍通知书，1968 年 3 月

括毛泽东思想课、语文课、数学课、革命文艺课、工业农业基础课、外语课、军体课等，其中，中学外语课主要是英语，部分年级亦开设俄语。相关课程的教材编写也必须根据一定的"时代革命原则"编写。（图2-30）

关于这一时期学校的状况，摘引1968年分配到上海市建青初级中学一位任教老师的回忆：

> 我毕业于上海师范学院外语系俄语专业，1968年6月到建青中学报到，当时是华山路1448号。学校开设了英语，这时，正好一位女教师生孩子，校长就让我顶替做临时班主任兼上英语课。1969年，我接了一个班，1971年毕业分配。当时的建青是一所初级中学，学生进来后，半年学农，在上海县闵行公社一个大队劳动；半年学工，在上海第五制药厂学工。当时是工宣队长任学校主要领导，学生在工厂里从事水电、木工修理及卫生保健室实习等工作。这里要说一下，我们学校当时成立了"革委会"，第一批工宣队上海溶剂厂于1968年9月进驻学校，第二批工宣队上海第五制药厂后来进驻。1970年，我开始教政治课……当时设置的课程有语文、数学、工业基础知识、农业基础知识等，还有英语、军体、革命文艺等，但没有物理、化学这些课。70届，学农是在上海县闵行公社。学工，安排在第五制药厂、华山路糖果厂，都在学校附近。1971年，一些学生分到了崇明、奉贤一些农场，也有到工厂的……后来（1976年），我与学校的一些师生去崇明、奉贤农场了解历届毕业生在农村劳动锻炼的情况。[22]（图2-31、图2-32、图2-33）

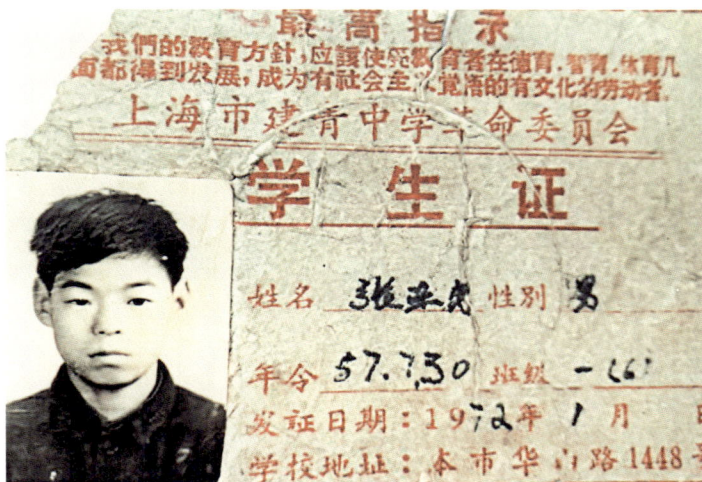

图2-30　1972年建青中学学生证（张亚民提供）

图2-31　上海市建青中学学生在华山糖果厂参加劳动（选自20世纪70—80年代照片）

图 2-32　1976 年，建青中学高平等老师带学生赴奉贤农场了解历届毕业生在农村劳动锻炼的情况（1）

图 2-33　1976 年，建青中学高平等老师带学生赴奉贤农场了解历届毕业生在农村劳动锻炼的情况（2）

与"文革"前比较，除了课程、教材等发生变更外，学生也被要求投入到各种活动之中，并且有"学工、学农、学军"的要求。

自"文化大革命"开始，由于大学不招生，工厂不招工，商业和其他服务业处于停滞状态，导致当时全国有大批初高中生毕业后无法继续学业与工作。1968 年 12 月，为响应毛泽东关于"知识青年到农村去，接受贫下中农再教育很有必要"的号召，上海市建青中学也开始组织中学生上山下乡，其中不少学生被安排到农村插队落户。

关于"文化大革命"时期的建青中学，通过档案记载（包括留存下来的照片）及部分师生的口述，也可以了解到一些细节内容。（图 2-34、图 2-35、图 2-36、图 2-37）

有一个现象值得关注，在"文革"后期，学校顶着各种压力，坚持开展学雷锋、"创三好"活动，这里摘引一份档案：

1972 年，张春桥反对在学生中评"三好"，该校认为这不符合党的教育方针，坚决顶住了这股妖风，并且从这年起，坚持年年开展评选"三好"学生活动。1972 年以后，"四人帮"强行批判"智育第一"，大搞资产阶级文化专制主义。该校党支部书记多次在教师大会上说："学校不抓质量，就像工厂不抓生产一样，抓知识学习，抓知识质量，不会错。你们去抓，抓错了，我们领导负责。"因此，这个学校在教学上，一直能坚持做到有要求，有计划，有检查。课程设置，课时节数，教学进步都能按要求完成。"开门办学"坚持做到有目的，有计划，有组织，坚决反对"放羊式"。在"四人帮"鼓吹"打架勇敢"、"流氓有用"等反动谬论时，这个学校向全体学生明确规定："不准打架，不准抽烟，不准看黄色书刊。"指出，"在学校里打架、抽烟我们要管，在家里打架、抽烟我们也要管"。对少数流氓习气较严重的学生，他们敢批，敢刹，敢给予必要的处分。因此，这个学校的教学秩序一贯稳定，自 1972 年以来从未发生过打群架的现象，学生组织纪律性比较强，形成了一个良好的校风，得到该校所在地区的好评。

1974 年批林批孔运动中，"四人帮"及其余党要各单位排出"右倾复辟"的典型名单上报，妄图整广大教师，这个学校没有上报任何名单，"四人帮"提出教师可以贴教师大字报，他们就召开支委会讨论，认为教师贴教师大字报，就会造成群众斗群众，坚决顶住了。

这个学校能坚决按照党的教育方针，坚持把转变学生的思想放在学校一切工作的首位，坚持德、智、体全面抓。他们坚持深入持久地开展学雷锋、创"三好"活动，坚持把思想品德好、各科学习成绩优良、通过国家体锻标准的学生评为"三好"学生，教育引导全校学生全面发展。他们坚持对学生进行党的基本路线教育，进行共产主义道德品质、革命理想和法制教育，积极开展反对资产阶级思想腐蚀的斗争。在市、区教育、公安部门召开的有关会议上，做过法制教育经验汇报。他们坚持教育引导学生走与工农相结合的道路。这个学校"三学"工作，多年受到工人师

图 2-34　建青中学学生表演民乐小合奏，20 世纪 70 年代

图 2-35　建青中学学生舞蹈《延河边上的铁姑娘》，20 世纪 70 年代

图 2-36　建青中学 1976 届 5 班演出，表演《志在宝岛创新业》

图 2-37　建青中学 1975 中二年级演出《雷锋之歌》，20 世纪 70 年代

傅和贫下中农的好评，多次在区里介绍了他们"三学"工作的经验。几年以来，这个学校能较好地完成毕业分配工作，没有发生学生、家长到学校吵闹的现象。他们坚持教育鼓励学生为革命勤奋学习，广大学生学习风气比较浓厚。他们坚持大搞群众性的体育、文娱活动和爱国卫生运动，不断提高水平。这个学校手球队代表区参加市五届运动会获得第六名和风格奖。在1975年中学生手球基层比赛中女子获得第一名，男子获得第二名。手球队还为市体工队和部队输送了体育骨干。"五一"、国庆游园和区文艺演出，这个学校都有节目参加。这个学校几年来一直被评为爱国卫生先进单位，一贯做到"三无二净"（即无积灰、无纸屑、无痰迹，玻璃窗干净、地面干净。），任何时间都经得起检查。由于坚持德、智、体全面抓，学生得到全面发展，为各条战线输送了接班人。这个学校在征兵工作中，历年出兵率较高。……[23]

图 2-38　建青中学举行三好学生表扬暨庆祝 1973 年元旦大会

图 2-39　1973 年上海市建青中学"三好学生"奖状（蔡菊英提供）

自1972年以来，学校一直坚持开展"学雷锋，创三好"活动，至1977年，全校共评出"三好"学生706人次，约占参加评选学生总人数的8%。[24]（图 2-38、图 2-39）

　　1976年10月，中共中央粉碎了江青反革命集团（"四人帮"），喜讯传来，全校师生欢欣鼓舞，人心大快，召开庆祝大会。此后工宣队撤出学校。建青中学也开始进行拨乱反正，逐步清理和清除"左"的影响，学校迎来了一个新的发展时期。

第四节 "立德树人"的先进旗帜

自我国实行改革开放以来，上海市建青中学迅速从"文化大革命"阴霾中走出来。经过全校教职工努力，在短时间内恢复了正常的教学秩序，创造良好的学习环境。师生员工振奋精神，同心同德，以崭新的姿态迎接改革开放的时代，学校形成"秩序井然、书声朗朗、整洁大方、生动活泼"的校风。

一、跻身区属重点学校行列

"文革"结束后，拨乱反正，建青中学的教学秩序与各项工作逐渐恢复。学校通过多种途径，努力创造稳定、安宁的校园环境，鼓励学生自主学习，培养学生读书兴趣，开展多姿多彩的校园生活。

随着国家招生考试制度与正常学制的重新恢复，建青中学的教学工作也渐入正轨，教育质量开始回升。1976 年，长宁区教育局批准建青中学为完全中学。（图 2-40）

1977 年 8 月，纪孝敏任建青中学党支部书记，免去徐赓康的建青中学党支部书记、"革委会"主任职务。这一年，纪孝敏任校长。（图 2-41）

在纪孝敏的主持下，学校在提高教学质量、培养学生素质等方面做了大量工作，学校办学特色更加凸显。"纪孝敏校长充分调动与发挥广大教师的积极性，他做了几件事情，首先，建设校园，完善教育设施。建起了图书馆、实验室，这也是办好一所学校的重要条件与基础。其次，抓教学秩序。学校书声朗朗，秩序井然。建青逐渐有了好校风。为后来成为区重点中学奠定了基础。"[25] 经过广大师生的努力，建青中学逐渐走上了正轨。（图 2-42、图 2-43）这里有一份报告反映上海建青中学在 1977 年的学校工作情况，摘录部分内容如下：

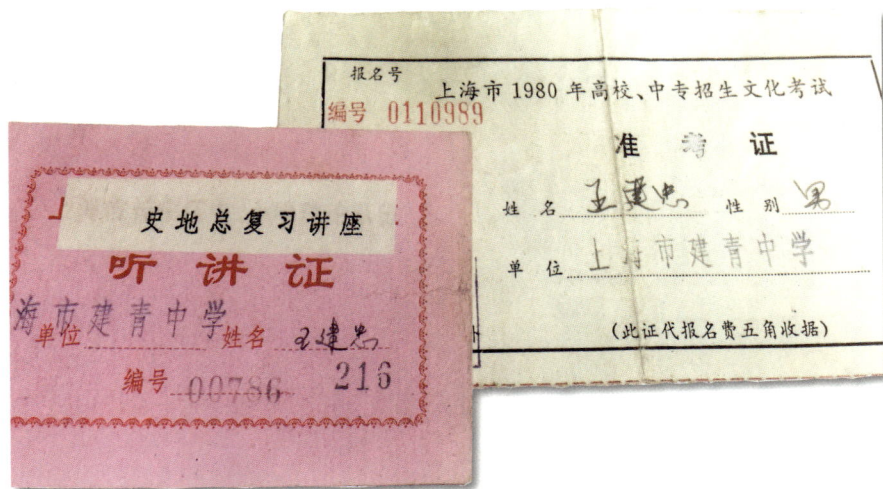

图 2-40 1980 年建青中学学生高考准考证、复习听讲证（1979 届王建忠提供）

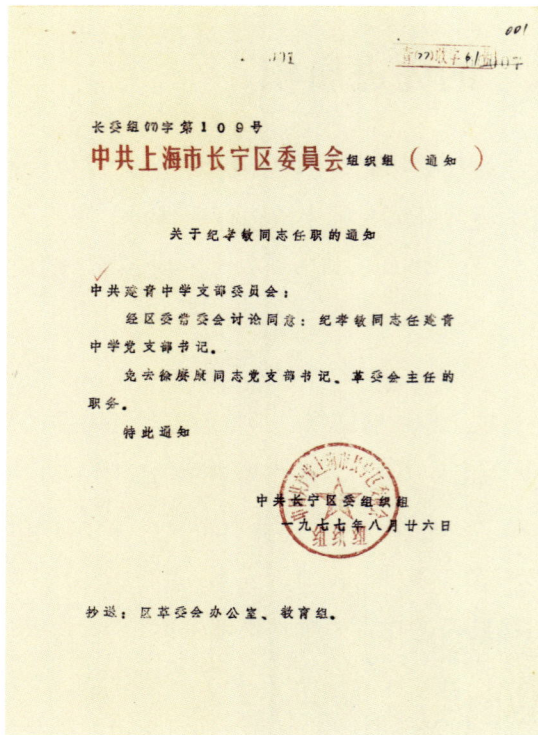

图 2-41　中共上海市长宁区委员会关于纪孝敏同志任职的通知（1977 年 8 月 26 日）

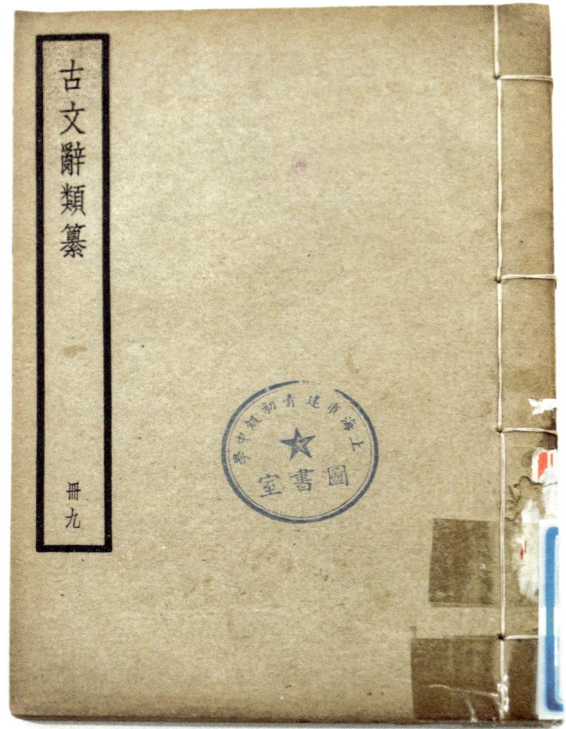

图 2-42　上海市建青初级中学图书室章

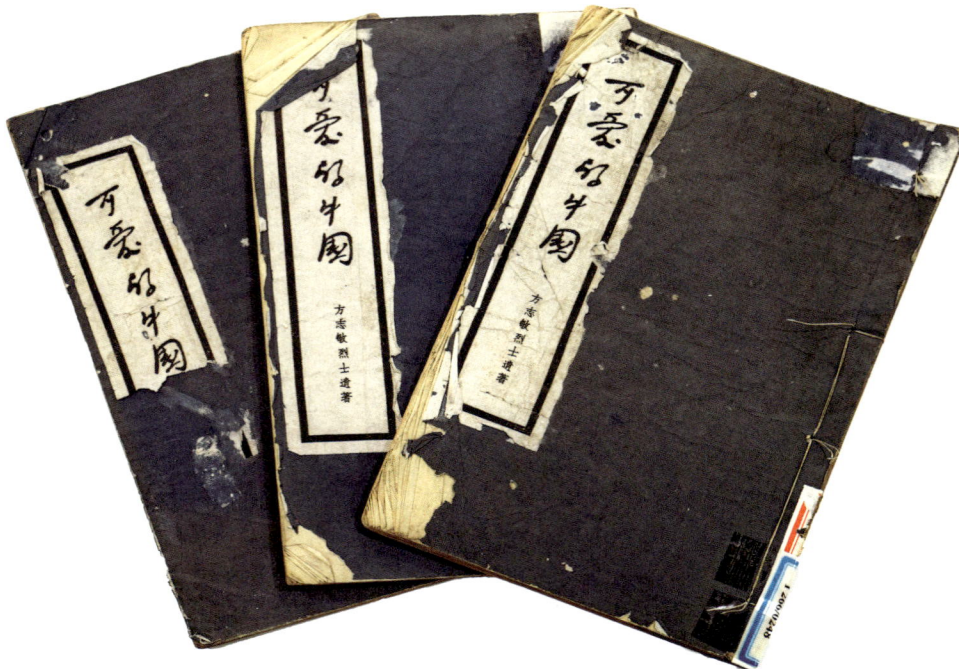

图 2-43　上海市建青初级中学图书室藏书

　　粉碎"四人帮"以来，该校在抓纲治校中成绩显著，（长宁）区委召开全区现场会介绍他们的经验。这个学校已经建立了三级管理岗位责任制，目前经区委决定，开始试行党支部领导下的校长负责制，设立了教务委员会、教导处、政治处、总务处，任命了正副校长和正副主任，这样，他们依靠师生员工，把日常工作同广大群众的社会主义积极性结合起来，努力达到统一指挥，协同步调，提高工作效率，进一步推动了教育革命。[26]（图2-44）

建青全校师生意气风发，干劲倍增。1977年，学校被评为上海市教育战线先进单位。（图2-45）

　　荣誉接踵而至。1977年，学校被评为上海市招飞选滑先进单位。1977年、1978年学校又连续两年被评为长宁区"双学"先进单位、上海市爱国卫生运动先进单位、上海市群众体育先进单位，1978年还被评为长宁区治安保卫工作先进单位。与此同时，"创三好"工作继续开展，"粉碎'四人帮'三年来，我校共评出'三好'学生322人次，约占参加评选学生总人次的10%强些"[27]。（图2-46）

　　1978年，建青中学被确立为长宁区重点中学。学校迎来了发展的新机遇，硬件设施有所改善，办学层次有所提升。（图2-47、图2-48）

　　1978年以来，随着国家工作重点的转移，在教育方面，也开始全面抓教育质量，提高学生综合素质，

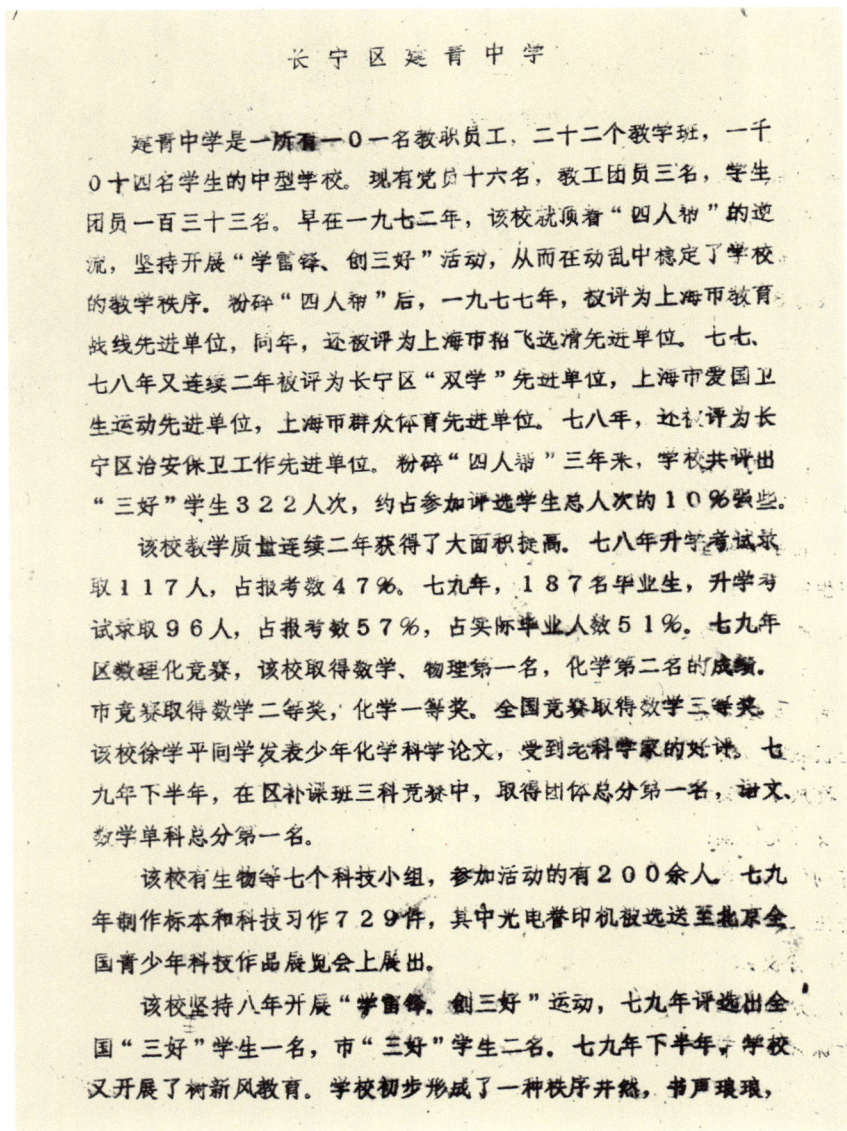

图2-44　1979年建青中学学校情况介绍

图 2-45　1977 年，上海市建青中学被评为上海市教育战线先进单位

建青中学全校师生以教学为中心，坚持全面贯彻党的教育方针，在德、智、体诸方面都取得了较为显著的成绩。在建青中学提交的一份《1979 年工作汇报》中，较全面、客观地总结了学校近年来的工作：

我校"文化大革命"前是一所初级中学，粉碎"四人帮"后成了一所区重点中学。在"自力更生，艰苦奋斗"精神的鼓舞下，我校教学质量连续二年获得了大面积丰收。1978 年，全校 308 名毕业生中，147 人录取高校、中专、技校，升学率为 51%。前些日子，在全区补课班三科竞赛中，还取得了三科总分第一名，语文总分第一名，数学总分第一名的较好成绩。在面向全体同学的同时，我们还注意培养了尖子学生。在 1979 年长宁区数理化竞赛中，我校取得了数学第一名，物理第一名（并列），化学第二名的成绩；在全市竞赛中取得了数学二等奖，化学一等奖的成绩；在全国数学竞赛中取得了三等奖。高二理科（1）班徐学平同学撰写的化学论

新长征的生力军

——上海市建青中学访问记

吴新民

在向四个现代化进军的新长征中，在为无产阶级培养人才的学校里，体育工作又怎样开展？学校体育如何为早出人才，多出人才服务？这是体育工作中的一个新课题。最近，我们带着这个课题，访问了上海市建青中学。

建青中学，座落在上海市的西南，有22个班级，1080名学生，是区的重点学校。这几年来，这个学校的党支部带领全校广大师生员工，顶住了"四人帮"刮起的阵阵恶浪，坚持德、智、体全面发展的方针，取得了卓著的成绩。该校是一九七七年度上海市教育战线三十面红旗之一；一九七八年，又被市体委、市爱国卫生委员会分别评为群众体育和卫生工作的先进单位。

学习上的尖子 体育上的骨干

当我们来到这所学校的时候，正是下午四点过后的课外活动时间。铃声刚过，寂静的校园里立刻沸腾起来了。这边，穿着橙黄色运动服的校手球队开始了紧张的训练，那边，许多学生在认真地练习单、双杠……。多么生机勃勃的体育锻炼场面！我们不禁叹道，"学校学习任务这么繁忙，体育活动还如此活跃，真不容易啊！"

陪同我们的宋老师向我们介绍说，"现在党要求我们学校要早出、多出德、智、体全面发展的人材。所以，学校体育不是可有可无。锻炼身体虽然占用一些时间，但换来了健康的身体和充沛的精力，精力充沛了，学习就会事半功倍更有成效。事实上，在我们学校里，极大部分在体育上优秀的学生，又往往是学习上的'尖子'，政治上的'骨干'。"说着，他热情地给我们介绍了几位学生。

吴琼，是全校学习上的尖子。在全区数学竞赛中，她得过奖。她写的作文又常因题材好，文笔流畅优美而受到师生的赞赏。在我们想象中，这大概是一个文静、瘦弱的女孩子吧。没想到，站在我们面前的却是一位结实的校手球队"主力"。我们特意赶去看了她的一次比赛，这位左边锋跑动积极，射门有力，有股蛮劲。据说该队曾得过全市中学生冠军。而吴琼，不管刮风下雨，学习繁忙，都积极参加锻炼。不久前，她考上了上海交通大学。回忆中学的丰富生活，她总是无限感慨地说，"经常锻炼，增强体质，对学习真有好处。"

班主任马金红老师带领学生进行体育锻炼

但是，对这样一个简单道理，并不是每个人都很清楚。高二(4)班的张安明同学就曾走过一段弯路。临近毕业了，他想，为了祖国早日实现四个现代化，我要加倍学习文化。于是，他一头钻到学习中去，忽视了必要的体育锻炼。结果，一个寒假下来，视力从1.5减到了0.9，身体也非常容易疲乏，学习受到了影响，事实教育了他。从这学期一开始，他便制订了一份个人体锻计划，要求自己每天做到，坚持不懈。经过实践，现在，他不仅视力恢复了正常，而且学习精力旺盛，各门学科成绩优秀，并通过了体锻标准。

运动场上的班主任

在建青中学活跃的运动场上，我们看到一些穿着

图2-46　吴新民：《新长征的生力军——上海市建青中学访问记》，《体育丛刊》1979年第1期

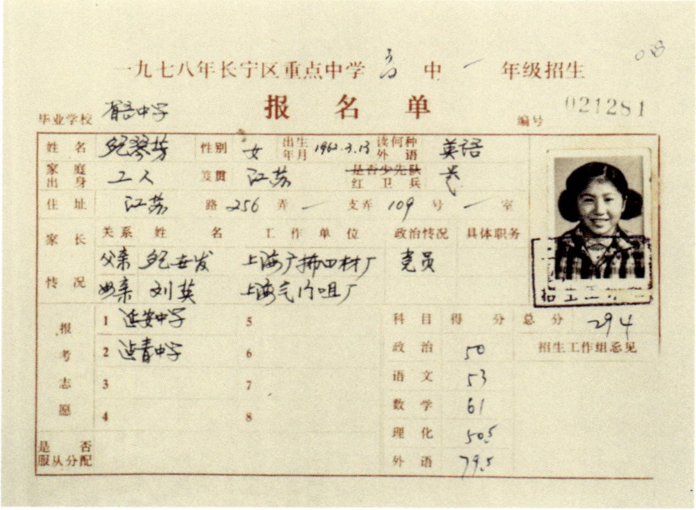
一九七八年长宁区重点中学 高 中 一 年级招生

报名单

毕业学校 延安中学　　编号 021281

姓名 倪黎芬　性别 女　出生年月 1962.9.13　读何种外语 英语

家庭出身 工人　籍贯 江苏　是否少先队红卫兵 是

住址 江苏路 256 弄 一 支弄 109 号 一 室

家长情况　关系 姓名 工作单位 政治情况 具体职务

父亲 倪安发 上海广播四厂 党员

母亲 刘英 上海气门嘴厂

报考志愿 1 延安中学 2 延青中学 3 4 5 6 7 8

科目 得分 总分 294

政治 50　语文 53　数学 61　理化 50.5　外语 79.5

招生工作组意见

是否服从分配

图 2-47　1978 年长宁区重点中学（高中）报名单（1）

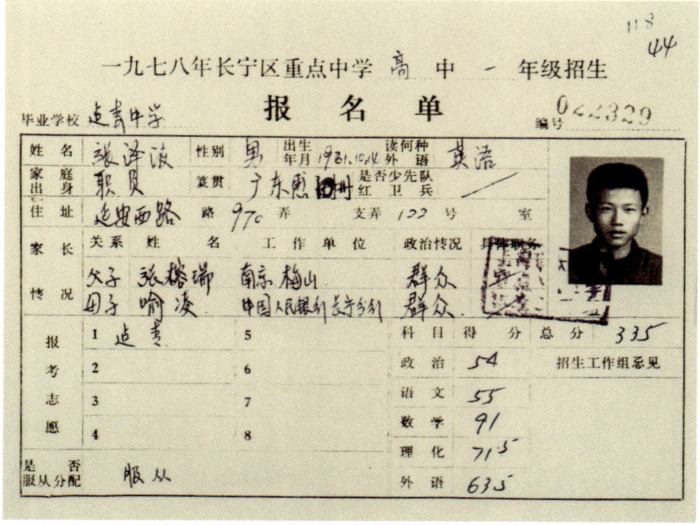
一九七八年长宁区重点中学 高 中 一 年级招生

报名单

毕业学校 延青中学　　编号 042329

姓名 张泽波　性别 男　出生年月 1963.10.14　读何种外语 英语

家庭出身 职员　籍贯 广东惠阳　是否少先队红卫兵

住址 延安西路 970 弄 支弄 122 号 室

家长情况　关系 姓名 工作单位 政治情况 具体职务

父子 张穆端 南京梅山 群众

母子 喻凌 中国人民银行长宁分行 群众

报考志愿 1 延青 2 3 4 5 6 7 8

科目 得分 总分 335

政治 54　语文 55　数学 91　理化 71.5　外语 63.5

招生工作组意见

是否服从分配 服从

图 2-48　1978 年长宁区重点中学（高中）报名单（2）

文在科协会堂发表后，受到了老科学家的好评。上海二报均作了报导。[28]（图 2-49、图 2-50）

这一时期的建青中学，办学成绩斐然，捷报频传。学校各方面的工作都有了很大的推进，成效显著：

为了培养学生学科学的兴趣，不断提高学生学习文化科学知识的自觉性，我们结合教学，积极组织学生开展课余科技活动，千方百计来丰富学生课余生活，挖掘潜力改善学生学习环境和条件。目前学校除了输送部分学生参加市、区、少年宫天文、地理、无线电、半导体、航模等科技小组活动外，校内还组织了语文、生物等兴趣小组，科技小组制作的光电誊印机还被送到全国青少年科技作品展览会上展出。暑假期间，还有 4 名同学分赴杭州、南京参加上海市生物、地理学科夏令营。（图 2-51）

1979 年下半年，我们还利用课余时间为学生放映了 39 部科教电影片，共计 34 场，观看科教片总人次为 2 650 人。这样，不仅丰富了学生的课余生活，而且扩大了学生的知识面。为了适应教育事业的发展，我们还调整和扩充了图书馆和阅览室。阅览室扩充后一次可供 200 人同时阅览。同时，中午我们还向学生开放电化语音室，播放外语原版录音。一年来，收听外语录音的学生有 300 人次。1979 年，我们还前后两次开展了爱科学月活动，学生制作科技作品 398 件。另外，我们还多次组织了科学报告会，效果良好。

我校坚持八年开展学雷锋，创“三好”活动。1979 年 6 月文汇报副总编辑陆灏同志带领一个记者组来校作了两个星期的调查，7 月 16 日，文汇报头版头条刊登了我校坚持八年学雷锋，创“三好”活动的通讯报导。9 至 10 月，学校接待了 4 000 余人，与来自全国各地的同行交流了办学工作的体会。

图 2-49　建青中学贺政文获得 1982 年上海市化学竞赛一等奖

图 2-50　上海市建青中学 1978 届学生林明瑞跳级毕业，考入复旦大学

图 2-51　上海市建青中学校园（摄于 20 世纪 70 年代末）

1979 年，我校张安民同学被光荣评为全国"三好"学生，另有市"三好"学生 2 名。下半年，在深入开展学雷锋，创"三好"活动中，结合树新风教育，我们在全校又开展了"六好六无"竞赛评比活动。期末评出"六好班风"先进班 5 个，开展"六无活动"先进集体 8 个，取得显著成绩，受到大会口头表扬班级 2 个，合计表彰、表扬班级占全校班级数的 68.18%。同时，评出"三好"学生 97 名，占全校学生数的 95.7%。坚持八年开展学雷锋创"三好"活动，使整个学校初步形成了一种秩序井然、书声琅琅、朝气蓬勃、整洁美观的局面。（图 2-52）

我校是市、区群众体育、爱国卫生的先进单位。粉碎"四人帮"后，我们较早健全了"二课四操"活动的制度，保证了学生平均每天一小时的运动量。1979 年，我校学生通过体锻标准的达标率是 54.8%，高二年级通过普通射手人数占 78%。我校男女手球队在市中学生基层赛中，男队获得第二名，女队获得第六名，并有一名男队员代表上海青年队参加了今年八、九月在兰州举办的全国比赛。另外，在长宁区中学生篮球冠军杯比赛中获得了第二名，长宁区迎春长跑获得男子总分第三名，女子第五名的成绩。我校还坚持每年召开春秋两季田径会。建立了群众性传统项目比赛活动。我校开展爱国卫生工作，在搞好群众性爱国卫生工作（学校做到三无二净，即无纸屑、无痰迹、无积灰，门窗干净、地面干净）的同时，针对重点中学的实际，狠抓了防近工作。两年来，全校近视眼发病率连续五次下降。1978 年 9 月，新生刚入学时，全校近视眼率竟高达 38.5%，同年 12 月下降到 36.5%，1979 年 3 月，近视率降到 35.9%，目前降至 34.2%，受到市委领导和市、区教育局领导的重视。在有关部门支持配合下，我们还定期对学生进行身高、体重、胸围、坐高及运动量的科学测定工作，全面关心青少年的身心健康，积累了较为完整的学生保健资料。我校在接待京、津、沪三市卫生对口检查过程中受到了有关领导的好评。（图 2-53、图 2-54）

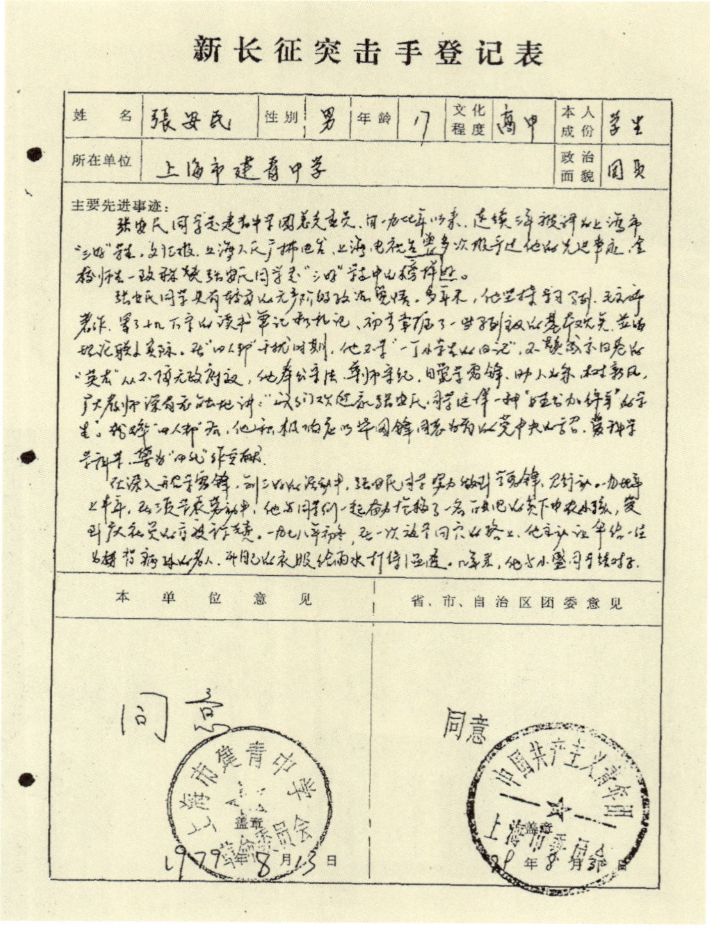

图 2-52　上海市建青中学革命委员会填报的新长征突击手登记表（张安民），1979 年

图 2-53　1979 年，京津沪三市爱国卫生检查团来上海市建青中学视察

图 2-54　1979 年，京津沪三市爱国卫生检查团来上海市建青中学视察，代表团检查校办工厂

图 2-55　上海市建青中学电化教室建成（选自 20 世纪 70 年代末照片）

　　我们还组织师生参加勤工俭学，办好校办工厂。在"自力更生，勤俭办校"精神的鼓舞下，努力做好后勤为教学第一线服务的工作。几年来，校办工厂收入 30 余万元，校舍设备、教学仪器、师生福利不同程度的得到了改善。学校自建 600 平方米二层楼房一幢，新建了较为现代化的电化室，理、化实验室，购置了一批教学仪器和电化教学设备，添置了文体活动的器械。学校总务处发挥了冲天的干劲，解决了 500 余名师生的用膳问题。学生搭伙坚持不收搭伙费。另外我们还购置了一台洗衣机，为教师洗被褥、衣服，解决了教师的后顾之忧。1979 年上半年，总务处还更新了全校课桌椅，改善了学生的学习条件。[29]（图 2-55）

　　建青中学师生团结一致，振奋精神，校园面貌焕然一新。

　　建青中学迎来了办学史上的又一个好时期。

二、"建青好校风"

　　建青中学逐渐成为一所办学有特色、教学有特点、学生有特长的区重点中学，在社会上也赢得了一定的声誉。这一时期的建青中学，以"好学风"、"好校风"闻名。

　　1979 年 7 月 11 日，《文汇报》头版刊登《建青中学坚持八年学雷锋》；第 2 版报道《雷锋精神育后人——记建青中学学生开展学雷锋活动的几个故事》。如此报道，这是比较少见的。（图 2-56、图 2-57）

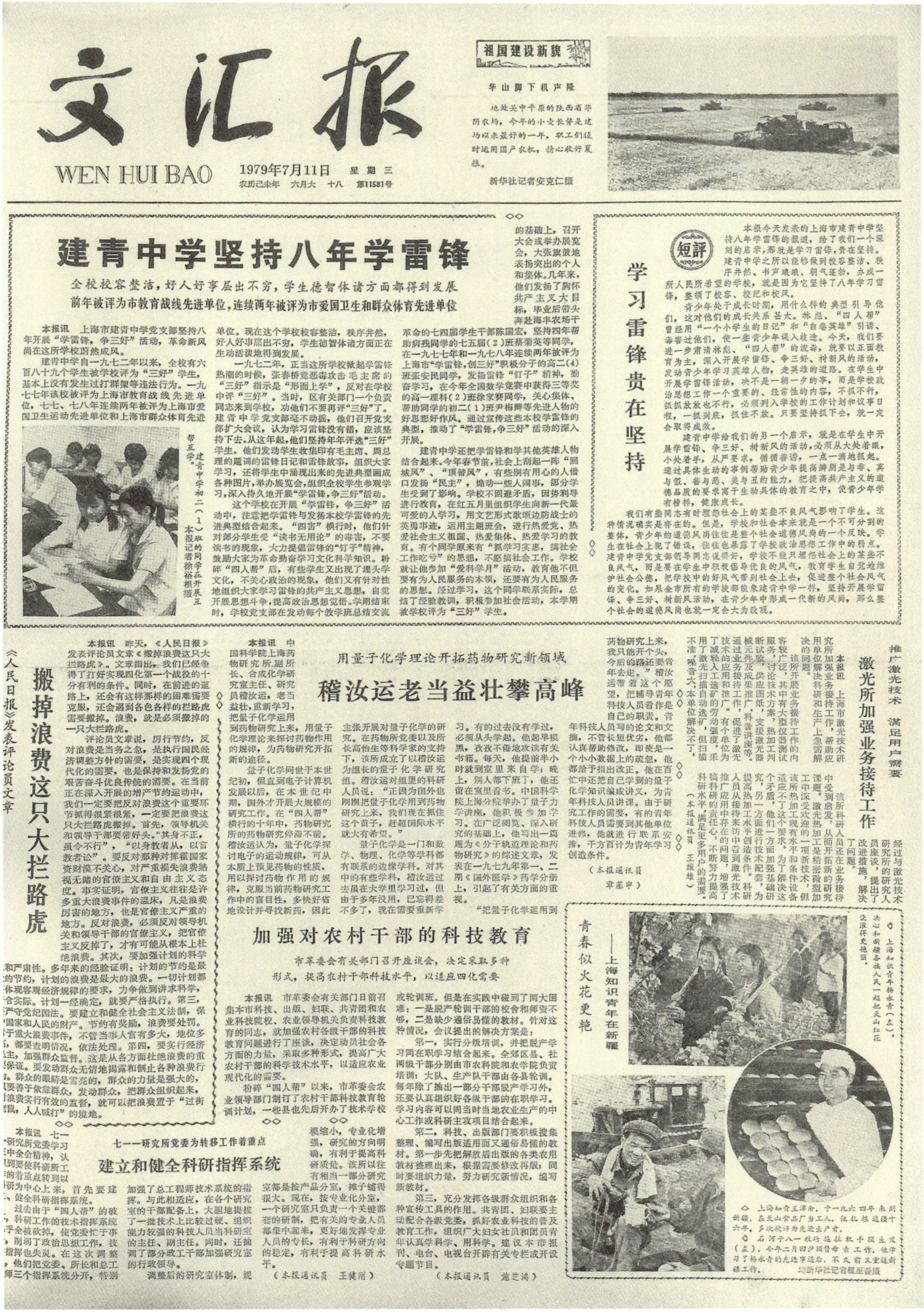
文汇报

WEN HUI BAO

1979年7月11日　星期三

农历己未年　六月大　十八　第11581号

祖国建设新貌

华山脚下机声隆

地处关中平原的陕西省华阴农场，今年的小麦长势是建场以来最好的一年，职工们适时运用国产农机，精心收好夏粮。

新华社记者安克仁摄

建青中学坚持八年学雷锋

全校校容整洁，好人好事层出不穷，学生德智体诸方面都得到发展

前年被评为市教育战线先进单位，连续两年被评为市爱国卫生和群众体育先进单位

本报讯　上海市建青中学党支部坚持八年开展“学雷锋，争三好”活动，革命新风尚在这所学校蔚然成风。

建青中学自一九七二年以来，全校有六百八十九个学生被学校评为“三好”学生，基本上没有发生过打群架等违法行为。一九七七年该校被评为上海市教育战线先进单位，七七、七八年连续两年被评为上海市爱国卫生运动先进单位和上海市群众体育先进单位。现在这个学校校容整洁，秩序井然，好人好事层出不穷，学生德智体诸方面正在生动活泼地得到发展。

一九七二年，正当这所学校掀起学雷锋热潮的时候，张春桥竟恶毒攻击毛主席的“三好”指示是“形而上学”，反对在学校中评“三好”。当时，区有关部门一个负责同志来到学校，劝他们不要再评“三好”了。建青中学党支部毫不动摇，他们召开党支部扩大会议，认为学习雷锋没有错，应该坚持下去。从这年起，他们坚持年年评选“三好”学生。他们发动学生收集印有毛主席、周总理的题词的雷锋日记和雷锋故事，组织大家学习，还将学生中涌现出来的先进典型画成各种图片，举办展览会，组织全校学生参观学习，深入持久地开展“学雷锋，争三好”活动。

这个学校在开展“学雷锋，争三好”活动中，注意把学雷锋与发扬本校学雷锋的先进典型结合起来。“四害”横行时，他们针对部分学生受“读书无用论”的毒害，不要读书的现象，大力提倡雷锋的“钉子”精神，鼓励大家为革命勤奋学习文化科学知识。粉碎“四人帮”后，有些学生又出现了埋头学文化，不关心政治的现象，他们又有针对性地组织大家学习雷锋的共产主义思想，自觉开展思想斗争，提高政治思想觉悟。学期结束时，学校党支部在发动每个教学班总结交流的基础上，召开大会或举办展览会，大张旗鼓地表扬突出的个人和集体。几年来，他们发扬了胸怀共产主义大目标，毕业后带头奔赴海丰农场干革命的七四届学生干部陈国宏，坚持四年帮助病残同学的七五届（2）班蔡菊英等同学，在一九七七年和一九七八年连续两年被评为上海市“学雷锋，创三好”积极分子的高二（4）班张安民同学，发扬雷锋“钉子”精神，勤奋学习，在今年全国数学竞赛中获得三等奖的高一理科（2）班徐家赛同学，关心集体、帮助同学的初二（1）班尹梅卿等先进人物的好思想好作风。通过宣传这些本校学雷锋的典型，推动了“学雷锋，争三好”活动的深入开展。

建青中学还把学雷锋和学其他英雄人物结合起来。今年春节前，社会上刮起一阵“回城风”、“顶替风”，有些别有用心的人借口发扬“民主”，煽动一些人闹事，部分学生受到了影响。学校不回避矛盾，因势利导进行教育，在红五月里组织学生向新一代最可爱的人学习，用文艺形式歌颂边防战士的英勇事迹，运用主题班会，进行热爱党、热爱社会主义祖国、热爱集体、热爱学习的教育。有个同学原来有“抓学习实惠，搞社会工作吃亏”的思想，不愿搞社会工作。学校就让他参加“爱科学月”活动，教育他不但要有为人民服务的本领，还要有为人民服务的思想。经过学习，这个同学联系实际，总结了经验教训，积极参加社会活动，本学期被学校评为“三好”学生。

建青中学初二（1）班的同学在开展互帮互学。　本报记者徐裕根摄

短評

学习雷锋贵在坚持

本报今天发表的上海市建青中学坚持八年学雷锋的报道，给了我们一个深刻的启示，那就是学习雷锋，贵在坚持。

建青中学之所以能够做到校容整洁、秩序井然、书声琅琅、朝气蓬勃，办成一所人民所希望的学校，就是因为它坚持了八年学习雷锋，整顿了校容、校纪和校风。

青少年处于成长时期，用什么样的典型引导他们，这对他们的成长关系甚大。林彪、“四人帮”曾经用“一个小学生的日记”和“白卷英雄”引诱、毒害过他们，使一些青少年误入歧途。今天，我们要进一步肃清林彪、“四人帮”的流毒，就要以正面教育为主，深入开展学雷锋、争三好、树新风的活动，发动青少年学习英雄人物，走英雄的道路。在学生中开展学雷锋活动，决不是一朝一夕的事，而是学校政治思想工作一个重要的、经常性的内容，不抓不行，抓抓放放也不行，必须列入学校的工作计划和议事日程，一抓到底，抓住不放。只要坚持抓下去，就一定会取得成效。

建青中学给我们的另一个启示，就是在学生中开展学雷锋、争三好、树新风的活动，必须从大处着眼，小处着手，从严要求，循循善诱，一点一滴地抓起。通过具体生动的事例帮助青少年提高辨别是与非、真与假、善与恶、美与丑的能力，把提高共产主义的道德品质的要求寓于生动具体的教育之中，使青少年学有榜样，健康成长。

我们有些同志有时埋怨社会上的某些不良风气影响了学生。这种情况确实是存在的。但是，学校和社会本来就是一个不可分割的整体，青少年的道德风尚往往是整个社会道德风尚的一个反映。学生在社会上犯了错误，往往也暴露了学校政治思想工作中的弱点。建青中学党支部领导同志说得好，学校不能只埋怨社会上的某些不良风气，而是要在学生中积极倡导优良的风气，教育学生自觉地维护社会公德，把学校中的好风气带到社会上去，促进整个社会风气的变化。如果全市所有的学校都能象建青中学一样，坚持开展学雷锋、争三好、树新风活动，在青少年中形成一代新的风尚，那么整个社会的道德风尚也就一定会大为改观。

《人民日报》发表评论员文章

搬掉浪费这只大拦路虎

用量子化学理论开拓药物研究新领域

稽汝运老当益壮攀高峰

推广激光技术　满足用户需要

激光所加强业务接待工作

加强对农村干部的科技教育

市革委会有关部门召开座谈会，决定采取多种形式，提高农村干部科技水平，以适应四化需要

七一一研究所党委为转移工作着重点

建立和健全科研指挥系统

青春似火花更艳

——上海知识青年在新疆

图 2-56 《建青中学坚持八年学雷锋》，《文汇报》1979 年 7 月 11 日，头版

图 2-57 《雷锋精神育后人——记建青中学学生开展学雷锋活动的几个故事》,《文汇报》1979 年 7 月 11 日, 第 2 版

　　《文汇报》在《建青中学坚持八年学雷锋》报道中称建青中学党支部敢于抵制"四人帮"反对在学生中评"三好"的"逆流"。1977 年, 该校被评为上海市教育战线先进单位。1977 年、1978 年连续两年被评为上海市爱国卫生运动先进单位, 上海市群众体育先进单位。《文汇报》的报道刊出后, 在教育界引起极大反响, 仅 1979 年的 9 月、10 月间, "学校接待了 4 000 余人, 与来自全国各地的同行交流了办学校工作的体会"[30]。此后, 前来考察者更是络绎不绝。(图 2-58)

　　建青成功办学的事迹与经验, 受到愈来愈多的关注。1980 年 7 月 24 日《光明日报》发表一篇更长的报道, 题为《建青中学好校风》, 由该报记者谢军撰写, 全文如下:(图 2-59)

　　凡是到过上海建青中学的人, 都说:"这所学校的校风实在好!"全校有四百多个学生中午在学校食堂搭伙。开饭时, 没有老师督阵, 不使用饭菜票, 也不用记卡, 学生很有秩序地排队领饭、取菜、端汤。食堂从没有短缺过一盒饭、一盆菜, 也没有发生过吵闹事件。

图 2-58 1981 年，上海市人大代表视察建青中学

　　课堂秩序也很好。上课时，走过每间教室，都可看到学生们聚精会神地听讲。下课铃响，一千多个学生合着一个节拍做广播操，动作整齐划一。走进学校阅览室，只见成十上百个小读者坐在桌旁阅读，鸦雀无声。

　　再看看校园，花苑里鲜花盛开，盆盆花卉争芬斗艳，但没有哪一个学生去攀折。教室走廊、校园甬道设置了许多精致的橱窗镜框，三层教学大楼装有多扇门窗玻璃，多年以来一直完好无损。曾经先后发生过几次打碎玻璃的事，尽管没有人看见，不当心者不声不响地把赔款送到学校总务处。

　　这所学校非常洁净，不论教室还是公共场所，都无痰迹，无纸屑，窗明几净。有一次，市卫生局一位负责中小学卫生工作的同志从楼上检查到楼下，惊讶地对教师说："你们墙壁上没有鞋印，这在中小学我还是第一次看到！"老师教育学生做一个诚实的人。前不久，高一（2）班一位同学在马路上拾到 20 元现金，主动交给了老师。高二（4）班一位同学拾到一块手表，也自觉寻找失主。

　　这种好风尚的形成，是全校教师长年累月辛勤教育培养出来的，是脚踏实地从点滴抓起，循循善诱出来的。

速处理殴打科研人员的事件

……而上，举打脚踢。解奋力自卫，躲至房内，张等又碰门而入，把耐的眼镜打坏，衣服撕烂，将解打得多处受伤。所内还有五位同志也遭毒打，五十余株葵花、枣树幼苗被毁。在此以前，这些人已多次闹事。毁林科所的泡桐、杨树，将重点科研项目骏枣丰产树枣子打落满地，并有意将护林公约牌前的树皮剥光有二米多高，然后将树皮一条一条挂在护林公约牌上，公然藐视森林法。

上述事件发生后，林科所、县林业局多次向县委、公安部门申诉，省林业厅厅长刘清泉要求主管部门按森林法规定严肃处理，但至今无任何结果。他们强烈呼吁有关部门严格执行森林法，保护林木，保护科研工作秩序和科研人员的人身安全。

梁新

本报记者来信

日本女护士长栗原悦子
荐登上大学讲台

话和听日语讲授的化学课，都掌握了3,000多个日语单词，达到外语学院一年级生的水平。

栗原悦子是信"毛遂自荐"，经省委领导批示同意，才调到药学院任教的。她是日本东京人，16岁和亲戚一道来到中国。1946年在吉林省延吉市志愿参加我军，在野战医院从事护理工作，为中国人民的解放事业贡献了自己的力量。

栗原悦子从部队转业之后，和北票矿务局医院一位儿科医师结了婚，现在已经有了两个儿子，她的二儿子杨志博是沈阳药学院的教师。她听说学院办日语药学班缺少师资力量，就让儿子向学院领导表达了自己的愿望。

药学院把栗原悦子借调到学院教日语。通过几个月的工作实践，人们发现栗原悦子教学认真，发音准确，会话流利，深受学生欢迎。药学院党委研究决定，正式调栗原悦子来学院任教，充分发挥她的专长。

但是，当药学院派专人和北票矿务局医院等有关部门联系商调栗原悦子时，由于她在矿务局医院工作很出色，医院领导婉言谢绝了。为了四化的需要，为了充分发挥自己的专长，栗原悦子写信给省委领导，表达自己从事日语教学的心愿。省委领导同志看了她的信，亲笔批示"应予支持"。经有关部门积极联系，得到了北票矿务局支持，今年2月，她正式被调到沈阳药学院。

吉林大学实习生 李荣申
辽宁日报记者 迟宝珍

建青中学好校风

凡是到上海建青中学的人，都说："这所学校的校风实在好！"

全校有四百多个学生中午在学校食堂搭伙。开饭时，没有老师督阵，不使用饭菜票，也不用记卡，学生很有秩序地排队领饭、取菜、端汤。食堂从没有短缺过一盒饭、一盆菜，也没有发生过吵闹事件。

课堂秩序也很好。上课时，走过每间教室，都可看到学生们聚精会神听讲。下课铃响，一千多个学生合看一个节拍做广播操，动作整齐划一。走进学校阅览室，只见成千上百个小读者坐在桌旁阅读，鸦雀无声。

再看看校园花，苑里鲜花盛开，盆盆花儿争奇斗艳，但没有哪个学生去攀折。教室走廊、校园甬道设置了许多精致的橱窗镜框，三层楼大楼装有多扇门窗玻璃，多年以来一直完好无损。尽管先后发生过几次打碎玻璃的事，尽管没有人看见，不当心者不声不响地把赔款送到学校总务处。

这所学校非常洁净，不论教室还是公共场所，都无烟蒂，无纸屑，窗明几净。有一次，市卫生局一位负责中小学卫生工作的同志从楼上检查到楼下，惊讶地对老师说："你们墙壁上没有鞋印，这在中小学我还是第一次看到！"

老师教育学生做一个诚实的人。前不久，高一（2）班一位同学在马路上拾到20元现金，主动交给了老师。高二（4）班一位同学拾到一块手表，也自觉寻找失主。

这种好校风的形成，是全校教师长年累月辛勤教育培养出来的，是脚踏实地从点滴抓起，循循善诱出来的。

有一天，二楼男厕所刚刚粉刷过的雪白的墙上，被人踩了一脚，留下了刺眼的鞋印。是哪位同学踩的？老师希望那位同学前来认错。可是没有人来。老师继续查问，那位学生跑来向老师承认了，他本以为少不了一顿训斥。但是不然，老师说："踩一脚的同学主动认错了，这是诚实的表现。"他从"这一脚"说开去，使同学们深受教育：要爱护公物，要诚实，有了错要改正。

严格的校风，培养出许多三好学生。三年多来，该校评选了三百多人次的三好学生，有的出席了全国、全市的三好学生表彰大会。这些年来，除了极个别学生外，几乎没有学生在社会上"闯祸"。这所学校毕业出来的学生品学兼优，普遍受到社会的欢迎。有的被评为全国三八红旗手，有的被遴选为出国留学生，有的被推选为基层领导干部。

本报记者 谢军

图2-59 《建青中学好校风》，《光明日报》1980年7月24日，第2版

有一天，二楼男厕所刚刚粉刷过的雪白的墙上，被人踩了一脚，留下了刺眼的鞋印。是哪位同学踩的？老师希望那位同学前来认错。可是没有人来。老师继续查问，那位学生跑来向老师承认了，他本以为少不了一顿训斥。但是不然，老师说："踩一脚的同学主动认错了，这是诚实的表现。"他从"这一脚"说开去，使同学们深受教育：要爱护公物，要诚实，有了错要改正。严格的校风，培养出许多三好学生。三年多来，该校评选了三百多人次的三好学生，有的出席了全国、全市的三好学生表彰大会。这些年来，除了极个别学生外，几乎没有学生在社会上"闯祸"。这所学校毕业出来的学生品学兼优，普遍受到社会的欢迎。有的被评为全国三八红旗手，有的被遴选为出国留学生，有的被推选为基层领导干部。[31]

这位记者围绕建青的"好校风"，娓娓道来，从食堂的秩序到课堂的纪律，从校园的环境到整体的文明，进而得出：建青中学这种好校风的形成，"是全校教师长年累月辛勤教育培养出来的，是脚踏实地从点滴抓起，循循善诱出来的"。

建青的好校风、好学风，是师生共同努力的结果。建青中学的教师，认真负责，有口皆碑；建青中学的学生勤奋学习，刻苦钻研。这里，要特别感谢当时校内外的摄影师，为我们留下一组组珍贵的照片。（图2-60、图2-61、图2-62、图2-63、图2-64、图2-65、图2-66、图2-67、图2-68、图2-69、图2-70）

这一时期的"建青现象"值得关注，值得探究，对于办学者从中可以获得一些启示。

图 2-60　上海市建青中学数学教研组组长吴献华老师在讲课，1978 年

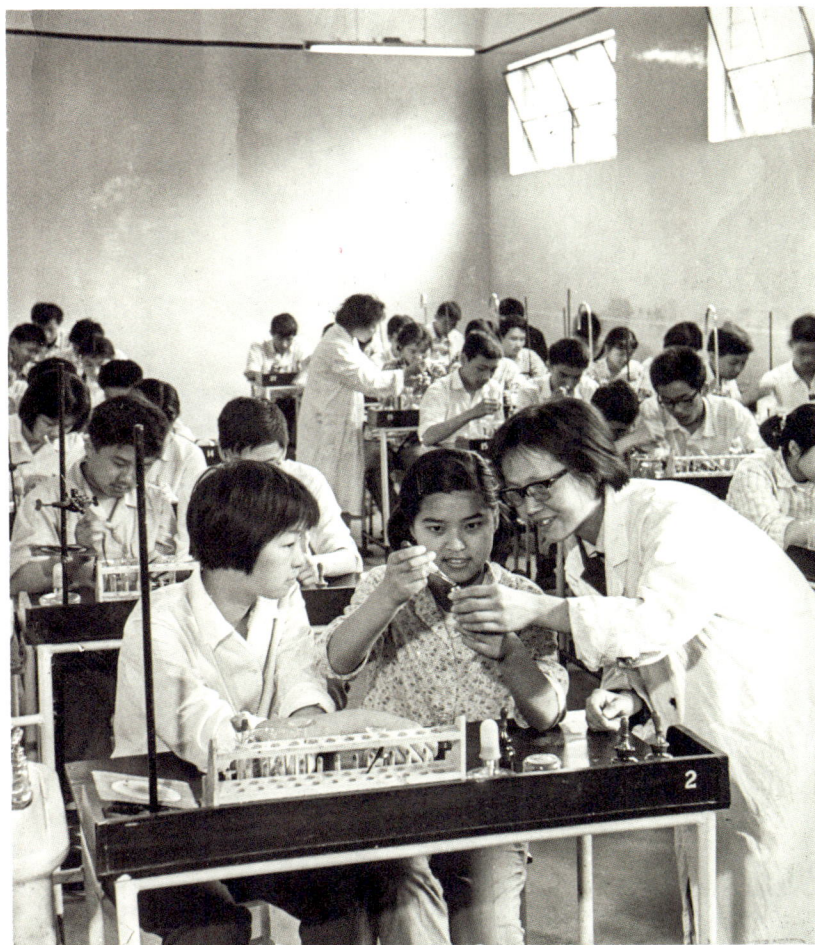

图 2-61　上海市建青中学汪国珍老师在上化学实验课（选自 20 世纪 70 年代末 80 年代初照片）

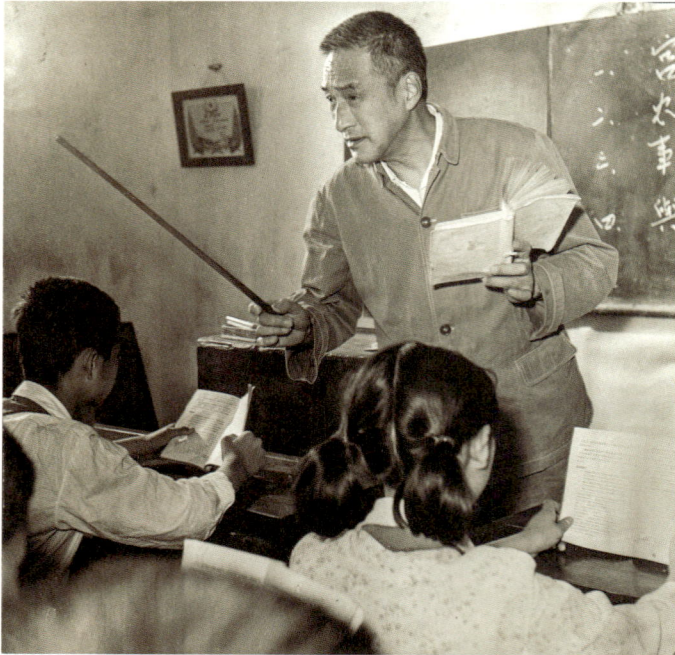

图 2-62　建青中学许之森老师上语文课（摄于 1982 年）

图 2-63　上海市建青中学外语组董景蓉老师在上课（选自 20 世纪 70 年代末 80 年代初照片）

图 2-64　上海市建青中学地理教研组组长曹云珠老师在上课（选自 20 世纪 70 年代末 80 年代初照片）

图 2-65　上海市建青中学体育教研组组长袁志盘老师指导学生打篮球（选自 20 世纪 70 年代末照片）

图 2-66　建青中学化学沈艾玫老师改进教具（摄于 1982 年）

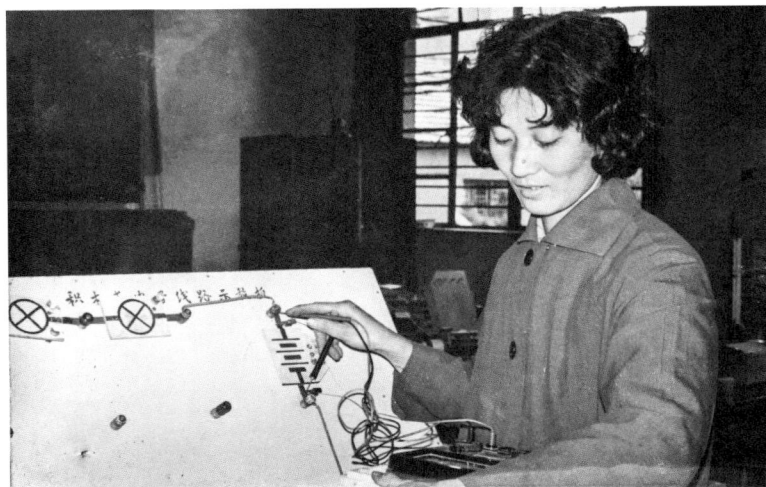

图 2-67　建青中学物理洪莲卿老师自制教具（摄于 1982 年）

图 2-68　教室里书声琅琅（摄于 1979 年）

图 2-69　上海市建青中学 20 世纪 80 年代初的教室，举行班会

图 2-70　上海市建青中学的化学实验室（选自 20 世纪 70 年代末 80 年代初照片）

如果说建青中学优良校风的形成，得益于学校初创时期党团组织对学生"敦品立德"的高度重视，那么"文革"结束后跻身区属重点学校行列，则是建青教师"自力更生、艰苦奋斗、勤俭团结"精神的硕果。1956 年新改为公立的建青初中，在同类普通中学中比较"年轻"，基础单薄，籍籍无名。1964 年 3 月底，长宁区教育局为了加强领导，提高教育质量，解决干部不足问题，又将境内另一所底子薄弱的致远初级中学与建青初中合并，这在客观上无疑也增加了建青的办学"包袱"。致远中学 1958 年停办高中时，骨干教师基本上都跟班去了番禺中学，留下的师资一般较差。26 个教师，第一类的没有，第二类的有 4 人，第三类的有 18 人，第四类的有 4 人。[32] 当时建青的师资虽然比致远好，但整体

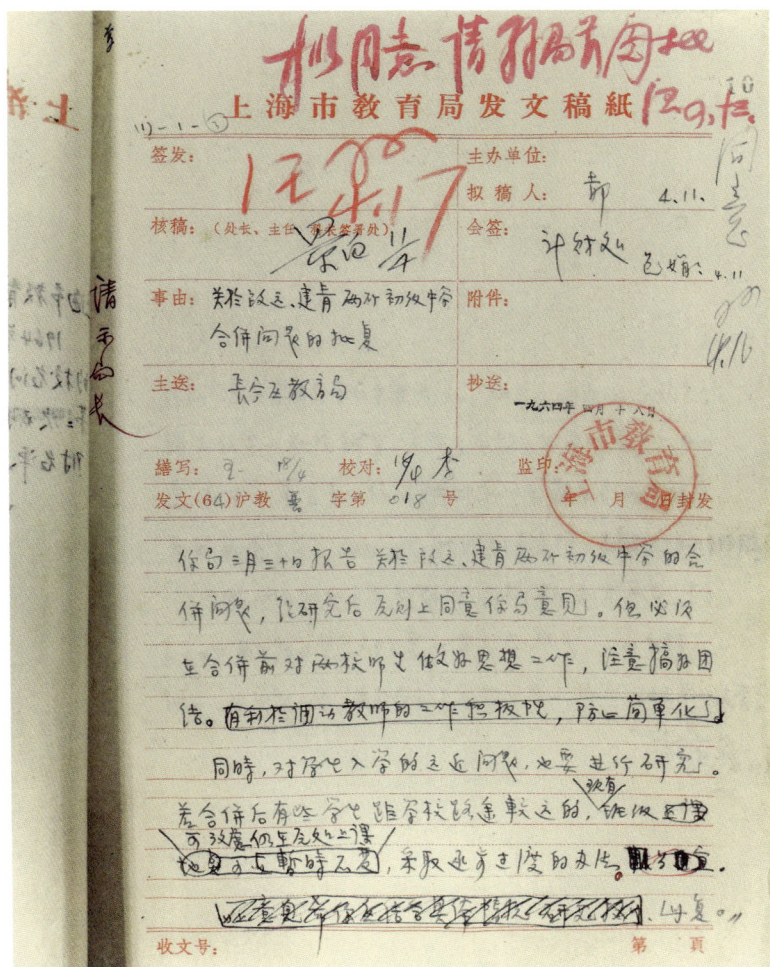

图 2-71　1964 年 4 月 18 日，上海市教育局关于致远、建青两所初级中学合并问题的档案资料（部分）

水平在长宁区却并不突出，校舍面积也是捉襟见肘，虽然办了 18 个班，但操场、图书馆均在校外。[33]（图 2-71、图 2-72）

后来曾任学校校长的高平回忆："说到校园与学校的设施，印象深刻。1968 年 6 月 12 日，我到建青中学报到，看到只有一幢三层楼的教学楼，旁边是简棚平房，有一个校办工厂和水泥地的篮球场。在马路对面，穿过居民区，走五六分钟，也在华山路上，是我们的外操场。后来平房得到改造利用，改成二层楼，上面为图书馆、小会议室等，下面是校办厂。办学条件艰苦。"[34]

不过，诸多不利条件非但没有削弱建青师生的信心与意志，反而激发了他们的忧患、自强与拼搏意识。自 1964 年学校迁至华山路 1448 号后，在"向工农开门"、"向科学技术现代化进军"等办学方针的指引下，全校师生自力更生，团结拼搏，聚人心，补短板，敢试错，抓特色，善总结。尤其是"文革"末期，建青"逆势"而上，"德、智、体"三育并举，率先崛起。1976 年被批准为正

图 2-72　建青中学校园（操场，华山路 1448 号，摄于 20 世纪 70 年代末 80 年代初）

规的完全中学，1978 年确立为长宁区重点中学。在由弱变强的"蝶变"过程中，建青人自有其成功之道。

　　首先，建青能凝聚人心。学校长期坚持贯彻党的知识分子政策不动摇，即使在"文革"时期，也注意最大限度调动广大教师大干"四化"的社会主义积极性。政治上，坚持发扬先进，发扬先进思想和先进事迹。1972 年以来共表扬 166 人次、61 名教职员工，占全校教职员工总人数的 71%。[35] 对教师的缺点错误，他们反对采取"整人"的办法，而是从团结出发，坚持做深入细致的思想工作，进行家访，个别谈心，帮助教师提高觉悟。教学上，保证教师的业务进修时间。1976 年开始，按教研组设立办公室，促进教学研究工作，另外还采取以老带新、举办讲座、专题研究等方法，不断提高教师的业务水平。生活上，努力改善集体伙食，减轻教师家务，优化办公条件，办好校办工厂，努力做好后勤为教学第一线服务的工作，解决广大教师的后顾之忧。所以，全校教师能精神振奋、干劲充足。有的十几年没有请过一次病假，有的病假条放在口袋中坚持工作，有的当别的同志因病因事请假时就踊跃代课，有的早来晚去，多年如此。[36]1979 年，全校教工有 211 人次受到市、区、校三级表扬，全年无报酬代课的教师共计 415 人次，病假坚持上课的 54 人次。[37]（图 2-73、图 2-74）

图 2-73　上海建青中学校门口（华山路 1448 号），左起英语老师冯家哲带领 1979 届（2）班学生锻炼

图 2-74　1980 届班委讨论争创雷锋班

其次，建青以求实的科学态度，认真摸索教学工作规律，勇于实践。建青中学认为，中学的培养目标，既要为高等学校输送合格人才，又要为各条战线直接输送大量的后备军。基于此，学校始终"以教学为中心"，牢固确立面向大多数学生的基本指导思想；同时又认识到教学工作是一门严密的科学，有一个由浅入深、循序渐进的规律。针对当时教育战线中"重理轻文"的普遍性倾向，从本校实际出发，注重夯实语文与外语之"双基"，文理并重，努力做到文中抓理，理中抓文。又针对"文革"结束不久中学生文化知识程度相差悬殊的客观实际，制订了"确保重点，照顾一般"的教学原则，采取了"好中抓差，差中抓好"的具体做法。[38]（图 2-75、图 2-76）

图 2-75　借阅图书（摄于 1982 年）

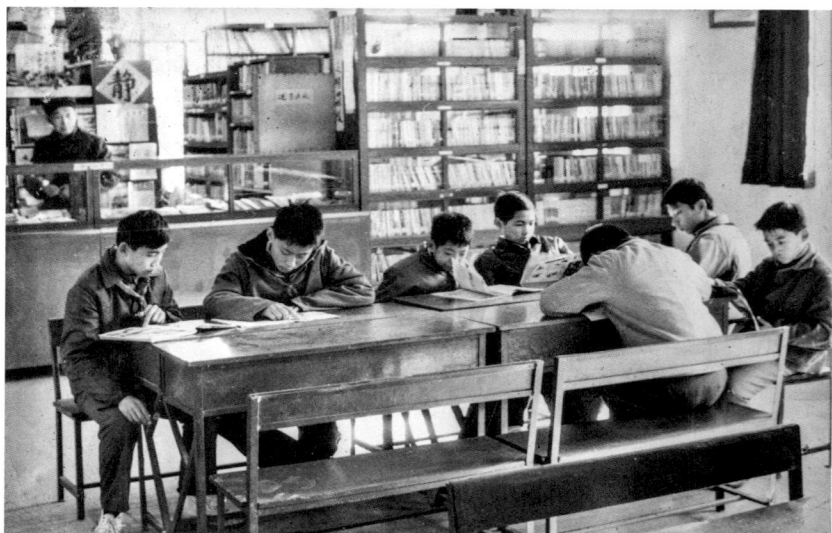

图 2-76　在图书馆（摄于 1982 年）

　　1978 年以后连续多年，学校的教学质量大幅度提升。1978 年升学考试录取 117 人，占报考数 47%；1979 年，187 名毕业生升学考试录取 96 人，占报考数 57%，占实际毕业人数 51%。[39] 在整体实力提升的同时，建青尖子生也异军突起。在 1979 年长宁区数理化竞赛中，学校取得了数学第一名、物理第一名（并列）、化学第二名的好成绩。在上海市竞赛中取得了数学二等奖、化学一等奖的成绩，继而在全国数学竞赛中取得了三等奖。[40]

　　最后，坚持德、智、体全面发展的同时，凸显学校特色与强项，为各条战线输送优秀人才。如在征兵工作中，该校历年出兵率较高。1975 年上海市征兵办在建青召开过现场会，1976 年中央军委招飞领导小组曾到学校听取征兵工作经验汇报，1977 年学校被评为上海市招飞先进单位。在体育方面，手球运动是建青传统强项，自 1973 年起步，1975 年在中学生手球基层比赛中获得女子组第一名，男子组第二名，还为上海市体工队和部队输送了大量体育骨干。（图 2-77）

图 2-77　建青中学学校运动会场景（摄于 1983 年）

建青中学拓展视野，开放办学。为培养学生的科学兴趣，挖掘学生潜力，学校派专门的老师组织学生开展课余科技活动，鼓励与支持学生参加各类活动，在市、区、少年宫的天文、地理、无线电、半导体、航模科技小组中，经常可以看到建青学子活跃的身影。与此同时，校内还成立生物等7个科技小组。1979年建青学生制作了标本和科技习作729件，其中光电誊印机被选送至北京全国青少年科技作品展览会上展出。[41]（图2-78）

图2-78　建青中学学生在做实验（摄于1982年）

这一时期建青开办的校办工厂也很有特色，远近闻名。学校为培养学生的动手能力，经常让学生到校办工厂进行勤工俭学。1981年学校被评为"全国勤工俭学先进单位"。（图2-79、图2-80）

不久，学校面临搬迁。

改革开放以来，上海中心城区不断扩张，长宁区人口亦急骤增加。为满足住宅区设施配套日益增长的需要，毗邻虹桥经济技术开发区新建了一所中学、一所小学和一所幼儿园。而当时长宁区的五所市、区重点中学布局不尽合理，沪杭铁路以西仅天山中学一所区级重点中学。[42]因此，1983年7月，建青中学适应长宁区教育发展的新要求，由华山路1448号迁入虹桥路1161弄20号。（图2-81）

从华山路到虹桥路，随着校园的搬迁，学校发展进入了一个新阶段。

图2-79　1982年，上海市建青中学被评为全国勤工俭学先进单位，学生在工厂操作

图 2-80　1982 年，上海市建青中学被评为全国勤工俭学先进单位，学生在劳动

图 2-81　虹桥路建青校园一瞥（摄于 20 世纪 80 年代）

注 释

[1]《关于私立南洋模范补习学校改名建青初级中学的报告》，1954 年 7 月 6 日，上海市档案馆藏，档号：B105-1-1151-38。

[2]《关于私立南洋模范补习学校改名建青初级中学的报告》，1954 年 7 月 6 日，上海市档案馆藏，档号：B105-1-1151-38。

[3]《关于私立南洋模范补习学校改名建青初级中学的报告》，1954 年 7 月 6 日，上海市档案馆藏，档号：B105-1-1151-38。

[4]《关于私立南洋模范补习学校改名建青初级中学的报告》，1954 年 7 月 6 日，上海市档案馆藏，档号：B105-1-1151-38。

[5]《报告》（1954 年 7 月 16 日），上海市档案馆藏，档号：B105-2-822。

[6]《关于私立南洋模范补习学校改名建青初级中学的报告》，1954 年 7 月 6 日，上海市档案馆藏，档号：B105-1-1151-38。

[7]《报告》（1954 年 7 月 16 日），上海市档案馆藏，档号：B105-2-822。

[8]《上海市建青初级中学肃反工作总结》，1957 年 2 月 16 日，长宁区档案馆藏，档号：113-1-3-20。

[9]《上海市建青初级中学肃反工作总结》，1957 年 2 月 16 日，长宁区档案馆藏，档号：113-1-3-20。

[10] 1957 年 8 月，焦英调往和平中学任职。

[11]《上海市建青初级中学肃反工作总结》，1957 年 2 月 16 日，长宁区档案馆藏，档号：113-1-3-20。

[12]《上海市建青初级中学肃反运动发动群众的大体打算》，1957 年，长宁区档案馆藏，档号：113-1-3-10。

[13] 参见《（上海市建青初级中学）肃反工作总结》（1957 年 2 月 16 日），长宁区档案馆藏，档号：113-1-3-20。

[14]《1958 年（上海市建青初级中学）教工名册》，长宁区档案馆藏，档号：113-1-5。

[15]"建青"部分老领导、老教师、校友座谈会记录，马学强、胡端等整理，2019 年 4 月 10 日。徐鼎臣，江苏吴县人，曾就读于南京大学数学系，1957

年 9 月，被教育局调派到建青初级中学，历任学校理科中心教研组长、教导副主任、副校长等职，在建青工作时间长达 30 年，经历了建青初级中学、建青完全中学、建青成为区重点中学以及建青实验学校的初创等不同时期。

[16]"建青"部分老领导、老教师、校友座谈会记录，马学强、胡端等整理，2019 年 4 月 10 日。

[17]《（上海市建青初级中学）肃反工作总结》（1957 年 2 月 16 日），长宁区档案馆藏，档号：113-1-3-20。

[18]《（上海市建青初级中学）肃反工作总结》（1957 年 2 月 16 日），长宁区档案馆藏，档号：113-1-3-20。

[19]《我们是怎样做团的发展工作的——建青初级中学团总支书记纪孝敏》（1964 年），上海市档案馆藏，档号：C21-1-996-272。

[20]《我们是怎样做团的发展工作的——建青初级中学团总支书记纪孝敏》（1964 年），上海市档案馆藏，档号：C21-1-996-272。

[21]《我们是怎样做团的发展工作的——建青初级中学团总支书记纪孝敏》（1964 年），上海市档案馆藏，档号：C21-1-996-272。

[22] 高平口述，马学强、潘敬芳采访整理，2019 年 4 月 10 日。高平，毕业于上海师范学院，1968 年到建青中学任教，历任班主任、教导副主任、副校长、校长等职，后任长宁区教育局局长。

[23]《建青中学（概况）》，1977 年 10 月，长宁区档案馆藏，档号：B244-4-68-10。

[24]《上海市建青中学 1979 年工作汇报》，长宁区档案馆藏，档号：113-2-79。

[25]"建青"部分老领导、老教师、校友座谈会记录，马学强、胡端等整理，2019 年 4 月 10 日。

[26]《建青中学（概况）》，1977 年 10 月，长宁区档案馆藏，档号：B244-4-68-10。

[27]《上海市建青中学 1979 年工作汇报》，长宁区档案馆藏，档号：113-2-79。

[28]《上海市建青中学 1979 年工作汇报》，长宁区档案馆藏，档号：113－2－79。

[29]《上海市建青中学 1979 年工作汇报》，长宁区档案馆藏，档号：113－2－79。

[30]《上海市建青中学 1979 年工作汇报》，长宁区档案馆藏，档号：113－2－79。

[31]《建青中学好校风》，《光明日报》1980 年 7 月 24 日，第 2 版。

[32]《上海市长宁区教育局关于本区建青、致远两所初级中学合并的请示报告》，上海市档案馆藏，档号：B105－1－1151。

[33]《上海市长宁区教育局关于本区建青、致远两所初级中学合并的请示报告》，上海市档案馆藏，档号：B105－1－1151。

[34] 高平口述，马学强、潘敬芳采访整理，2019 年 4 月 10 日。

[35]《建青中学（概况）》，1977 年 10 月，长宁区档案馆藏，档号：B244－4－68－10。

[36]《建青中学（概况）》，1977 年 10 月，长宁区档案馆藏，档号：B244－4－68－10。

[37]《上海市建青中学 1979 年工作汇报》，长宁区档案馆藏，档号：113－2－79。

[38]《上海市建青中学 1979 年工作汇报》，长宁区档案馆藏，档号：113－2－79。

[39]《上海市建青中学 1979 年工作汇报》，长宁区档案馆藏，档号：113－2－79。

[40]《上海市建青中学 1979 年工作汇报》，长宁区档案馆藏，档号：113－2－79。

[41]《上海市建青中学 1979 年工作汇报》，长宁区档案馆藏，档号：113－2－79。

[42] 齐允海、张丽丽主编：《上海改革开放二十年（长宁卷）》，上海远东出版社 1998 年版，第 329 页。

第三篇

上海市建青实验学校时期

（1984年以来）

自迁至虹桥路后，建青中学积极谋划新发展、新布局。1984 年 7 月，以建青中学为主，与邻近的虹桥路第二小学、虹桥路第二幼儿园正式合并，命名为"上海市建青实验学校"，率先在上海全市确立"幼、小、中一贯制"的全新办学模式，这也使建青成为国内较早探讨"三段一体"素质教育整体改革实验的学校。

此后，学校以实验改革为立校之本，以"实验性、创新型、国际化"为办学目标，成功创建了适应"十五年一贯制"办学模式的管理机制、课程体系、师资队伍、评价系统，注重培养学生"德行好、基础实、能力强、特长显、视野阔"，在全国中小学素质教育的改革潮流中一直处于前列，赢得了良好的办学声誉。先后获得长宁区实验性示范性高中、上海市首批素质教育实验学校、上海市中小学课程教材改革实验基地、上海市科技教育特色示范学校、全国特色学校等一系列荣誉称号。自 2005 年学校整体搬迁至现代化的古北国际社区以来，蓬勃向上的"建青人"在新的时代机遇与挑战下，更以"积极探究、勇于创新、敢为人先、争创一流"的精神续写华章，再启辉煌。（图 3-1）

图 3-1　上海市建青实验学校校园俯瞰（古羊路 900 号，顾允一摄于 2018 年 12 月 31 日，学校办公室提供）

第一节　成立建青实验学校：率先确立 "幼、小、中一贯制"

告别了华山路校区，学校搬迁到虹桥路 1161 弄 20 号。新校园，新面貌。新建的校舍设施齐全，教学条件得到改善。秉承建青的办学理念，建青的好学风、好校风继续延续。

1984 年上半年，虹桥路校区留下了新一届毕业生与老师们的合影。（图 3-2、图 3-3、图 3-4）

这些照片所具有的纪念意义，不仅仅是毕业照，而且还成了被称为"建青中学"的最后一届毕业照。

此时，有关部门与学校领导正在酝酿学校的再次"转型"。学校迁入虹桥路新址后，"天时地利"悄然而至。所说的"天时"，即 1983 年 10 月 1 日，邓小平为北京景山学校教学改革实验写下"教育要面向现代化，面向世界，面向未来"的著名题词。这"三个面向"是邓小平根据国际新的技术革命

图 3-2　上海市建青中学初三（5）班毕业留念（摄于 1984 年 6 月）

图 3-3　上海市建青中学高三（1）班毕业合影留念（摄于 1984 年 6 月）

图 3-4　上海市建青中学高三文科班毕业留念（摄于 1984 年 6 月）

和国内现代化建设的形势，针对当时我国教育同现代化建设严重不相适应的实际提出的。为贯彻"三个面向"的指示精神，加快培养创造性人才的速度，适应改革和开放的形势，建青中学决定启动新一轮教育体制、学制实验改革，以景山学校为榜样，探索一条符合国情、适应"四化"建设需要的教育新路。就"地利"而言，当时的建青中学，与新建的虹桥路第二小学、虹桥路第二幼儿园仅一墙之隔，具有连片布局的有利条件；同时又因所在地段靠近虹桥开发区，属于旅游外事区，又处通往虹桥机场的路旁，理应建造一座具有现代化教学设施和优美教学环境的中学，以符合虹桥开发地区"外向型"、"国际化"的特点，成为全市中学对外开放的重要窗口之一。[1]

1984年初，建青中学向其主管部门长宁区教育局提交《关于更改校名的报告》，提出要建立一所实验学校，从报

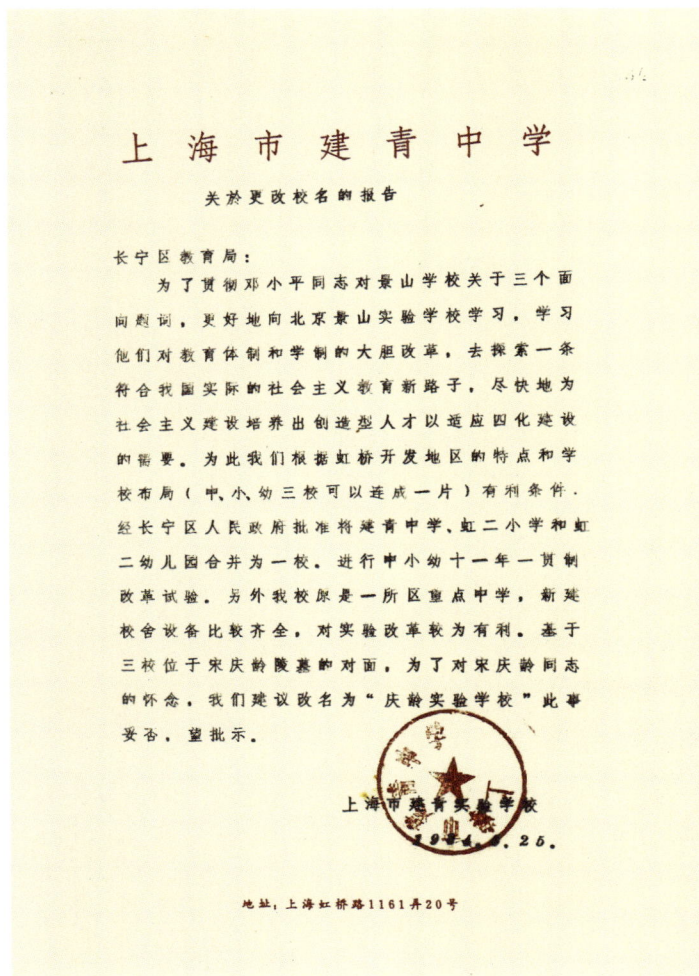

图3-5　上海市建青中学《关于更改校名的报告》，1984年

告内容来看，此时长宁区政府原则已批准"将建青中学、虹二小学和虹二幼儿园合并为一校。进行中小幼十一年一贯制改革试验"[2]。（图3-5）

1984年6月1日，一份更详细的《关于试办建青实验学校的方案（讨论稿）》出台，摘录如下：

为了贯彻邓小平同志关于"教育要面向现代化、面向世界、面向未来"的指示，迎接世界新的技术革命的挑战，更好地为社会主义建设培养人才，现行的教育体制和学制必须进行改革。通过改革要全面贯彻党的教育方针，提高普通教育的教学质量，培养创造性的建设人才，探索一条符合我国实际的社会主义教育的新路子，以适应四化建设的新要求。为此我们根据本区虹桥开发地区的特点和学校布局的有利条件，将建青中学、虹二小学和虹二幼儿园合并为一校。进行中、小、幼十一年一贯制的学制改革的试验，初步确定为幼儿园2年，小学4—5年，初中4—5年，

另外高中部分除直升外还可另行招生。合并后改名为"建青实验学校"。建立一套领导班子，统一领导和管理学校的人事、财务和校舍。

一、培养目标：

通过实验使学生在德、智、体三方面都能得到生动活泼的发展，培养能适应三个面向的要求，成为决心献身四化的有理想、有道德、有创见，既能动手，又能动脑的开拓型人才。

二、办学的指导思想：

根据教育要"三个面向"的精神，以辩证唯物主义认识论为指导，解除片面追求升学率的束缚，坚持"三全"的方针，充分发挥学生主体作用，并充实现代科学技术新成就的知识，鼓励发展个人特长，使学生学得生动活泼，心情愉快。

三、实验改革的内容：

1. **学制**：实行十一年一贯制，幼儿园 2 年，小学 4—5 年，初中 4—5 年。高中部分也要实行教学改革。

2. **体制**：在行政领导方面实行校长负责制，由校长任命各处室负责人和小学部、幼儿部负责人。

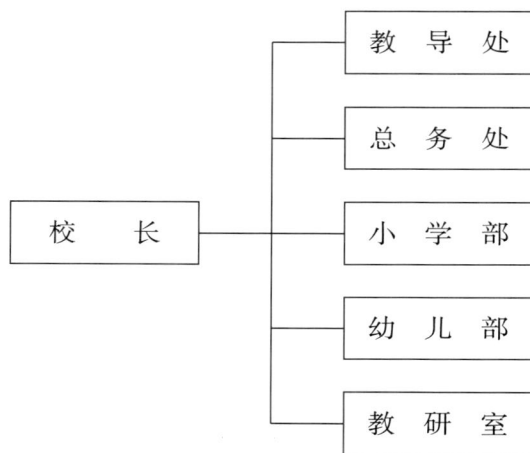

```
                    ┌─── 教 导 处
                    │
                    ├─── 总 务 处
                    │
  校    长 ─────────┼─── 小 学 部
                    │
                    ├─── 幼 儿 部
                    │
                    └─── 教 研 室
```

3. **改革的原则**：

① 既要减轻学生过重负担，又要提高教学质量。

② 既要注意全面发展，又要注意发挥个人特长，努力办出学校特色。

③ 既要打好基础，又要积极开发学生智能，培养坚强的意志，共产主义的情操和自理、自治的能力。

④ 既要完成教学任务，又要开辟第二渠道，丰富课余生活，向学生介绍现代科学技术信息，扩大学生的知识面，活跃思想，培养创造开拓的精神。

⑤ 既要发挥教师的主导作用，又要充分发挥学生的主体作用，努力改进教学方法，提高教学质量。

⑥ 既要注意课程调整，教材删繁就简，补充新知识、新信息，又要注意教学的科学性、系统性和各科知识的联系。

4. 改革分阶段的初步设想：

① 幼儿园二年：完成幼儿园教育纲要的要求外，根据幼儿时期是语言迅速发展的年龄特点，增加英语简单会话的训练。

② 小学四至五年：要求完成现六年制的教学要求，打好语文、算术基础外，外语要求超过小学要求。语文要加强，算术学科的某些难点放到中学阶段。此阶段还要加强音乐、美术课的教育。

③ 初中四至五年：完成现有初中各种大纲要求外，语文要求完成高中阶段要求，外语完成高中阶段要求（为达到此要求，可以对整个中学阶段的教材做适当增删）。开辟第二渠道，例如电子计算机、英文打字等。建立学分制，作为直升高中的条件。并试验单科跳级或全科跳级制度。

④ 高中三年：试验学分制，各门基础课要达到一定的学分。开设选修课，文理早分科。

⑤ 思想教育的改革：发挥学生主体作用，提高学生自治自理的能力。改变政治课脱离实际的倾向。

四、建议和要求：

1. 教改的问题主要是教员问题。这是实验改革的关键问题。新办的小学、幼儿园除了选调一部分老教学骨干及新的优秀中师、幼师毕业生外，还应选调一部分大学专科、本科毕业生充实小学和幼儿园，开展教学研究工作，以提高小学、幼儿师资的总体水平。并可聘请顾问或与大学挂钩来提高中学教师的水平，更新知识。

2. 领导班子一经确定，要求保持相对稳定，无特殊情况不要变动。

3. 区教育学院教研室、幼教科，区少科站及区少年宫对实验学校的教改要给予业务上的指导和帮助。

4. 实验学校同步实行管理体制和经济责任制的改革试点，研究聘请制、责任制、奖惩制。

5. 为了搞好实验中学，今年高中新生招二个班，如今后几年内条件许可的话仍招二个班，原三校校舍连成一片，形成一个完整的校舍。

6. 基于建青实验学校位于宋庆龄陵墓的对面，为了对宋庆龄同志的怀念，建议改名为"庆龄实验学校"。

1984 年 6 月 1 日 [3]

这是建青建校史上的又一份重要档案。（图 3-6、图 3-7、图 3-8、图 3-9）

《关于试办建青实验学校的方案（讨论稿）》对未来"建青实验学校"的办学，从培养目标、指导思想、需要实验改革的内容等都做了充分设想，该方案颇具针对性，对当时基础教育存在的问题及努力的方向，都有很好的建议与构想。在体制上，实行校长负责制，分层管理，设幼儿部、小学部等，构架完整。关于校名，他们还提出了一个大胆设想，由于建青校址"位于宋庆龄陵墓的对面"，为了表达对宋庆龄同志的怀念，所以建议校名为"庆龄实验学校"。

此方案出台的重大背景，就是为了贯彻邓小平关于"教育要面向现代化、面向世界、面向未来"的指示。长宁区有关部门和建青中学校领导敏锐地意识到，教育必须改革，"提高普通教育的教学质量，培养创造性的建设人才，探索一条符合我国实际的社会主义教育的新路子，以适应四化建设的新要求。"[4] 以建青中学为基础创立一所实验学校，有良好的基础，根据"虹桥开发地区的特点和学校布局（中、小、幼三校可以连成一片）有利条件"，同时，建青中学"原是一所区重点中学，新建校舍设施比较齐全，对实验改革较为有利。"[5]

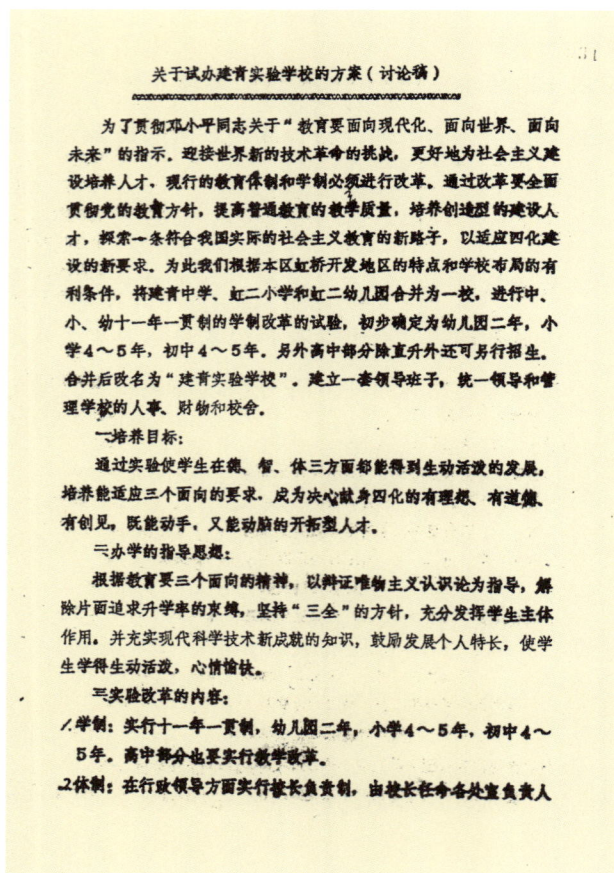

图 3-6　关于试办建青实验学校方案（讨论稿），1984 年 6 月 1 日（1）

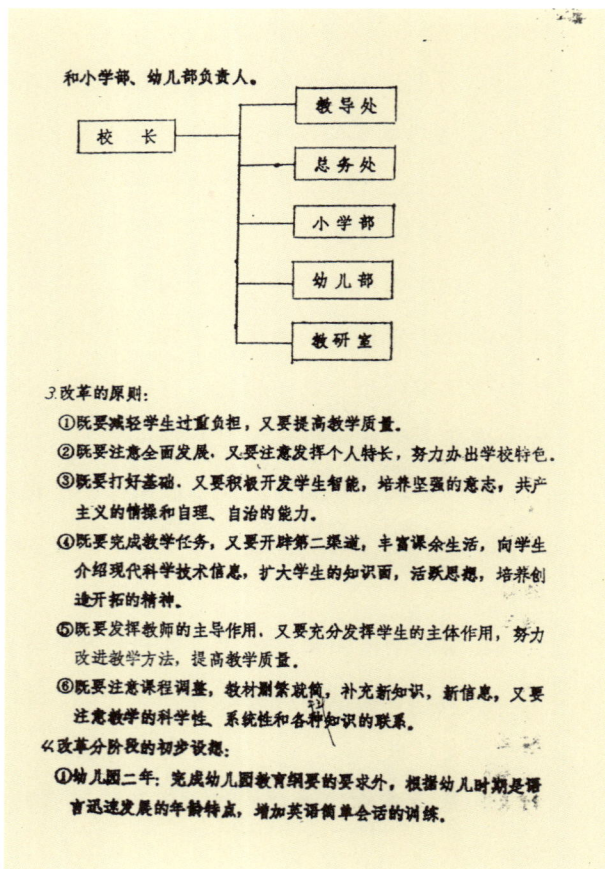

图 3-7　关于试办建青实验学校方案（讨论稿），1984 年 6 月 1 日（2）

②小学四～五年：要求完成现六年制的教学要求，打好语文、算术基础外，外语要求超过小学要求。语文要加强，算术学科的某些难点放到中学阶段。此阶段还要加强音乐、美术课的教育。

③初中四～五年：完成现有初中各种大纲要求外，语文要求完成高中阶段要求，外语完成高中阶段要求（为达到此要求，可以对整个中学阶段的教材作适当增制）。开辟第二渠道，例如电子计算机、英文打字等。建立学分制，作为直升高中的条件。并试验单科跳级或全科跳级制度。

④高中三年：试验学分制，各门基础课要达到一定的学分。开设选修课，文理早分科。

⑤思想教育的改革：发挥学生主体作用，提高学生自治自理的能力，改变政治课脱离实际的倾向。

四建议和要求：

/ 教改的问题主要是教员问题。这是实验改革的关键问题。新办的小学、幼儿园除了选调一部分老教学骨干及新的优秀中师、幼师毕业生外，还应选调一部分大学专科本科毕业生充实小学和幼儿园，开展教学研究工作。以提高小学、幼儿师资的总体水平。并可聘请顾问或与大学挂钩来提高中学教师的水平，更新知识。

2 领导班子一经确定，要求保持相对稳定，无特殊情况不要更动。

3 区教育学院教研室、幼教科，区少科站及区少年官对实验学校的教改要给予业务上的指导和帮助。

4 实验学校同步实行管理体制及经济责任制的改革试点，研究聘请制、责任制、奖惩制。

5 为了搞好实验中学，今年高中新生招二个班，如今后几年内条件许可的话仍招二个班。原三校校舍联成一片，形成一个完整的校舍。

6 基于建青实验学校位于宋庆龄陵墓的对面，为了对宋庆龄同志的怀念，建议改名为"庆龄实验学校"。

1984年6月1日

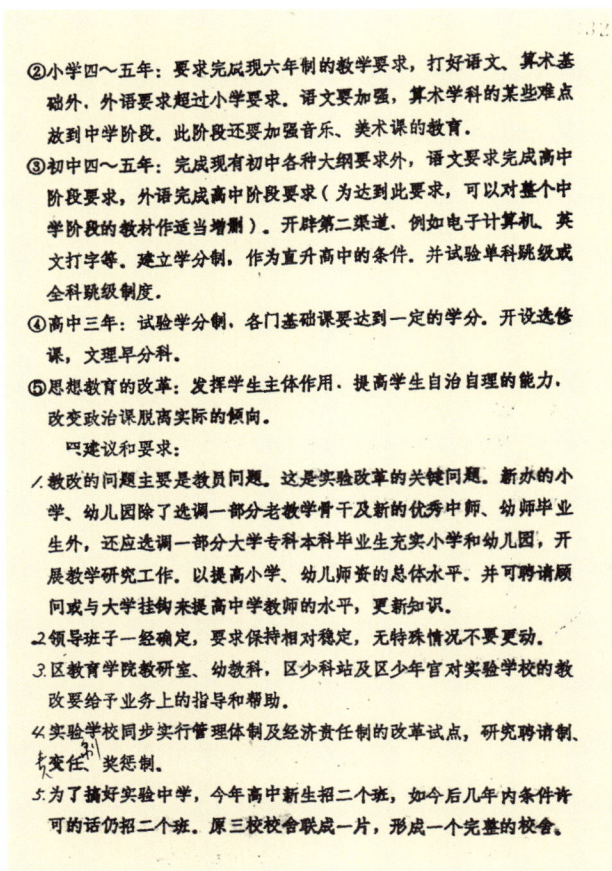

图3-8 关于试办建青实验学校方案（讨论稿），1984年6月1日（3）　图3-9 关于试办建青实验学校方案（讨论稿），1984年6月1日（4）

建青实验学校的成立，适逢其时。1984年6月6日，长宁区教育局向区政府提交《关于试办建青实验学校的请示报告》："为了贯彻邓小平同志'教育要面向现代化，面向世界，面向未来'的指示，迎接世界新的技术革命挑战，更好地为社会主义建设培养人才，现行的教育体制和学制必须进行改革。通过改革要全面贯彻党的教育方针，提高普通教育的教育质量，培养创造型的建设人才，探索一条符合我国实际的社会主义教育的新路子。为此，我们根据本区虹桥地区的特点和学校布局的有利条件，拟将建青中学、虹二小学和虹二幼儿园合并为一校，进行中、小、幼十一年一贯制的学制改革的试验。初步确定幼儿园二年、小学四年、初中五年。合并后改名为'建青实验学校'，下设幼儿园部、小学部、初中部，建立一套领导班子，统一领导和管理学校的人事、财物和校舍。"[6]（图3-10）

此前提交的方案中，除了取名"庆龄实验学校"的设想未被采纳，很多内容得到落实。经长宁区政府批准，决定建立建青实验学校。是年6月22日，长宁区教育局发文《关于建立建青实验学校的通知》。[7]（图3-11）

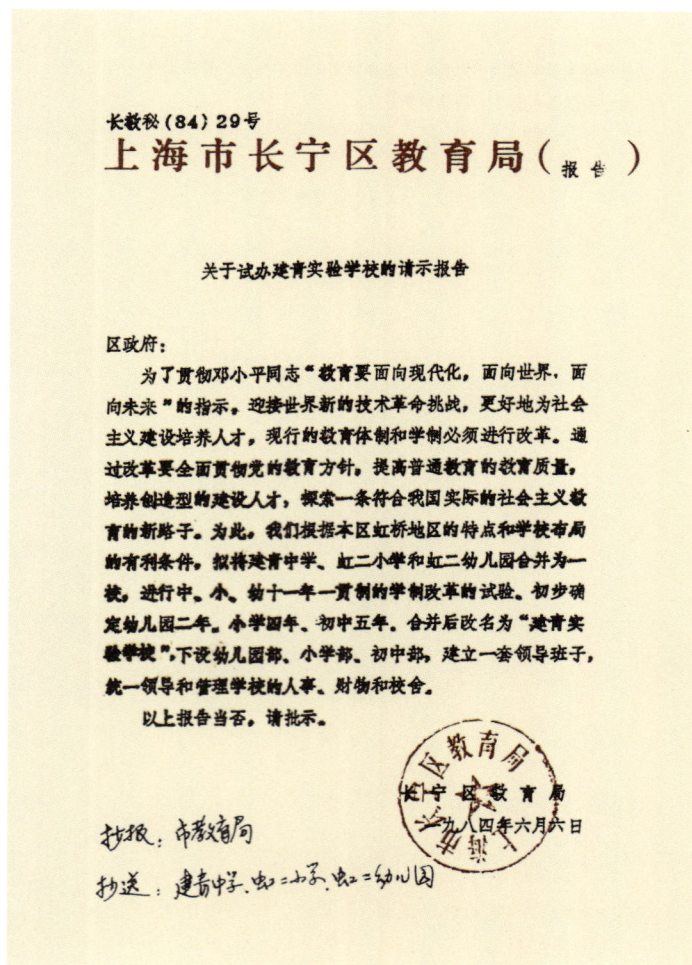

图 3-10 上海市长宁区教育局《关于试办建青实验学校的请示报告》，1984 年 6 月 6 日

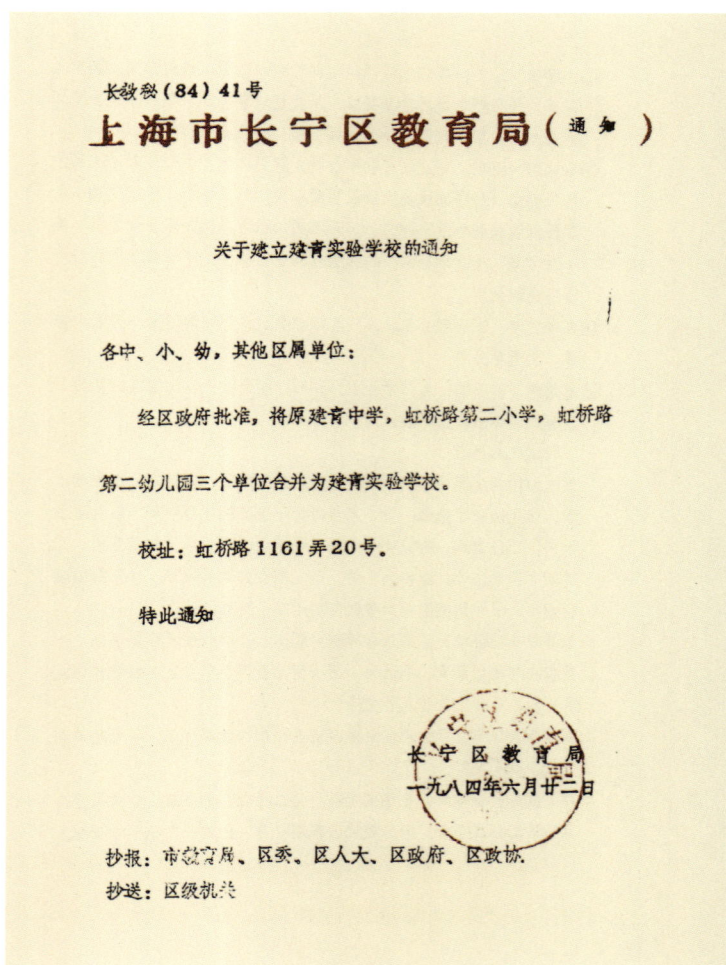

图 3-11 上海市长宁区教育局《关于建立建青实验学校的通知》，1984 年 6 月 22 日

1984 年 7 月，正式将原建青中学、虹桥路第二小学、虹桥路第二幼儿园三个单位合并为"建青实验学校"，开始中、小、幼三段一体整体改革实验。校址：虹桥路 1161 弄 20 号。《文汇报》1984 年 7 月 5 日头版迅速刊登"本市成立建青实验学校"的消息，特别提到"将对学制、管理体制、教学内容与方法进行一系列改革。"[8] 社会各界对新成立的上海市建青实验学校充满期待。（图 3-12）

颇有意思的是，这一年的毕业生，初三（1）班毕业留念照上首次印上"上海市建青实验学校"。（图 3-13）

改革开放的新时期，在毗邻虹桥国际机场和虹桥、古北两个经济技术开发区出现了一所具有全新体制的实验性学校——上海市建青实验学校。

图 3-12　《本市成立建青实验学校》，《文汇报》1984 年 7 月 5 日，第 1 版

图 3-13　上海市建青实验学校 1984 年度初三（1）班毕业留念

第二节 "三段一体"：综合教育改革

上海市建青实验学校自组建以来，大胆实验，勇于探索，围绕学制、课程、教材和教法等进行一系列改革，成为上海市幼、小、中"三段一体"整体改革的一个重要实验基地。

建青实验学校的改革覆盖面很广，具有系统性、综合性，包括一系列政策的制定与措施的落实。从实验的阶段上来说，1984 年秋至 1993 年秋，被称为是"第一个十年"。

实验进程分为三个阶段，依据大胆改革、稳步前进、重视社会价值、追求整体效应和综合教育科研方法的操作原则，循序渐进，主要推行了 4 项改革，具体包括：

一、招生改革。率先取消小学升初中考试，放弃重点中学的"择优权"，就近招收学生入学。后又进行初中毕业免试直升高中的试点。

二、学制改革。中小幼"一贯制"教育，即幼儿园 3 年、小学 5 年、初中 4 年、高中 3 年的教育，总计 15 年。前 12 年实行一贯制，所有学生 12 年内不搞淘汰制。其中有一个班的学生在自愿基础上，延伸至高中，进行 15 年一贯制的学制试验。（图 3-14）

三、课程教材改革。调整课程设置，改革学科知识体系，优化教学内容，研究劳动教育系列，创设劳技课程，建立选修活动课，发展个性特长。

四、学校管理改革。建立校长"统一领导、全程指挥、分部负责、分级管理"的管理机制。1986 年，学校实行管理体制改革，正式建立中学部（分初中部、高中部）、小学部、幼儿部、二处（教务处、总务处）、二室（校务办公室、教科室），以适应整体实验改革的需要。

需要进一步指出的是，学校坚持"不加选择，就近入学"的原则，自 1984 年"实验学校"成立之日起，学校即开始进行学制、课程、教材与教法的整体改革综合试点。在课程方面，学校在德育、语文、数学、外语、活动课等进行 5 个方面的研究，自编幼儿英语教材、语文应用文教材、德育系列、活动课系列等教学用书。学校重视学生的身心发展，开展学生自练课，教学班值勤周，社会实践等活动。学校有各类课外兴趣小组

图 3-14 幼儿园青年教师王悦上公开课，摄于 1986 年

60个。定期举办艺术节、科技节、校运动会。校铜管乐队、合唱队已发展为区特色小组，手球是国家体委确定的体育传统项目。经过十多年的发展，学校逐步形成了学科教学特色，尤其英语学科教学特色鲜明：学校是全市唯一在小学和初、高中同时进行牛津英语教材试点的单位；英语教研组是上海市和区先进教研组；英语教学多次在市、区获奖，并在英语口语教学方面形成了一定的特色。（图3-15、图3-16）

图3-15　1984年上海市建青实验学校全校红十字会全体成员合影（大楼门口）

学校的改革得到市、区教育部门的大力支持。1987年，上海市教育局副局长凌同光担任学校实验领导小组组长。学校成立了由市、区、校三级组成的实验改革领导小组，全面部署上海市建青实验学校整体实验改革，并聘请教育家吕型伟、陆善涛为学校顾问。（图3-17）

凌同光后来回忆："我们在上海建青实验学校实行了一些政策，如包括：1.师资直接从上海师范大学挑选；2.少数外语教师从美国退休教师中引进；3.中、小、幼一体化管理，幼小初就近入学，等等。"[9]加强校领导建设，1987年1月，沈蔚萍任校长。7月，吴娥英任党总支书记。（图3-18）

图3-16　建青实验学校小学部举行首届运动会（摄于1985年4月）

图3-17　上海市建青实验学校聘请顾问大会（摄于1985年7月3日）

图3-18　1987年3月28日，校领导欢送退休教师（左起高平、沈蔚萍、吴娥英、徐鼎臣）

这一时期的建青，作为一所实验学校在不少领域进行的一系列探讨，在普教系统也具有一定的代表性。1986年，《光明日报》一篇题为《探讨普教整体改革的问题》报道，以"中国教育学会秘书处编辑室"名义发表，摘录如下：

由中国教育学会召开的全国普通教育学校整体改革研讨会，日前在上海举行。

来自全国二十八个省市和地区的专家、学者和从事普教整体改革实验的教育工作者的代表，共一百多人出席了会议。代表们就普教整体改革的发展趋势以及整体改革的涵义和实验中的一些具体问题，交换了意见，进行了深入的探讨。

会议认为，随着教改的深入，人们逐渐认识到教育事业的落后和存在的弊端是多方面的，非单项、单科的改革所能消除的。单项、单科的改革虽为提高教育教学质量提供了许多成功的经验，但由于往往注重教育教学的个别方面和个别变量，因而不可避免地具有较大的局限性。几年来教改出现了一个共同的发展趋势，即从单项的单科的改革向整体改革发展。

代表们认为，整体改革就是用整体的思想对普教中、小、幼各阶段和构成学校教育的各种因素进行整体的综合的设计，以期达到整体的最优效果。目前，全国各地进行整体改革实验的学校还为数不多。其中有探索儿童智能早期开发的幼、小、中"一条龙"实验，如上海建青实验学校、黑龙江省青冈县实验学校；有探索中、小学教育规律，实行九年一贯制的北京景山学校和武汉实验学校；有探索学校教育教学体系和管理体制同步改革的实验，如东北师大附中、北京丰台十二中、上海华东师大二附中；更多的学校在探索某一学段学校教育诸因素的协调配合、共同育人的途径。

代表们欣喜地看到，不少进行整体改革实验的学校已取得较明显的成效。如上海师大教科所探索了中上智力水平的少年儿童学习潜力的开发，使儿童的智力得到充分的发展；沈阳一三四中是条件较差的普通学校，由于实施整体改革，教育教学取得显著成绩，跃居于全国先进学校行列。

代表们认为，教育改革首先是教育观念的更新。教育也要坚持开放、搞活。希望各级行政领导能制定相应的政策，保护和支持改革。也希望有更多的教育理论工作者和科研人员，能像上海青浦县教研室的顾泠沅同志那样，深入实际，开拓教育改革的道路。[10]（图 3-19）

文中特别提到，"全国各地进行整体改革实验的学校还为数不多。其中有探索儿童智能早期开发的幼、小、中'九年一贯制'教学实验，如上海市建青实验学校、黑龙江省青冈县实验学校"，上海市建青实验学校作为全国进行整体改革实验的学校，因为地处上海而备受关注。这次由中国教育学会召开的全国普通教育学校整体改革研讨会就是在上海举行的。

1989 年 11 月，国家教委副主任柳斌、上海市副市长谢丽娟等来校视察，并分别题词。柳斌的题词是："对每一个学生来说，品德、智力、体质全面发展；对所有学生来说，做到整体素质的提高，从这里看到了我们民族的希望。"谢丽娟题词为："继续探索，深入改革，努力教好每位学生。"[11]（图 3-20）

探讨普教整体改革的问题

由中国教育学会召开的全国普通教育学校整体改革研讨会，日前在上海举行。来自全国二十八个省市和地区的专家、学者和从事普教改革实验的教育工作者的代表，共一百多人出席了会议。代表们就普教整体改革的发展趋势以及整体改革的涵义和实验中的一些具体问题，交换了意见，进行了深入的探讨。

会议认为，随着教改的深入，人们逐渐认识到教育事业的落后和存在的弊端是多方面的，非单项、单科的改革所能消除的。单项、单科的改革虽为提高教育教学质量提供了许多成功的经验，但由于往往注重教育教学的个别方面和个别变量，因而不可避免地具有较大的局限性。几年来教改出现了一个共同的发展趋势，即从单项的单科的改革向整体改革发展。

代表们认为，整体改革是用整体的思想对普教中小、幼各阶段和构成学校教育的各种因素进行整体的综合的设计，以期达到整体的最优效果。目前，全国各地进行整体改革实验的学校还为数不多，有探索儿童智能早期开发的幼、小、中"一条龙"实验，如上海建青实验学校、黑龙江省青冈县实验学校；有探索中、小学教育规律，实行九年一贯制的北京景山学校和武汉实验学校；有探索学校教育教学体系和管理体制同步改革的实验，如东北师大附中、北京丰台十二中、上海华东师大二附中；更多的学校在探索某一学段学校教育诸因素的协调配合、共同育人的途径。

代表们欣喜地看到，不少进行整体改革实验的学校已取得较明显的成绩。如上海师大教科所探索了中上智力水平的少年儿童学习潜力的开发，使儿童的智力得到充分的发展，沈阳一三四中是条件较差的普通学校，由于实施整体改革，教育教学取得显著成绩，跃居于全国先进学校行列。

代表们认为，教育改革首先是教育观念的更新。教育也要坚持开放、搞活。希望各级行政领导能制定相应的政策，保护和支持改革。也希望有更多的教育理论工作者和科研人员，能象上海青浦县教研室的顾泠沅同志那样，深入实际，开拓教育改革的道路。

（中国教育学会秘书处编辑室）

教育研究动态

"国民音乐教育改革研讨会"在中山市举行

图 3-19　《探讨普教整体改革的问题》，《光明日报》1986 年 12 月 26 日，第 3 版

图 3-20　1989 年 11 月 8 日，时任国家教委副主任柳斌（左三）、上海市副市长谢丽娟（左二）等视察上海市建青实验学校

1993 年 6 月，市、区教育评估组专家对首轮实验班进行验收，确认不加选择、就近入学的学生，经过学校 9 年的培养，各项测试成绩达到重点中学水平，实验取得了重大成效，主要包括：1. "三段一体"学制是经济发达地区基础教育的办学模式。2. "七育并举"，促使学生个个成才。3. 重视发挥早期开发儿童学生的潜能。4. 让不同差异的学生都得到充分发展的机会。5. "就近入

图 3-21　1993 年 4 月 2 日，在建青实验学校召开上海市"素质教育"现场汇报会

学"不是提高教育质量的障碍。6.学校教育必须与社会教育、家庭教育沟通。7.整体改革、全面改革，等等。（图 3-21）

上海建青实验学校切实贯彻"确保基础、注重应用、提高素质、分流优化"的办学原则及"重视习惯、基础扎实、能力较强、爱好显著、品德优良"的培养目标，形成良好的校风、教风和学风。从 1987—1992 年，学校连续五次被评为市爱国卫生标兵单位。学校连续多次被上海市评选为上海市中学生行为规范示范学校。1992 年校手球队获上海市第 6 届中学生运动会手球比赛男子高中组冠军。学校还被评选为全国先进体育传统项目学校。（图 3-22、图 3-23）

作为建青中学的老教师，后又担任建青实验学校校长（1991—1994 年）的高平，曾回忆这一时期学校的办学情况，归纳了五个"抓"：

一、抓骨干队伍。充分发挥骨干教师的作用，让每个学科的带头人充实到教学第一线，严把教学质量关。在奖金待遇、分配制度上，向骨干教师倾斜。

二、抓素质教育。校园内，我们形象地概括，要听到几个"声"：读书声、欢笑声、唱歌声、喝彩声。

三、抓"直升班"。针对当时出现的生源问题，留不住优秀学生。我们采取措施，由初中向高中延伸，实行直通车。得到市区教育局领导支持。这一制度后来一直保持。

四、抓校园环境。包括校风、校纪、校貌。保持建青长期以来坚持的"好校风"、"好学风"。

图 3-22　建青实验学校被评为 1993 年度全国先进体育传统项目学校

图 3-23　1995 年 3 月 30 日，建青实验学校召开教育委员会成立大会

五、抓管理体制。幼、小、中一贯制，实行集中领导、统一指挥、分级管理。三个部主任（幼儿部、小学部、中学部），作为中层干部，享受副校级待遇，实行奖励制度改革。[12]

据统计，1984—1995 年间，学校陆续接待国内 20 多个省、市教育界同行，以及十多个国家、地区和联合国教科文组织专家的参观访问，获得一致好评，赢得社会的广泛赞誉。（图 3-24、图 3-25）

建青实验学校在不断探索，不断发展。此后，学校启动课程改革二期工程，以课程教材和教育教学改革为中心，积极推进素质教育科目化，促进学校教学研究和管理再上新台阶。

1997 年 5 月 30 日，上海市教育委员会给长宁区教育局一份批复《关于同意建青实验学校"九年一贯制"素质教育课题延伸研究的请示与批复》：

经研究，认为在建青实验学校"九年一贯制"素质教育模式试点实验取得成果的基础上，探索兼有升学预备教育和就业预备教育的高中办学模式改革，是有积极意义的。因此，同意建青实验学校进行"九年一贯制"素质教育课题的延伸研究（以下简称"延伸研究"），并提出以下意见：

图 3-24　上级视导组视导小学部欢迎仪式（摄于 1986 年）

图 3-25　1987 年夏季，日中农林水产交流会教育代表来学校参观，时任校长沈蔚萍、副校长高平与他们合影

1."延伸研究"的实验班对象，必须是原实验班的学生。"延伸研究"系免试升入高中学段的实验班学生接受跟踪实验。

2."延伸研究"实验班，应以积极探索升学预备教育和就业预备教育的办学模式，全面提高学生的整体素质，培养合格的普通高中毕业生为实验目标。

希望你局加强对"九年一贯制"素质教育课题的延伸研究工作的领导，并及时将建青实验学校"延伸研究"中的经验和问题告我委。[13]（图3-26）

该批复希望建青的实验教育改革继续深化。

建青的德育工作有很大突破。学校德育工作以爱国主义教育为主线，坚持基本观点教育和基础文明行为训练相结合，建立了以学生为主体的德育管理体系，形成了"自主管理、自主教育、自主发展"的"三自"特

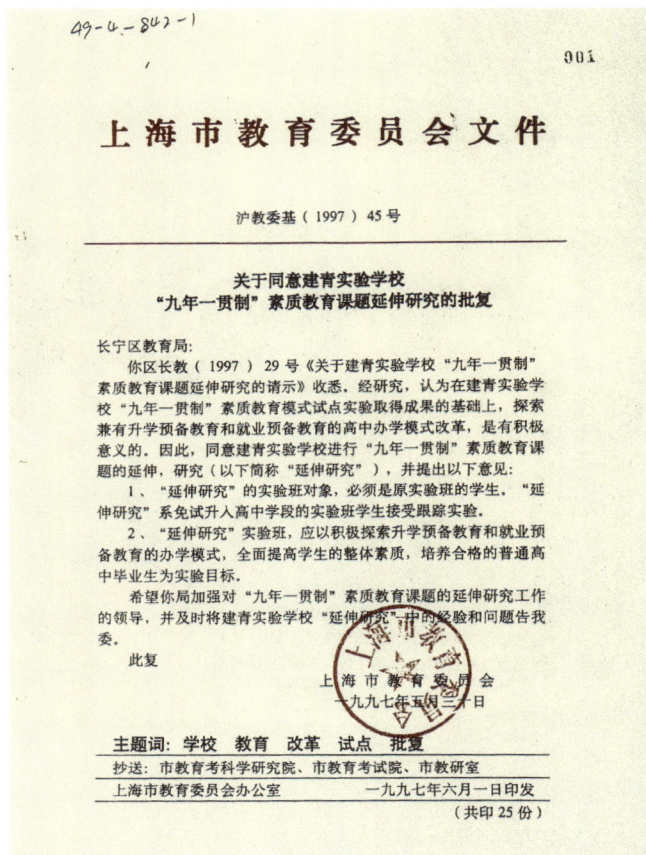

图3-26　上海市教育委员会《关于同意建青实验学校"九年一贯制"素质教育课题延伸研究的批复》，1997年5月30日

色和"全员参与、全过程渗透、全方位展开"的"三全"特点。（图3-27）1994年，建青实验学校获上海市德育先进集体称号。2000年，长宁区教育局下达《长宁区"三观"教育实施框架》，引导和培养学生树立正确的世界观、人生观和价值观。是年，上海市教委在建青实验学校举办"上海市学校德育工作巡访——长宁区'三观'教育现场交流会"。2005年，建青实验学校获上海市教育系统德育工作先进集体称号。（图3-28）

课程、教材改革方面继续进行。1993年起，建青实验学校与上海市第三女子中学等作为参加上海市第一期课程教材改革整体实验的学校进入第二轮试验。1996年，建青实验学校幼儿部实施新课程教材改革。1998年，建青实验学校幼儿部被上海市中小学课程教材改革委员会定为上海市幼儿园课程教材改革研究基地。2001年，长宁区建立建青实验学校小学外语教师培训基地。

在改革中，建青实验学校作为特色学校脱颖而出，在"三段一体"办学模式实验中，逐渐形成"统一领导、分部负责、全程管理、分权赋职"的管理体制，学校以"基础扎实、素质良好、能力较强、爱好显著"为目标，[14]以文化知识学科、社会实践课、选修活动课与风纪环境教育四大部分组成新的课程

图 3-27　与贫困山区孩子心连心

结构体系，完成编写一批特色教材，为学生创设一个以学校教育为中心的学校—家庭—社会一体化的开放型教育环境。通过实验，培养目标达到预期效果，小学阶段对未经挑选、就近入学的学生，仅用 5 年时间就完成小学 6 年的学习任务，对幼、小、初中自然过渡也进行了卓有成效的探索。建青实验学校在教育实验方面迈出坚实的步伐，积累了宝贵的办学经验。

沈蔚萍、高平发表了《整体改革、优化发展"中、小、幼"三段一体办学模式的实验与思考》的论文，上海各类报刊也相继登载了有

图 3-28　模范先进徐虎、公举东与校团员干部谈理想

关建青实验改革的成就。至 1995 年底全市九年一贯制学校已发展到 70 多所。1996 年 3 月，上海市教委在建青举办"九年一贯制素质教育办学模式现场会"，十多年来一直关心建青教改的时任市教委副主任张民生出席了会议。面对来自全市各区县教育局的领导和专家，钱南荣校长作了题为《坚持九年一贯，抓好素质教育》的报告，总结了建青十多年探索出的 5 条重要经验并向全市推广：1. 确立了面向全体学生，抓好全面发展，培养个性特长的办学宗旨；2. 形成了校长统管，幼、小、中三部分管的管理机制；3. 构建了幼、小、中滚动执教，三段一体的教师队伍；4. 编制了增强学科课程系统的衔接，增加选修课与活动课，减少必修课，减少学生过重的课业负担的"两增两减"课程教材计划；5. 实施了"科研领先"的办学方针。

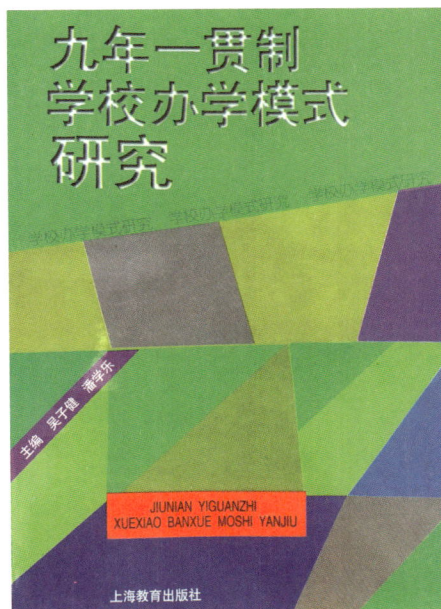

图 3-29　《九年一贯制学校办学模式研究》封面

　　学校作为参加上海市第一期课程教材改革整体实验的学校进入第二轮试验。1999 年，吴子健、潘学乐主编《九年一贯制学校办学模式研究》（图 3-29）获中国基础教育学制研究会论文一等奖，"九年一贯制"向高中延伸的课题研究也在实施之中。施志红老师作为上海市唯一代表参加全国首届中学英语优质课竞赛荣获特别奖。学校编撰《低幼英语》系列丛书，低幼英语的教改经验得到国内外专家、领导的肯定。（图 3-30、图 3-31）中国创造力学会创造教育专业委员会在建青实验学校举行"幼儿创造潜能发展研讨会暨实验基地揭牌仪式"，授予学校"创造教育实验基地"铜牌。在上海市二期课改中，学校幼儿、小学、中学部均被上海市课程教材改革委员会确立为研究

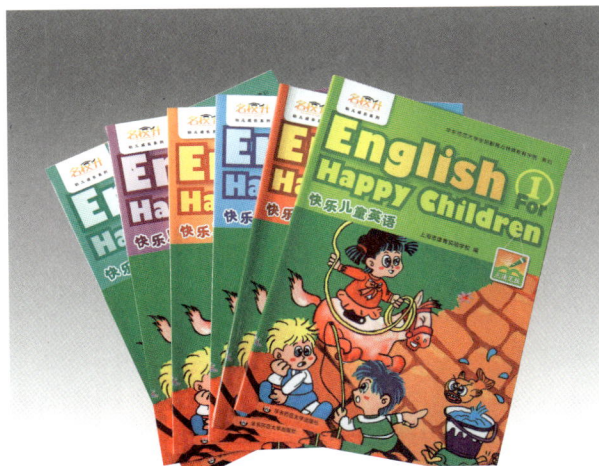

图 3-30　学校自编教材《快乐儿童英语》

图 3-31　小学一、二年级《快乐英语》校本教材

图 3-32　时任上海市教委副主任张民生（居中者）与学校师生共同探讨"二期课改"

基地。（图 3-32）1995 年起，学校多次被评为上海市教育科研工作先进集体。

1997 年，吴子健校长带领学校其他领导和幼、小、中三部科研骨干，结合当时国内素质教育新形势发展的需要和学校办学模式研究已有的成果，反复讨论，确立了学校两项实验改革市级课题《"九年一贯制"素质教育课题延伸研究》和《城市幼小中学生创造力培养序的研究》，一方面确立"高中延伸教育研究"子课题，于 1997 年 6 月组建了学校第一届延伸班；另一方面，以"尝试教育的研究"为子课题将幼儿园教育拓展到两岁半幼儿，经过多年尝试教育的探索和实践，幼儿部于 2011 年 11 月被评为"上海市示范性幼儿园"。

围绕课题《城市中小幼学生创造力培养序的研究》，充分发挥课改基地的示范作用，学校构建了 58 个课改类子课题，形成建校以来在重点攻关中的最大课改课题群。2001 年该课题成果在上海市第七届教育科研论文评比中荣获一等奖。之后，又开始了全国十五规划课题《一贯制学校探究性学习与教师指导行为的研究》的研究，编著出版《探究学习与教师行为改善》一书。2012 年，戴群、董辉、熊秋菊编著《十五年一贯制学校管理创新研究：以上海市建青实验学校为例》一书，由人民出版社出版。2016 年市级课题"一贯制学校提高学校传媒素养，发展语言能力的课程建设研究"结题。

此外，建青实验学校还承担了市教委委托管理改变农村薄弱学校教育的任务。2007 年 7 月起陆续与金山兴塔中学、松隐中学、吕巷中学、罗星幼儿园建立委托管理及城乡结合帮扶带教关系。经过多年的帮带，各项委托管理指标提高显著，如金山兴塔中学中考在区排名上升，2008 年 12 月 9 日《解放日报》头版头条作了报道。一直以来，建青秉着"荣誉与责任同行，辐射教育担重任，科学发展促均衡"，与各托管帮扶学校携手共促学校教育内涵的发展。（图 3-33）

图 3-33　兴塔中学支教老师

　　"建青人"在办学中一边实践，一边总结，建青的办学风格与特色日益显现。（图3–34、图3–35、图3–36）

图3-34　1999年1月31日，建青实验学校召开首届教科研工作研讨会

图3-35　建青实验学校编写、出版的有关书籍

图3-36　《十年探索》封面

2004 年 10 月，适逢建青实验学校 20 周年华诞，谈到建青 20 年的实验改革，吕型伟先生深有感触，下面是他就建青实验学校 20 年实验改革的谈话实录：

20 年前创办"一贯制"实验学校，也是我的创意，从建青开始，我在全国搞了一批实验学校，建青实验学校办学 20 年来，已经在上海、在全国都有了一定的知名度，这不是我在这里空口说，在中央电视台"科学与教育"频道创办初，要介绍全国几所他认为成功的有名的学校。在上海，他就选择了一所学校，建青实验学校。我问他们上海的名牌中学、历史悠久的学校很多，你们为什么只选择建青。他们认为，这所学校从全国来说是很值得介绍的，他们向我提了几个问题：

一、为什么要办这个学校？为什么要搞实验改革？

二、搞这个实验你不怕失败吗？因为从幼儿园到高中 15 年，学校和学生都没有选择的余地，假如不成功怎么办？你怎么能够保证它的质量？保证它一定成功？

我的回答是：在改革开放之后，中国的基础教育正在探索新的模式、走新的路，这就要搞实验，而不能一开始就在全国搞，应该选择少数学校进行试验，这是科学的态度。在这种情况下选择了建青。建青是一所老的学校，改成实验学校之后又变成一所新的学校，叫建青实验学校。搞科学实验是学校创办的宗旨，目的是要探索一种新的教育模式、新的课程、新的教材、新的管理、新的体制。所以建青进行的是比较全面的实验。

为什么要搞 15 年一贯呢？因为如果只进行幼儿园、小学或者初中、高中的一段，时间很短，很难说这个试验成功与否。从幼儿园到高中 15 年的时间，一个人的基础教育阶段是完整的，这样的改革实验才是有价值的。如果成功了，那就是基础教育成功了。

关于"质量"的问题，我回答他们："质量"就要看我们的工作。我认为"15 年一贯"比别的分段教学的学校有一个优势，这个优势就是多出一到两年的教育改革时间。因为一般学校为升学考试而要进行一段应试教育的时间，而实验学校可以一以贯之地进行教学实验改革，学生比别的学校多出一到两年时间进行新的知识学习和教育活动的开展，所以它的质量应该可以保证。因为它更加有利于开展课外活动、更加有利于搞学生自己的活动、更加有利于学生的自我发展。所以我认为只要踏踏实实地去搞教改，15 年一贯这种学制应该有比别的学校办得更好的保障。

这是我当时对中央电视台第十频道记者的回答。现在能不能说实验学校办成功了呢？实践是检验真理的唯一标准。建青 20 年的实践是可以回答这个问题的。据我的了解建青的教育质量从总体来说，从对人的素质培养来讲，建青培养的学生素质是不低的；就是从学校应试的角度来讲也是不低的，当然实验并没有结束。

关于质量的问题，我是这样看的：不能看一时的考试成绩。一所学校的教育质量高与低，只有一个标准，那就是它的成才率。就是学生到了社会以后是不是成才。我一直在了解和思考，全国哪些中学在历史上、在现在都是站得住的？据我的了解全国有一所学校是非常有名、非常优秀的，那就是天津的南开中学。南开中学是张伯苓老先生创办的。南开中学创办到现在，培养出了3个国务院总理，这还不算，据我的调查，还培养了70多个院士。他的成才率是没有一所学校可以比的。现在建青实验改革只有20年，她的成功还应该再看10年、20年，甚至更长，你的毕业生不管他考上还是考不上大学，能不能成才是关键。

图3-37 《创建"从3岁至18岁"的全新办学模式——访上海市建青实验学校校长吴子健》，《光明日报》2009年1月30日，第2版

建青实验改革20年，20年在中国的教育历史上是很短的，我觉得建青的教育科研、实验研究还要进行下去，还要不断的积累资料，要在教育理念上、教育模式上、教育体制上、教育课程改革上闯出新的经验、推出新的思路，为上海、为全国基础教育改革做出我们的贡献，这是我对建青的希望，我相信建青人不会辜负大家对她的厚望，把教育改革的实验继续推向深入。（图3-37）

建青实验学校不断总结办学经验，不断提升办学水平。

第三节　新校园建设：从虹桥路到古羊路

作为一所办学悠久的特色学校，"建青"几易校址。其前身南洋模范无线电学校早期校址在爱多亚路 1292 弄（今延安东路）均乐邨 7 号。辗转办学，陆续搬迁。后在华山路 1364 号组建私立南洋模范补习学校西校，1955 年改名私立建青初级中学。1964 年又迁至华山路 1448 号。1983 年学校迁入虹桥路 1161 弄 20 号。1984 年，将原建青中学与邻近的虹桥路第二小学、虹桥路第二幼儿园合并为"建青实验学校"，开始中、小、幼三段一体整体改革实验，校址不变。（图 3-38、图 3-39）

虹桥路时期的校园情况：中学部在学校西部，占地 11 300 平方米，有"E"字形教学大楼一幢，建筑面积约 5 185 平方米。除教室、电化教室外，还有微机房、演播室、语言实验室、视听室、图书馆、阅览室、资料室，以及物理、化学、生物实验室。小学部在学校东部，占地 3 330 平方米，有四层楼房一幢，建筑面积 763 平方米。幼儿部位于学校南部，占地 1 800 平方米，有三层楼房一幢，建筑面积约 1 138 平方米。[15]（图 3-40、图 3-41、图 3-42）

据 1987 年的统计，全校有 14 个年级，学生人数为 1 700 人，教职员工为 203 人，其中教师 124 人。[16] 在 1995 年的一份材料中记载：

> 目前学校幼、小、中三部共有学生 2 400 人，14 个年级，53 个班级。学校占地面积约 23.5 亩，其中中学部 16 亩，小学部 4.9 亩，幼儿部 2.6 亩，根据中小学建设标准（DBJ08-12-09）要求，一个 24 班的完全中学需要用地 25.95 亩，小学用地 18.5 亩，幼儿园用地 5.67 亩，合计 50.12 亩。而建青实验学校现有用地总计只有 23.5 亩，显然与市府规划用地指标相差甚远，形成建青实验学校生均建筑面积与生均活动场地不达标是一个突出问题，为此迫切要求解决。[17]（图 3-43）

有关部门经过调查，发现建青实验学校南首约有 4.5 亩土地属于上海市居住区开发中心带待征地，所以，长宁区教育局要求区里调拨过来，"扩大建青实验学校办学规模，使其成为一所更加完善的一流学校"[18]。1995 年 10 月 24 日，经区政府统筹协调，长宁区建设委员会签发《关于同意调拨 4.5 亩土地给长宁区教育局扩大建青实验学校用地的批复》。（图 3-44）

建青实验学校的办学条件不断得到改善，这些当年拍摄的一张张照片，成为建青师生虹桥路校区的"集体记忆"。（图 3-45、图 3-46、图 3-47、图 3-48、图 3-49、图 3-50、图 3-51、图 3-52、图 3-53、图 3-54）

图 3-38　建青实验学校教学楼（摄于 1986 年）

图 3-39　建青实验学校小学部内（摄于 1986 年）

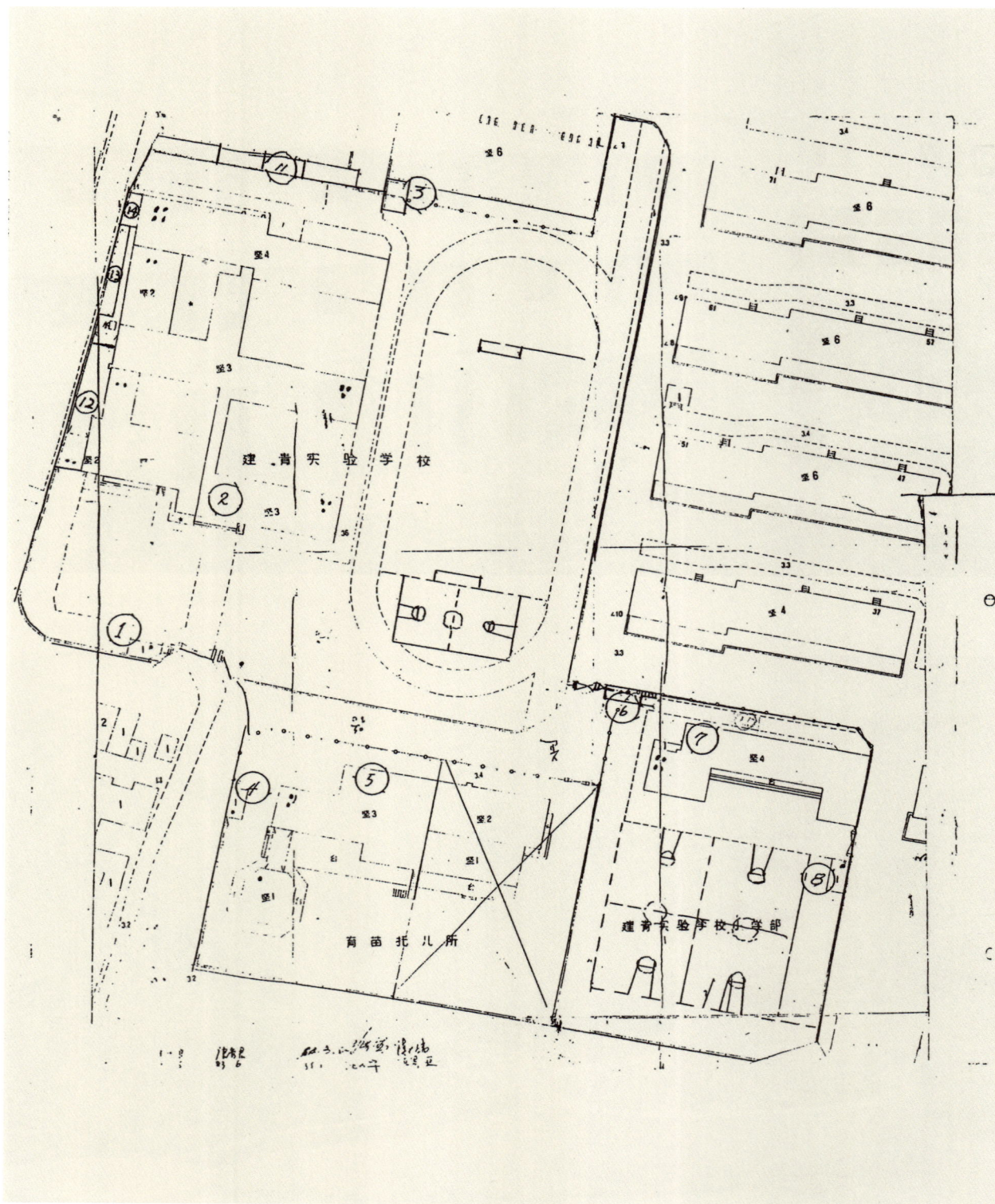

图 3-40　建青实验学校虹桥路校舍图纸，选自"上海市普教系统各单位房屋、场地情况表"（上海市建青实验学校），沪教（85）19 号表，上海市教育局，1985 年 12 月

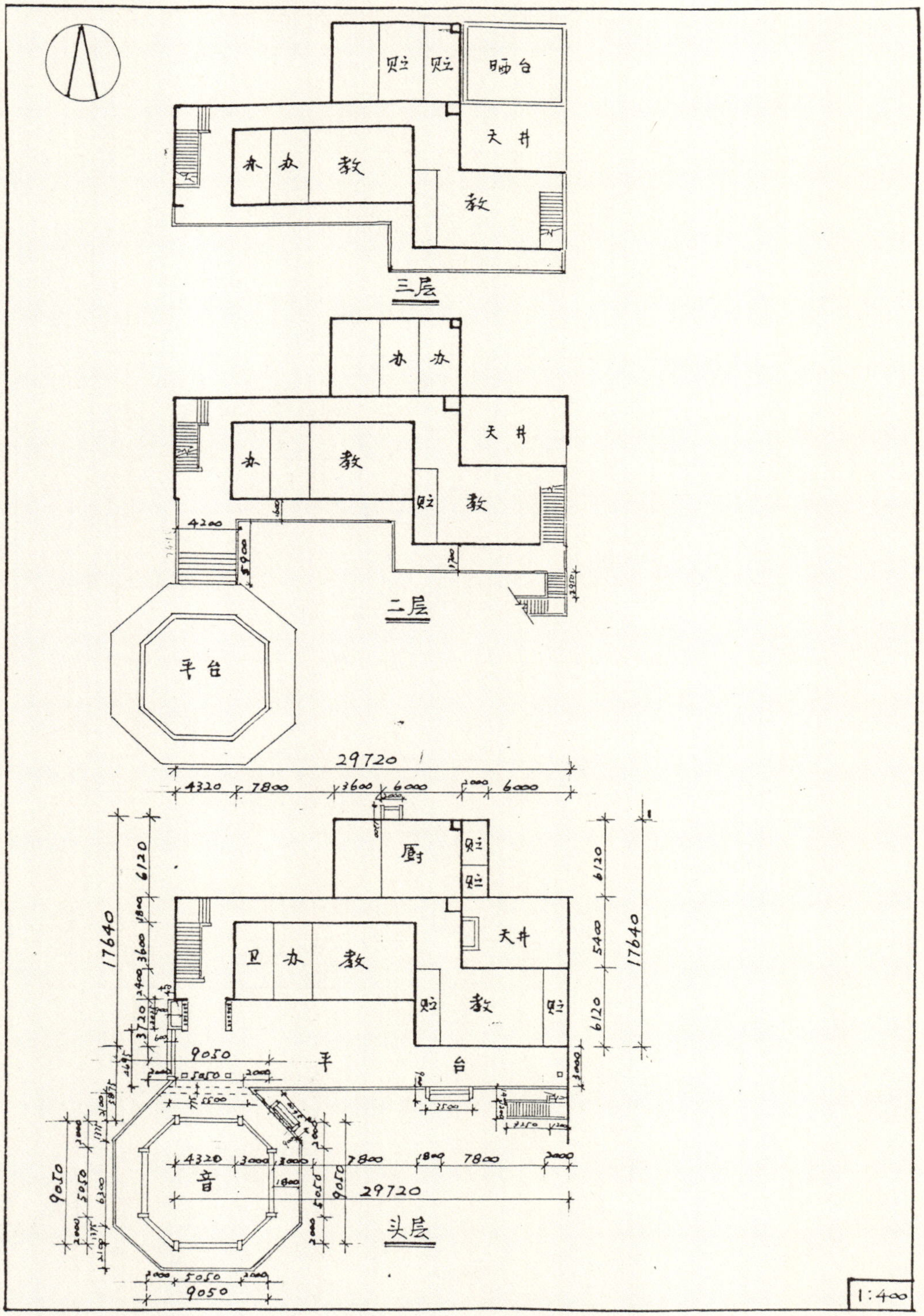

图 3-41　建青实验学校虹桥路幼儿部校舍图纸，选自"上海市普教系统各单位房屋、场地情况表"（上海市建青实验学校），沪教（85）19号表，上海市教育局，1985年12月

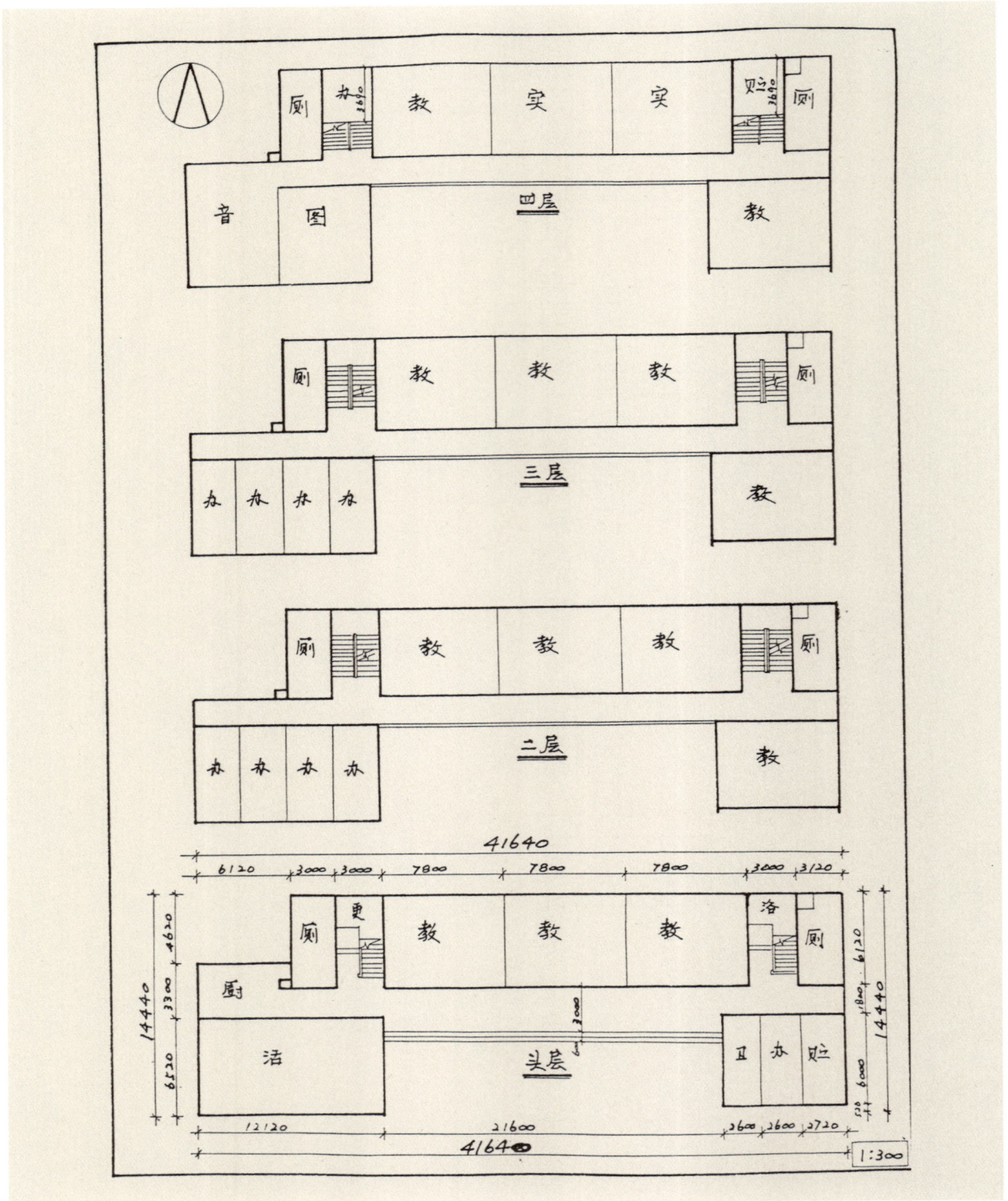

图 3-42　建青实验学校虹桥路中小学校舍资料，选自"上海市普教系统各单位房屋、场地情况表"（上海市建青实验学校），沪教（85）19 号表，上海市教育局，1985 年 12 月

910

上海市长宁区教育局文件

长教计(95)50号

关于要求调拨4.5亩土地给
长宁区教育局扩大建青学校教育用地的请示

长宁区人民政府：
　　上海市建青实验学校地处长宁区虹桥路1161弄20号，是一所幼、小、中"三段一体"的实验性重点学校。建校以来，学校进行了学制、课程、教材和教法的改革，是上海市幼、小、中"三段一体"整体改革的一个实验基地。近年来，学校接待了国内二十几个省、市教育界同行，以及十几个国家和联合国教科文组织专家的参观访问，受到了一致好评。
　　目前学校幼、小、中三部共有学生2400人，十四个年级，五十三个班级。学校占地面积约23.5亩，其中中学部16亩，幼儿部2.6亩，根据中小学建设标准(DBJ08-12-09)要求，一个24班的完全中学需用地25.95亩，小学用地18.5亩，幼儿园用地5.67亩，合计50.12亩。而建青实验学校现有可用地总计只有23.5亩。显然与市府规划用地指标相差甚远，形成建青实验学校生均建筑面积与生均活动场地不达标是一个突出问题，为此迫切要求给予解决。
　　现状条件是建青实验学校南首约4.5亩土地属上海市居住区开发中心带征地，希望调拨与我局，扩大建青实验学校办学规模，使其成为一所更加完善的一流学校，谨请领导批示。
　　附件：1:500地形图。

抄报：王慧敏副区长，冯保新副区长

一九九五年十月五日

49-4-573-17

917

建长教(95)教字 148 号

上海市长宁区建设委员会（　　）

长建委发(95)275号

关于同意调拨4.5亩土地给长宁区
教育局扩大建青实验学校用地的批复

长宁区教育局：
　　你局长教计(95)48号"关于要求调拨4.5亩土地给长宁区教育局扩大办学的申请"已收悉，经我委与规土局研究，原则同意将冯建青实验学校南首约4.5亩土地调拨你局。限于扩大建青实验学校教学用地，望切实做好原征地单位的前调工作，抓紧办理土地调拨手续。
　　特此批复。

抄送：为副区长、杨颖明区长助理
抄送：长宁区规土局

上海市长宁区建设委员会　　一九九五年十月二十四日印发

（共印10份）

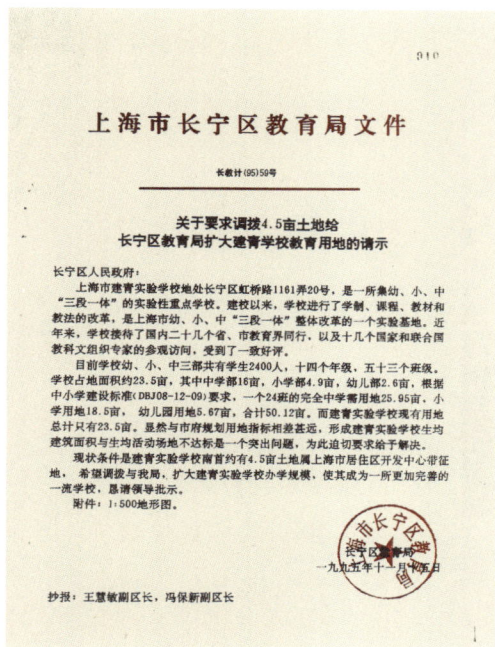

图 3-43　1995 年长宁区教育局致长宁区政府《关于要求调拨 4.5 亩土地给长宁区教育局扩大建青实验学校教育用地的请示》（左）

图 3-44　1995 年长宁区建设委员会签发《关于同意调拨 4.5 亩土地给长宁区教育局扩大建青实验学校教育用地的批复》（右）

图 3-45　上海市建青实验学校中学部校门，虹桥路 1161 弄 20 号（摄于 1999 年 5 月）

图 3-46　上海市建青实验学校中学部操场、E 字形教学楼，虹桥路 1161 弄 20 号（杨为人摄于 1999 年 5 月）

图 3-47　上海市建青实验学校小学部操场与教学楼，虹桥路 1115 弄 21 号（杨为人摄于 1999 年 5 月）

图 3-48　上海市建青实验学校幼儿部乐园、教学楼（杨为人摄于 1999 年）

图 3-49　上海市建青实验学校综合楼，1999 年 9 月启用（杨为人摄于 1999 年 9 月）

图 3-50　上海市建青实验学校图书馆（杨为人摄于 1999 年 9 月）

图 3-51　上海市建青实验学校教工食堂（摄于 1999 年 5 月）

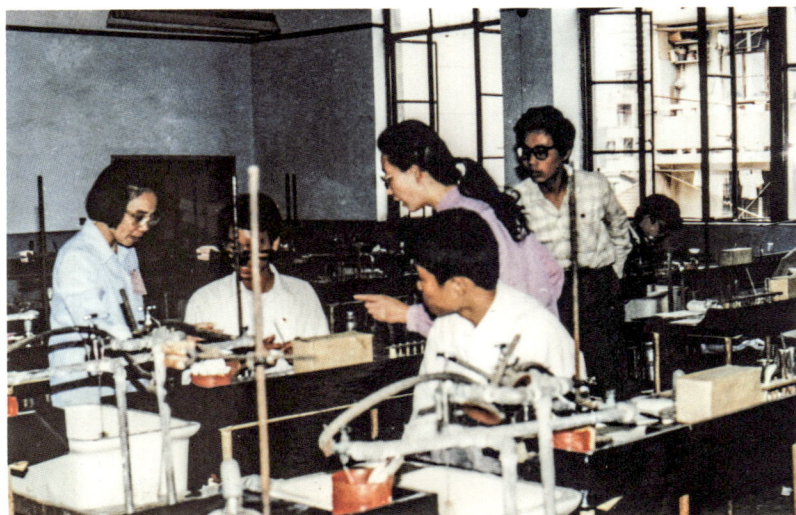

图 3-52　上海市建青实验学校化学实验室（摄于 1999 年 5 月）

图 3-53　上海市建青实验学校计算机房（摄于 1999 年 5 月）

图 3-54　上海市建青实验学校幼儿部八角亭（杨为人摄于 1999 年 5 月）

为了建设一所设施更加完善的建青实验学校，有关部门决定建设一个新校园。2004年8月11日，在古羊路900号举行了建青实验学校新校舍的开工仪式。新校舍位于虹桥古北经济开发区，作为古北开发二期的配套工程，将由幼儿园、教学楼、综合实验楼、室内体育馆、操场组成。（图3-55、图3-56、图3-57）

2005年5月18日上午8时，在古北新校区举行了综合楼搬迁仪式。7

图3-55 在建青实验学校开工典礼上，时任长宁区教育局局长的高平接受企业捐款

月，古羊路新校舍全面竣工。7月5日起，幼儿部、小学部、中学部从虹桥路1161号开始整体搬迁，至10日，搬迁工作结束。新校园占地面积48亩，总建筑面积28 381平方米。其时，在职教职工228人，学生总数2 800人，其中外籍学生130人，共有67个教学班。（图3-58、图3-59、图3-60）

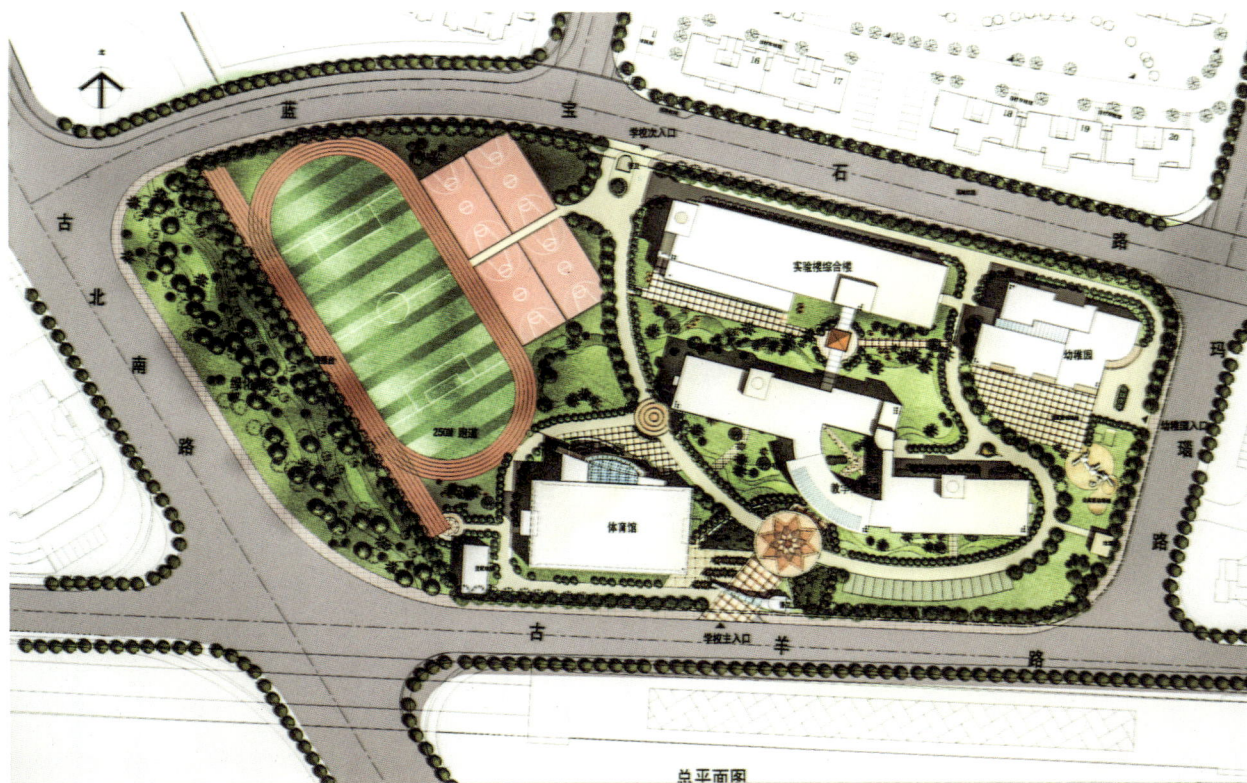

图3-56 上海市建青实验学校古羊路900号校园规划总图，2004年8月

图 3-57　上海市建青实验学校古羊路新校园效果图（教学楼），2004 年 8 月

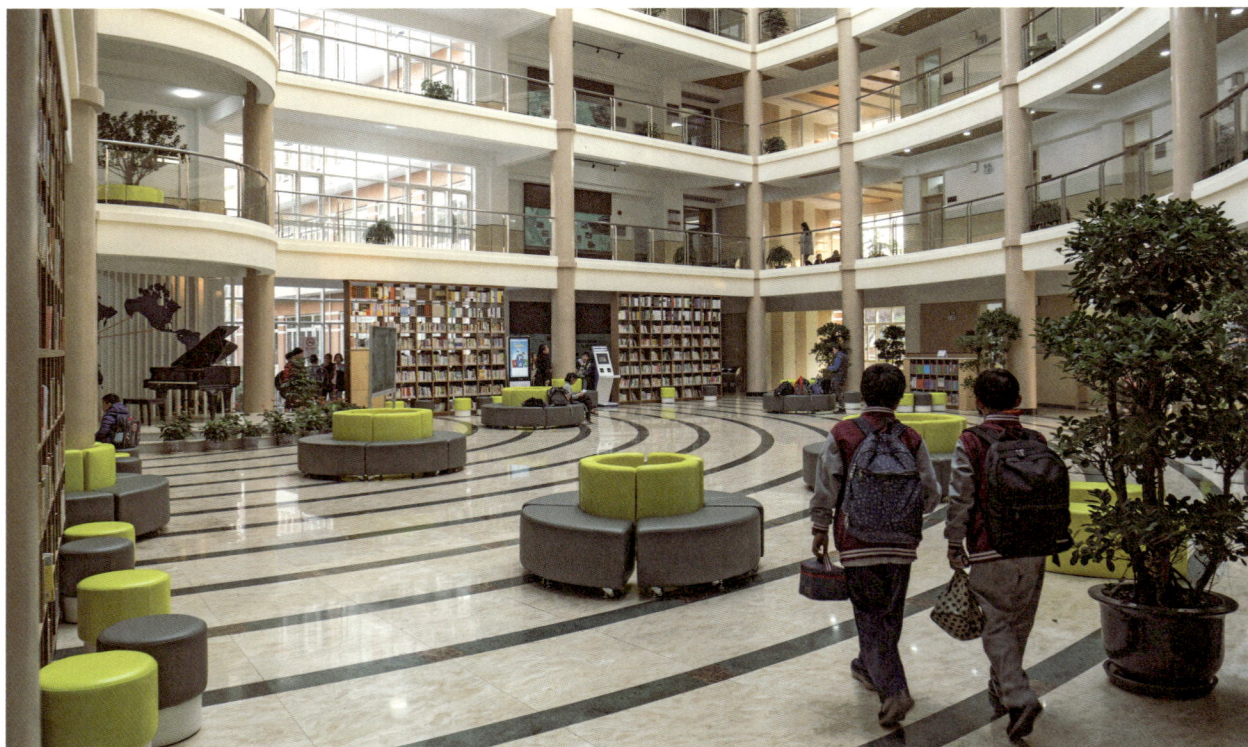

图 3-58　大厅

图 3-59　舞蹈排练厅

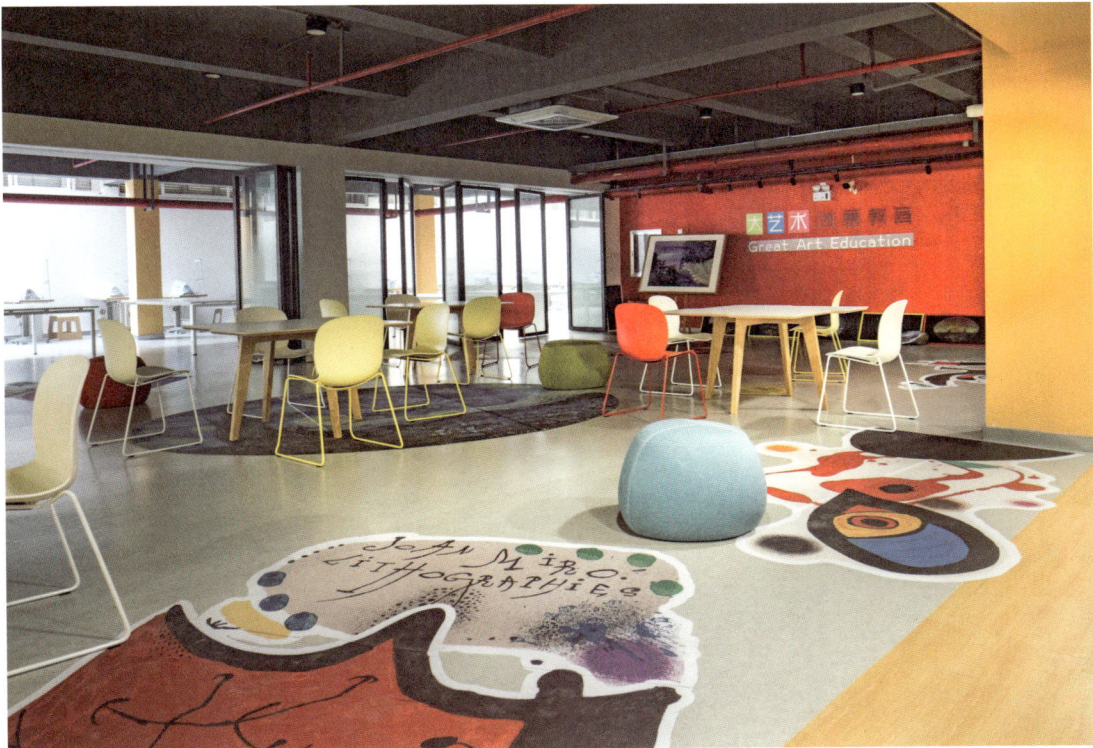

图 3-60　大艺术教室

古羊路新校舍，设施完善、位置优越、交通便利，校园内绿草如茵、花团锦簇、树木成荫，校园环境优美宜人，是一所充满书卷气的现代化学校。（图 3-61、图 3-62、图 3-63）

图 3-61　生物科学家谈家桢为建青实验学校题写校名

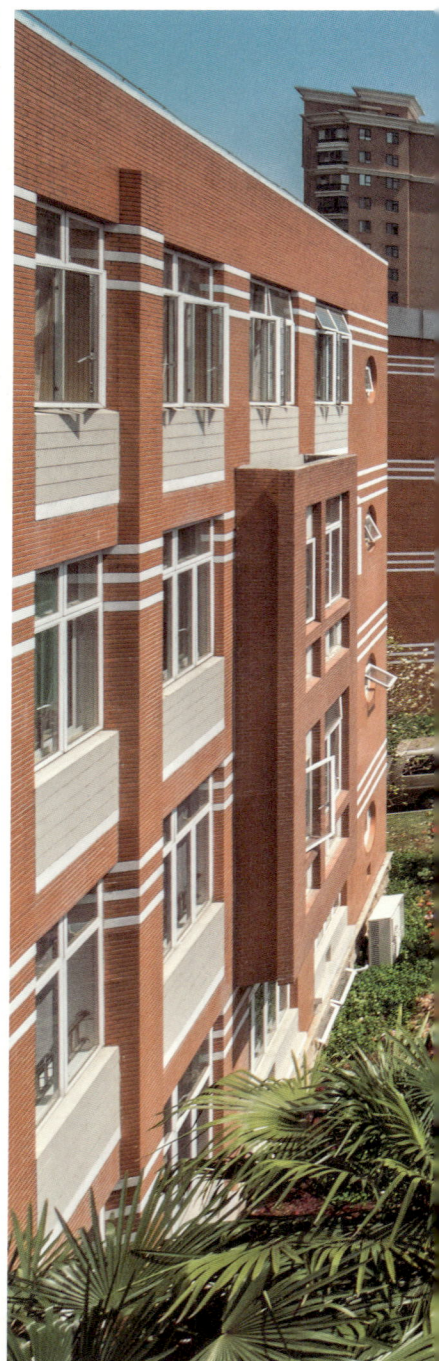

图 3-62　上海市建青实验学校校园，古羊路 900 号（摄于 2019 年 4 月 8 日）

图 3-63 校园景色（摄于2019年4月8日）

第四节　优质办学：示范性、特色化、国际化

上海市建青实验学校教学质量稳步上升，各项事业快速发展，赢得了社会的广泛赞誉。作为一所实验学校，建青的价值寓于探索性与实验性之中。在这一过程中，学校坚持优质办学，在师资队伍建设、校园文化发展、文脉传承与开放办学方面也富有成效。

1998 年至 2010 年间，建青实验学校校长吴子健曾总结这一时期学校的办学特色，其中谈到："我们学校有不少特色，体现在很多方面，如国际化、教学科研等。在教学科研方面，具体包括延伸班研究、学制研究、双语教学探讨、政治学科改革、理科教学、体育艺术特色（手球、管乐、舞蹈）。总体而言，办学可以归纳为：双向靠拢，有机衔接；减少坡度，自然过渡；共同管理，取长补短；因人而异，家校同步。中小学之间，初中与高中的顺利衔接同样至关重要。建青实验学校的做法是，中学部主任与小学部主任管理范畴各自延伸一个年级，共同参与五、六年级的领导，同时统一安排五、六年级师资，以适应学生的升级变化。"[19]

一、　重视师资队伍建设

学校拥有精良的师资队伍。要办好一所学校，师资是关键。经过多年的培育，学校逐渐拥有一支优质的师资队伍。截至 2019 年 5 月，全校有教职员工 236 人，专任教师 219 人，其中幼儿部 34 人，小学部 64 人，中学部 138 人。获得高级职称的 36 人。1993 年幼儿部卢碧滢被评为全国优秀教师。1998 年 12 月，秦璞老师被评为全国优秀教师。同年 12 月 18 日，上海市教育学会中学政治教学专业委员会召开了"秦璞老师思想政治课教学经验研讨会"及《名师经典（一）全国优秀教师秦璞》光盘首发仪式。2001 年 9 月，施志红老师被评为全国优秀教师。2006 年 4 月，施志红老师经上海市人民政府批准，被授予"2005 年度上海市特级教师"荣誉称号。2017 年陶晓阳老师拍摄上海市教卫工作党委、上海市教委与上海广播电视台联合推出的纪录片《师道》。2002 年吴子健校长被评为上海市特级校长；2018 年，潘敬芳校长被评为上海市特级校长。（图 3-64、图 3-65、图 3-66、图 3-67、图 3-68、图 3-69、图 3-70、图 3-71、图 3-72、图 3-73、图 3-74、图 3-75）

二、　丰富多彩的校园文化

建青实验学校一直在努力营造具有自己特色的校园文化。

手球，是建青实验学校引以为豪的传统运动项目。多年来，该校手球队享誉国内外，曾十多次参加全国中学生手球锦标赛保持前 3 名，并曾获得全国冠军，还多次代表中国国家少年队出访日本，参加中、日、韩青少年国际手球锦标赛。先后培养出一批国家一级运动员、二级运动员，并为上海手球队和高校高水平运动队输送了大量手球人才。（图 3-76）

图 3-64　全校教师合影（摄于 2019 年 5 月 24 日，建青实验学校提供）

图 3-65　学校校级领导合影。中为潘敬芳（校长），右二陈依群（党总支书记），左二童葆菁（副校长），右一万技伟（副校长），左一李春霞（工会主席）（摄于 2019 年 4 月 19 日，建青实验学校提供）

图 3-66　全体行政人员合影（摄于 2019 年 5 月 24 日，建青实验学校提供）

图 3-67　幼儿部教师集体照

图 3-68　小学部教师集体照

图 3-69　中学部教师集体照

图 3-70　服务保障部员工集体照

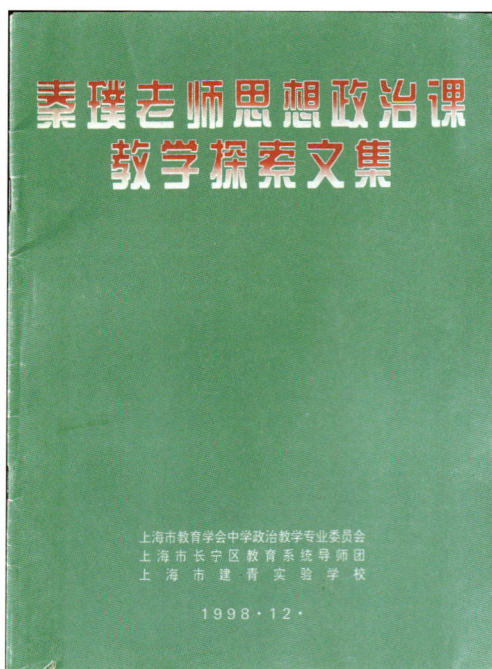

图 3-71 《秦璞老师思想政治课教学探索文集》，1998 年刊印

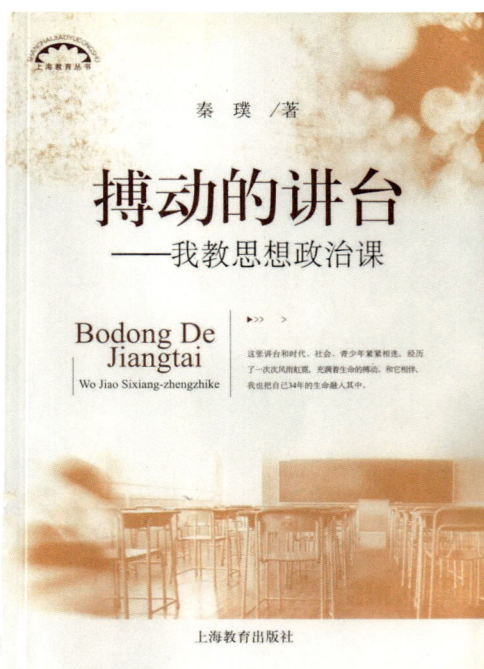

图 3-72 秦璞老师著作《搏动的讲台》

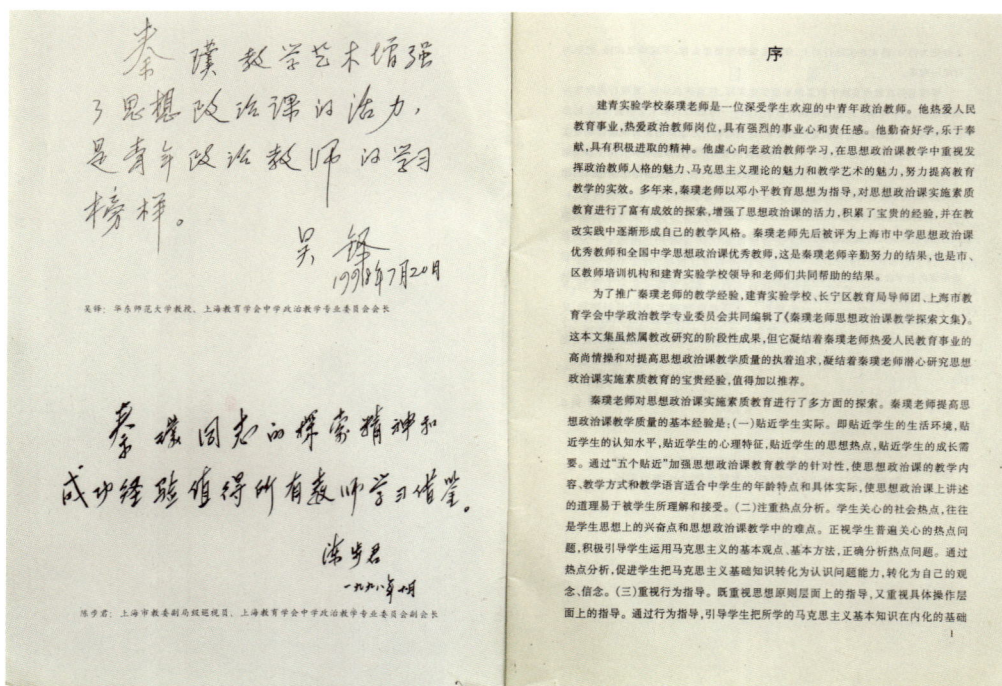

图 3-73 《秦璞老师思想政治课教学探索文集》（内页）

序

建青实验学校秦璞老师是一位深受学生欢迎的中青年政治教师。他热爱人民教育事业，热爱政治教师岗位，具有强烈的事业心和责任感。他勤奋好学，乐于奉献，具有积极进取的精神。他虚心向老政治教师学习，在思想政治课教学中重视发挥政治教师人格的魅力、马克思主义理论的魅力和教学艺术的魅力，努力提高教育教学的实效。多年来，秦璞老师以邓小平教育思想为指导，对思想政治课实施素质教育进行了富有成效的探索，增强了思想政治课的活力，积累了宝贵的经验，并在教改实践中逐渐形成自己的教学风格。秦璞老师先后被评为上海市中学思想政治课优秀教师和全国中学思想政治课优秀教师，这是秦璞老师辛勤努力的结果，也是市、区教师培训机构和建青实验学校领导和老师们共同帮助的结果。

为了推广秦璞老师的教学经验，建青实验学校、长宁区教育局导师团、上海市教育学会中学政治教学专业委员会共同编辑了《秦璞老师思想政治课教学探索文集》。这本文集虽然属教改研究的阶段性成果，但它凝结着秦璞老师热爱人民教育事业的高尚情操和对提高思想政治课教学质量的执著追求，凝结着秦璞老师潜心研究思想政治课实施素质教育的宝贵经验，值得加以推荐。

秦璞老师对思想政治课实施素质教育进行了多方面的探索。秦璞老师提高思想政治课教学质量的基本经验是：（一）贴近学生实际。即贴近学生的生活环境，贴近学生的认知水平，贴近学生的心理特征，贴近学生的思想热点，贴近学生的成长需要。通过"五个贴近"加强思想政治课教育教学的针对性，使思想政治课的教学内容、教学方式和教学语言适合中学生的年龄特点和具体实际，使思想政治课上讲述的道理易于被学生所理解和接受。（二）注重热点分析。学生关心的社会热点，往往是学生思想上的兴奋点和思想政治课教学中的难点。正视学生普遍关心的热点问题，积极引导学生运用马克思主义的基本观点、基本方法，正确分析热点问题。通过热点分析，促进学生把马克思主义基础知识转化为认识问题能力，转化为自己的观念、信念。（三）重视行为指导。既重视思想原则层面上的指导，又重视具体操作层面上的指导。通过行为指导，引导学生把所学的马克思主义基本知识在内化的基础

1

图 3-74　刘健、施志红著作《初中英语写作教学活动设计》

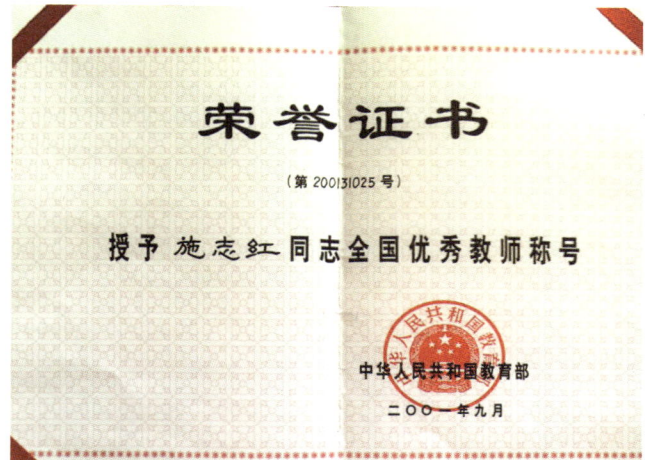

图 3-75　施志红老师被评为全国优秀教师

图 3-76　上海市建青实验学校手球队在训练（摄于 1991 年 7 月）

7金6银4铜，暂列第八位。

全国小学生手球锦标赛落幕

本报北京7月27日电 （记者陈晨曦）2017全国小学生手球锦标赛26日在江苏省金湖县落幕。这是金湖县继去年成功举办全国中小学生手球锦标赛后，再次获得这一赛事的承办权。

本届全国小学生手球锦标赛无论是规模、级别，还是参赛队伍、运动员数量上均创历届赛事之最，来自全国各地的75支代表队、近千名运动员参加了为期7天、280场比赛的角逐。最终，上海市建青实验学校队摘下男子甲组冠军，女子甲组第一名则由安徽省合肥市乐农新村小学队获得；男、女乙组冠军分别归属上海市静安区和田路小学队与北京市育才学校队。

图3-77 《人民日报》2017年7月28日第20版报道"上海市建青实验学校获得全国小学生手球锦标赛男子甲组冠军"

手球运动是建青的传统体育项目。1973年起至今已开展了47年，1996年高中男子手球队首次荣获全国中学生手球赛第一名。2001年在第一届全国小学生手球锦标赛中分获男女组冠军。在全国中学生手球锦标赛上，2007年我校男子高中手球队荣获冠军，2015年又获女子甲组和男子乙组冠军。2016年在上海市中学生运动会上，我校男子高中组、初中组分获第一名，女子高中组、初中组分获第二名，小学男子组获得第二名。2017年我校小学男子手球队又获全国小学生手球比赛冠军。（图3-77、图3-78）

手球队还担任了对外交流友好使者的任务。1999年8月，高中男子手球队代表中国中学生参加了在日本广岛举行的中日韩青少年交流竞赛会。2010年10月6日，建青女子手球队14名队员赴德国柏林，参加了第50届威尔娜—西林邦德纪念赛国际室内女子手球邀请赛。（图3-79）

图3-78 小运动员们获奖而归

图 3-79　国际手球联合会主席哈桑·穆斯塔法访问建青

　　手球运动在建青校园普及到每个班、每个学生。每年一届的"建青杯"手球赛是建青学生的狂欢节。（图 3-80）学校成为"上海市二线高水平运动队"试点学校。1999 年学校成为"奥运后备人才培养基地""北京 2008 奥林匹克教育示范学校"，为北京 2008 奥运会中国手球队输送运动员李和鑫。1984 年至今学校连续被国家教委、国家体委评为"全国优秀体育项目传统学校"。1992 年被评为上海市体育工作先进学校。近年来我校手球队培养了 8 名一级运动员，80 余名二级运动员，向上海市专业队输送了 1 名运动员，向高校高水平运动队输送近 20 名运动员。

　　除了加强传统体育项目外，学校体育工作贯彻"以学生为本，健康第一"的理念，切实落实"三课、两操、两活动"，确保学生每天锻炼一小时。每年上半年开展各类小型多样的运动竞赛，下半年开全校运动会。积极推进游泳、乒乓、足球等运动的普及开展。学生强身健体意识不断增强，运动水平不断提高。（图 3-81、图 3-82、图 3-83、图 3-84）

图 3-80　学校举行 2011 年"建青杯"手球联赛颁奖仪式（摄于 2011 年 5 月 23 日）

图 3-81　捷克总统泽曼、足球运动员内德维德与足球小运动员合影

图 3-82　1989 年 9 月 23 日，建青实验学校第六届运动会开幕式

图 3-83　2011 年 12 月 28 日，小学部同学们在拔河比赛

图 3-84　2008 年上海市学生运动会奖牌

健美操也是建青体育教学的一大特色。

自 1988 年起，我校的艺术体操在市中学生艺术体操比赛中崭露头角，连续数年获得骄人成绩。

建青的艺术教育也颇具特色。学校一直重视音乐、美术课堂教学，建立了涵盖中小学部的艺术教研组，开设多种选修活动课，采用多媒体教学手段，让所有学生都能受到良好的艺术教育，陶冶情操，提高素养。学校成立了美术、书法、篆刻、管乐、合唱、舞蹈、朗诵、小提琴等兴趣小组或艺术团，形成了从 2 岁半到 18 岁的学生艺术培养序列，在学生广泛参与的基础上组建了多支艺术表演队伍，在上海市级艺术大赛与重大庆典活动中均有不俗表现。（图 3-85、图 3-86）

建青实验学校始终把美育融入学校教育的全过程。多年来，依托幼、小、中三段一体的办学体制，形成了"低起点、高目标、一条龙"的美育工作格局。在幼儿教育中，运用多种艺术形式和教学手段，激发兴趣、开发智力、启蒙艺术表现能力。进入中小学阶段，积极开展丰富多彩的课外文艺活动，每学年的"班班有歌声"活动和艺术节活动将艺术教育普及到每一位学生。对学有兴趣、学有专长的学生，创造条件让他们参加各类文艺团体。学校还聘请了上海音乐学院、上海市少年宫、上海舞蹈学校、青少年业余学校等单位的教授、专家定期来校上课。（图 3-87）

图 3-85　1989 年建青艺术节，校合唱团，1989 年 5 月

图3-86 65周年校庆音乐会演出成功

图3-87 1998年5月29日，建青实验学校举办第十届艺术节，小学部学生在演唱

　　1994 年 12 月学校成立管乐团，由区教育局命名为长宁区学生艺术团管乐分团，成立第一年就荣获上海市学生乐队比赛管乐合奏二等奖。后陆续成立舞蹈团、合唱团等。校合唱队在历届市、区艺术节和布谷鸟合唱比赛中屡获一等奖。（图 3-88、图 3-89）

　　2006 年舞蹈团被命名为"上海市优秀非职业舞蹈团"。2017 年 5 月，上海市建青实验学校学生艺术团挂牌成立。学校的舞蹈团和管乐团均为长宁区重点学生艺术团，同时为上海市学生舞蹈联盟、上海市学生交响联盟成员单位。各艺术团下设 A 团、B 团、C 团和梯队若干，采用总团指导、分团训练的模式，发挥"一贯制"的学制优势，为学生搭建展示自我的平台，丰富艺术学习经历，目前学校艺术团已达到了 500 多人的规模。随着艺术中心实体的建成，全新配套的课程也已逐步开展，包括与东华大学合作的服装设计与制作课程、数码印花课程等；由上海音乐学院专家领衔的数字音频课程、数字媒体艺术课程等。2018 年 5 月，上海市建青实验学校学生艺术团挂牌成立，下设舞蹈、管乐、合唱分团；2018 年 9 月，结合 ARTIST 艺术课程开发的学校艺术中心建成。

　　关于校歌。1999 年，为了迎接建青建校 60 周年，学校专门邀请词作家贾立夫撰写校歌《孕育明天，孕育希望》：

图 3-88　60 周年校庆管乐音乐会

图 3-89　舞蹈队访日演出

我们的校园一片阳光，求知的航船乘风破浪，勇于进取，实践创新，幼小中实验凯歌唱响，面向未来，挑起民族的重任，勤奋求实，谱写壮丽的篇章。

我们的校园桃李芬芳，一代代新人苗壮成长，培养能力，发展特长，为祖国输送未来的栋梁，面向世界，实现腾飞的理想，探索创新，再创时代的辉煌。

建青啊建青，孕育明天，建青啊建青，孕育希望。建青啊建青，孕育明天，啊建青啊建青，孕育希望，孕育希望，孕育希望，孕育希望。

校歌由曲作家陆建华谱曲，旋律配词充满朝气，充满自信。

1999 年 10 月 8 日，在上海音乐厅举行"上海市建青中学六十周年暨上海市建青实验学校十五周年校庆"管乐专场音乐会。

1999 年 10 月 17 日，在上海美琪大戏院举行"上海市建青中学六十周年暨上海市建青实验学校十五周年"校庆艺术教育成果汇报演出，集中展示建青实验学校幼小中各学段的舞蹈、合唱、管乐等艺术。校歌在建青校园，在美琪大戏院唱响。往后多年，建青每年的校园班班唱、建青歌会等活动，校歌都成为必唱歌曲。

图 3-90　上海市建青实验学校校徽

学校也有自己的校徽。校徽标志整体设计：以盾牌为造型，隐含骑士风范，代表积极进取。下方以彩带托住盾牌，代表荣誉。盾牌整个部分有放射性线条似光芒般，隐含建青实验学校师生以及所有教务人员阳光向上的学习生活态度。两者作为外边框相结合，体现学校国际多元化，盾牌与彩带也隐含建青实验学校是一所可靠放心的学校。（图 3-90）

校徽标志的涵义释读：盾牌中间圆形部分设计，将缩写 JQ 放置为中心醒目突出位置，JQ 周围以学校英文环形包围，下方中间 1939 点出创建时间。圆形外部周围各有 4 组圆形叶子，代表建青实验学校 15 年一贯制由幼儿部、小学部、初中部、高中部 4 个部分组成，每组叶子分有 2 片，代表师生关系紧密相连。

科技教育也是建青实验学校的一项特色。学校幼、小、中一体化的科技教育探索和实践取得可喜的成绩，利用"一贯制"的优势互补，根据各学部特色相互延伸，培养学生探索科技奥秘的兴趣，促进学生创造思维的形成，提高学生创新才干。从 1999 年起，学校多次被评为上海市科技教育特色学校。（图 3-91）

各部开设不同的科技课程与活动小组 40 余个。幼儿部有科幻画、七巧板、小淘气玩科学等，2009 年我校被评为上海市学前科普教育实验基地；小学部在航模、线控机器人、创造发明、无线电测向等比赛中获得许多奖项，并于 2007 年被评为上海市航空模型活动特色学校；中学部除继续在市、区科技节传统项目中获奖外，在网页制作、Flash 动画、线控机器人、电脑绘画、科技知识、电子实验器竞赛等项目中也有所突破。（图 3-92、图 3-93、图 3-94）

近几年来，随着互联网＋、大数据、人工智能的高速发展，学校结合幼儿部 JQ-Try、小学部 JQ-Map、中学部 JQ-Win 的课程建设，开设了多门科技类课程，供学生自主选择，如科学小镇、Python 编程、创新思维、机器人、数字音频、数媒、生活中的化学、航模、车模、科普英语、计算思维、科创等，并在各级各类竞赛中获得多项荣誉。如2018 年获得第 33 届英特尔上海市青少年科技创新大赛一等奖 4 项，二等奖 6 项，三等奖 1 项，专项奖 1 项；第 39 届世界头脑奥林匹克创新大赛（OM）全国赛获得二等奖等；2019 年获得第 34 届英特尔上海市青少年科技创新大赛一等奖 2 项，二等奖 2 项，三等奖 1 项，专项奖 3 项；第 40 届世界头脑奥林匹克创新大赛（OM）全国赛获得二等奖等。

图 3-91　学校召开科技教育研讨会

图 3-92　学校科技节主题活动（摄于 2001 年 4 月）

图 3-93　预备年级船模比试（摄于 2002 年 10 月）

图 3-94　2001 年 4 月，学校聘请动植物专家担任校外辅导员

学校还创办了不少刊物，1999 年起建青就创办了由著名书画家程十发老先生题写报头、由学生自己编辑的、面向 3 岁到 18 岁学生的《建青报》以及初中少先队队刊《橙色呼吸》，校学生会还编辑了反映建青社团文化的专刊《青鸟》。1992 年 9 月校教育科研报《建青实验信息》创刊。（图 3-95、图 3-96、图 3-97、图 3-98）

图 3-95 《建青报》

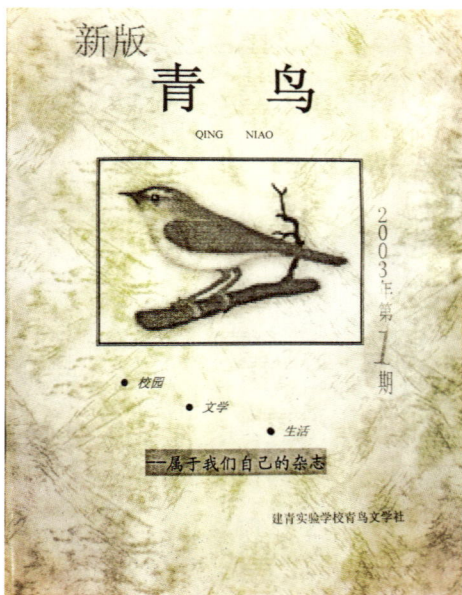

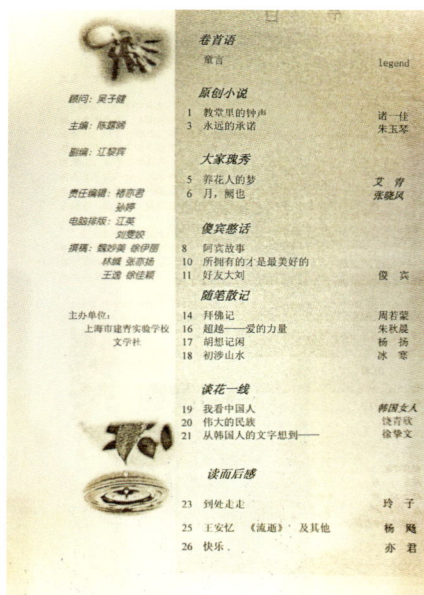

图 3-96 《青鸟》刊物（左）
图 3-97 《青鸟》目录（右）

图 3-98 《建青实验信息》

　　《建青报》作为全市第一份由学生自己主办、反映 3 岁到 18 岁学生生活，具有一定影响力的报纸，迄今已出版了 120 期，今年将迎来 30 周岁的生日。

　　作为学校重要的思想舆论宣传阵地，校报是联系广大师生、家校共育中的桥梁和纽带，是校内外交流与传播信息的主要媒介。

　　自 1999 年 12 月 15 日创办以来，《建青报》本着以服务广大师生为根本宗旨，关注学生的健康成长，坚持以科学的理论武装人、以正确的舆论引导人、以高尚的精神塑造人、以优秀的作品鼓舞人，成为师生家长共同喜爱的报纸。

　　校报的小记者们通过参加《新闻观察与写作》拓展课和校报记者团的培训，校外的采访实践，不仅开拓了新媒体视野下的新闻观察能力，还学会了选题策划、自主采访、编辑排版等业务能力，全面提升了综合的新闻传媒素养。

　　校报先后培养了一批凝聚力强、有新闻视野、善表达能写作的中学生记者队伍。如今，这些曾经的小记者有的考上了沪上名校，有的出国深造。

　　在校园文化建设方面，建青实验学校秉承办学传统，积极开展学生社团活动，提倡学生自主活动，鼓励学生自主建立社团，以年级为单位组织，每学期始，老社团招募社团成员，学生可自主组建社团。（图 3-99、图 3-100、图 3-101、图 3-102、图 3-103、图 3-104）上海市建青实验学校已有的学生社团如下，见表 3-1：

表 3-1　1999 年以来建青实验学校学生社团一览表

社名	创办人 / 指导老师	社员范围	活动地点	成立时间	创办时人数
《建青报》记者团	沈瑞 / 尹雪静 / 吴珍	中学部	建青报社	1999.12	38
辩论社	孟鸿 / 孙丁 / 熊剑锋	高中部	团队活动室	2000.3	15
青鸟文学社	沈瑞	中学部	不定	2000.8	18
篮球社	学生 / 陈晓波	中学部	篮球场	2000.9	31
足球社	学生 / 于勇	中学部	操场	2000.9	21
摄影社	学生	中学部	班级 / 室外	2000.9	9
环保社	余陈虎	中学部	不定	2000.12	10
影视沙龙社	学生	中学部	剧场	2001.9	18
舞台剧社	学生	中学部	剧场	2001.9	23
建青论坛	学生	中学部	教室	2001.9	15
棋友社	学生	中学部	教室	2001.9	19
韵律操社	学生	中学部	操场	2001.9	28
跆拳道社	学生	中学部	操场	2001.9	10
乒乓社	学生	中学部	体育馆	2001.9	35
英语社	学生	中学部	教室	2001.9	32
化学社	学生	中学部	化学实验室	2001.9	16
橙色阳光杂志社	颜洁	中学部	团队活动室	2003.12	15
广播社	孙丁	高中部	广播室	2004.4	8
羽毛球社	学生 / 张庆华	中学部	手球馆 / 羽毛球场	2004.9	18
DIY 手工社	学生	中学部	班级	2004.9	21
五子棋社	学生	中学部	班级	2004.10	15
COSPLAY 社	学生	中学部	团队活动室	2004.11	22
戏剧社	学生	中学部	剧场	2004.12	21
建青电视台	任先明	中学部	演播室	2005.3	8
馨心苑心理社	尚丽娟	中学部	心理中心	2005.9	15
思研社	任先明	高中部	计算机教室	2008.3	11
青峰文学社	徐繁荣	中学部	团委办公室	2009.9	6
钢琴社	郭洁纯	初中部	大厅	2009.9	6

续　表

社名	创办人 / 指导老师	社员范围	活动地点	成立时间	创办时人数
@星文社	尹雪静	初中部	语文教研组	2009.9	10
二次元漫画社	杨为人	中学部	美术教室	2011.9	14
布艺社	潘丽娃	高中部	美术教室	2012.9	9
编织社	马燕英	高中部	高一教室	2012.9	16
音乐社	许一飞	中学部	音乐教室	2012.12	10
DI 创新思维训练	杨兆环	高一	DI 实验室	2015.9	13
新月社	学生	中学部	音乐教室	2016.9	15
鸣乔诗社	黎雯越	全校	社团活动室 / 音乐教室 / 剧场	2016.9	192
动漫社	学生	中学部	地下空间	2016.11	30
JA 学生公司	马骎骎	高一	演播室	2017.9	19
大艺术社	陈苏旸	中学部	时尚创意中心	2018.9	20
创意写作社	黄子轩	高一	高一教室	2018.9	18
古诗文社	倪文韬	中学部	高一教室	2018.9	15
JQ 环保社	黎雯越	全校	不定	2018.12	51

资料来源：上海市建青实验学校提供，截至 2019 年 3 月。

图 3-99　《建青报》记者团的小记者采访上海市教委原副主任尹后庆

图 3-100　2016 年 11 月,《建青报》小记者在学校采访上海市教委副主任贾炜

图 3-101　摄影社活动

图 3-102　学生"交换吧"活动

图3-103　团委、学生会办的《建青社团》刊物

图3-104　建青学生社团（部分）微标志

三、文脉传承

上海市建青实验学校具有独特的文脉传承，其中一个重要的表现就是学校注重与校友的联系、重视利用校友资源。

学校自创建以来，迄今整整80年，培养出众多校友。他们活跃于政界、商界、科技、教育、文学、艺术、体育各个领域和行业，足迹遍布海内外。

"建青"校友利用不同途径，通过多种方式来表达对母校的热爱之心、感恩之情。有的校友尽管毕业多年，远在外地，每逢母校举行校庆活动，总是千方百计来到母校，与师长、同学相聚，共叙友情。有的校友始终关心母校建设，为母校发展积极献计献策。饮水思源，难忘母校。

这里，对1994年以来的校庆活动做一些介绍：

1994年9月24日，举行上海市建青实验学校成立10周年暨原建青中学建校55周年校庆活动。高平校长作《五十五年奋进和十年探索》校庆祝辞。（图3-105）

1999年10月16日，举行上海市建青中学60周年暨上海市建青实验学校15周年校庆典礼。（图3-106）

图 3-105　1994 年 9 月 24 日，建青实验学校举行建青实验学校成立十周年暨建青中学建校五十五周年庆典仪式

图 3-106　上海市建青中学六十周年暨建青实验学校十五周年校庆典礼（杨为人摄于 1999 年 10 月 16 日）

　　10 月 17 日，在上海美琪大戏院举行"上海市建青中学六十周年暨上海市建青实验学校十五周年"校庆艺术教育成果汇报演出。在筹备和举行此次学校大庆的过程中，学校完成论著《九年一贯制学校办学模式研究》、教材《低幼英语》、电视纪录片《我们的摇篮》与《建青誌》纪念册，并建立校史陈列室。（图 3-107）

　　2004 年 10 月 16 日上午，在学校小剧场举行了建青中学 65 周年暨建青实验学校 20 周年的校庆庆典活动。会上，教育家吕型伟等致辞祝贺。下午，在上海大剧院中剧场举行音乐会"多彩的旋律"专场演出。刊印《滋蘭树蕙》纪念册。（图 3-108）值得一提的是，在这一年的早些时候，9 月 1 日开学典礼上，红蜻蜓集团董事长钱金波为 65 周年校庆捐赠 20 万元。

　　2009 年 11 月 15 日，在学校 D 楼 4 楼剧场举行建青中学建校 70 周年暨建青实验学校建校 25 周年庆典活动。12 月 12 日，在上海大剧院举行"光荣与展望"校庆文艺汇报演出。刊印《建树教改先锋》纪念册。（图 3-109）

　　2014 年 10 月 18 日，在学校剧场举行建青中学成立 75 周年暨建青实验学校成立 30 周年庆典活动。围绕校庆，举办包括师生论坛、校友论坛在内的系列活动。期间，还举行了校友演出。刊印《实验　创新　发展》纪念册。（图 3-110）

　　在校庆 75 周年前夕，由部分热心校友组成校庆筹备小组，并在此基础上成立首届"建青实验学校校友会"，简称建青校友会。建青校友会宗旨：以校会友，以友传校，弘扬建青精神，传承优良传统。

　　第一届校友会会长为陈国宏，副会长：居佩芬、孙蒙生、邵鸣、朱琴芬、臧宏鸣、袁鹰、顾洪辉、杨杰，丁雨育任秘书长。校友会下设四个工作委员会以及一个专业委员会，分别为：

图 3-107　《建青志》纪念册（1999 年刊印）

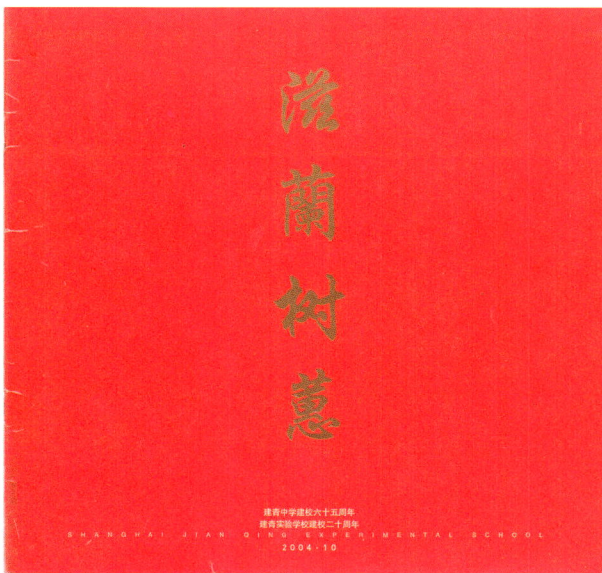

图 3-108　《滋兰树蕙》纪念册（2004 年刊印）

图 3-109 《建树教改先锋》纪念册（2009 年刊印）

图 3-110 《实验　创新　发展》纪念册（2014 年刊印）

1970 年代工作委员会	徐小牧	王建忠
1980 年代工作委员会	郭梅君	孙慰良
1990 年代工作委员会	潘　洁	
2000 年代工作委员会	何　倞	
手球专业委员会	张泽波	

第二届校友会会长为邹小雷，副会长和秘书长同第一届，增选石文欣为副秘书长。

建青校友会自成立以来，积极开展活动，做到"以校会友，以友传校"，为母校发展献计献策。

为迎接建校 80 周年，学校领导几经筹划，并多次与校友们商谈如何做好校庆工作。（图 3-111、图 3-112、图 3-113）

2018 年底，学校与专业团队合作，成立校史研究小组。在上海社会科学院马学强研究员主持下，课题组成员从海内外搜集与整理了一批原始文献档案，对学校校史进行系统梳理，深入挖掘，并从千余幅图片中精选 300 多幅，采取以图带文、以文释图的方式，撰写了学校图志，该图志由潘敬芳、马学强主编，陈依群执行主编，由上海社会科学院出版社正式出版。校史是对一所学校发展历程的真实记录，是校园文化建设的重要内容。出版一部系统、完整、准确的校史研究著作，有助于真实反映学校的办学特色，丰富学校的文化内涵，对提升学校的办学水平和扩大社会影响力具有十分重要的意义。

2019 年 1 月 6 日《文汇报》刊登上海市建青实验学校 80 周年校庆公告，学校向各位校友发出邀请，诚邀海内外各界人士于校庆日前来出席建校 80 周年庆典仪式。（图 3-114）

图 3-111　校友会代表在上海市建青实验学校 80 周年校庆工作组筹备会议上发言（摄于 2019 年 1 月 19 日）

图 3-112　校友与在校学生共话建青

图 3-113　建青校友会换届大会

文汇报

图3-114 《文汇报》2019年1月6日，刊登建青建校80周年校庆公告

四、开放办学

自1978年实行改革开放以来，整个中国的社会面貌发生了巨大变化。如何办学，如何改革？为适应改革开放形势的需要，中国开始全面改革中小学教育。1983年9月9日，邓小平为北京景山学校题词，提出了"三个面向"："教育要面向现代化，面向世界，面向未来。"此为新时期教育改革指明了方向。普通教育如何面向世界，实现办学国际化？从建青中学到建青实验学校，师生们也一直在探索，学校利用各种资源，拓展国际交流途径，学校的外事活动逐渐增多。

自校址迁到虹桥路，尤其是建青实验学校成立以来，学校更是利用自己独特的地理位置优势，扩大对外交流活动。为了使学校教育更好地为社会主义建设服务，加快教育改革的步伐，进一步提高英语教学质量，自1989年9月以来，经国家教委国际交流协会安排，学校以半年为1期，先后聘请7期美籍退休教师来校开展英语口语课的教学工作，培训教师，每期聘请1—2人。通过上课和与外籍教师的交谈，师生们得到了充分锻炼，有利于提高英语听力和理解力，提高师生学习英语的兴趣。1984年以来，学校曾接待了联合国教科文组织代表团、约旦国政府代表团、亚太地区各国教育代表团、美国、英国、日本的师生共31批360人次来访。（图3-115、图3-116、图3-117）

1989年，建青实验学校成为上海市第一批接受国家教委国际交流项目的学校，美国华盛顿州退休教师福格森夫妇来校进行教学交流，他们在校工作半年，学校为他们改建了宿舍，配备了外语教师协助他们工作。以后每半年轮换两位外籍教师，这个项目延续了6年。

图 3-115　1988 年 12 月 12 日，英国 Swedon Guamdius Skoland 由上海市体委官员陪同来校交流体育教育问题

图 3-116　1989 年 4 月 10 日，日本琦玉县日中友好浦和市民议会代表团来访，前排左三为代表团团长木神多嘉子

图 3-117 1989—1994 年，先后有多批外籍教师前来建青实验学校任教

　　时任党总支副书记的潘学乐回忆道："1989 年，中国教育国际交流协会的项目之一——美国华盛顿州一批退休教师来我国进行教育交流半年。'建青'作为上海市普教系统唯一的一所学校先行实施这个项目。其中，大学退休教师 Ferguson 先生被安排到上海我们这所实验学校。听到这信息，我们既兴奋又紧张，如何做好国际教育交流？如何接待好外宾？校领导根据协会要求果断地将三楼三间办公室改建成'两室一厅'的外宾套房。九月上旬，Ferguson 夫妇来到我校，一进入外宾房时，他们脸上的笑容就像房内摆放的花儿那样灿烂。是后勤部门老师的智慧和努力，巧妙设计安排布置的，我们都满意地笑了。作为外事工作组长，我和英语组（中小学部）老师商议如何开展国际教育交流，我们的共识是：要发扬勤奋好学、努力进取精神，要边学边做边提高，要乐于奉献：外教夫妇第一次来上海，人生地不熟，我们应尽力帮助他们了解我们学校、周边地区和上海的一切。于是，每天，两位英语教师放弃课后休息时间，安排好家务，不讲条件和报酬，住校陪同 Ferguson 夫妇，帮助外教了解、熟悉中国，同时互相交流。Ferguson 夫妇被我们的真诚、热情和努力所感动，也理解我们渴望提高英语交际能力的需求，Ferguson 先生白天上课并辅导学生英语口语，每周两晚给青年教师进行口语交流和指导。Ferguson 太太退休前是医院护士，但她讲英语很地道，语音语调很美，我们就请她给小学部学生辅导英语口语。我们在得益于国际交流的同时，更多的是许多老师的付出。尤其是在节假日，幼、小、中学部的老师们协助我，一起义务设计并安排国庆节、感恩节、元旦、春节等活动，渐渐地学生们也与老师们一起学做接待和交流，这样既减轻学校负担，又体现各部特色。良好校风的氛围，包括师生们表现的勤奋好

学、注重礼仪和热情接待等，我们的国际交流受到了国家教委和市、区有关部门的好评。"

此后，学校先后聘请来自英国、美国、澳大利亚等国的大、中学教师来校进行教学交流、培训教师、辅导学生、探讨英语教学的方法和经验以及中外教育观念和理论。1997年7月，经市人民政府外事办推荐，与澳大利亚卡瓦萨学院结成姊妹学校，两校每年都进行师生交流互访。1998年7月31日，潘学乐书记率师生代表团赴澳大利亚卡瓦萨学院作为期两周的考察活动。此后，学校20多名师生先后赴澳大利亚、美国、新加坡、日本等国访问、交流、讲学和比赛。（图3-118）

AFS国际文化交流项目是学校对外交流的一个重要平台。自2004年起学校启动教师和学生志愿者参与这一项目，两位教师赴美国奥斯汀区几所学校进行为期10个月的交流学习，提高了语言能力，了解了国外的教育理念和方法，回国后分别负责外事工作组、英语和双语教研组的管理工作。多名学生赴美国俄亥俄州几所学校进行为期10个月的交流学习，拓展了国际视野，带回新的学习方式，加强了中外学生的沟通。

图3-118　1998年8月，建青实验学校代表团访问澳大利亚卡瓦萨学院

2002年9月，建青实验学校被市教委批准为接受外国留学生教育学校。几年来，建青接收了来自美国、德国、意大利、日本、韩国等10个国家数百名外籍学生，独立编班的小学部外籍班实现了学校外国学生招生与教育管理跨越式发展。在构建独立编班的班级文化、营造温馨和谐的班级氛围、稳定班集体、保证学生母语水平发展的同时，提高学生的中文水平，彰显学生个性，实现学生的多元发展。（图3-119）

图3-119　韩国学生来访（摄于2003年10月13日）

这里，有一份档案是关于 1989 年至 1997 年上海市建青实验学校的外事交流（含港澳台地区）情况，此处节选部分内容，见表 3-2：

表 3-2　1997—2019 年上海市建青实验学校友好交流学校一览表

学 校 名 称	国家／地区	内 容
卡瓦萨学院	澳大利亚	1997 年 7 月，经市人民政府外事办推荐，我校与澳大利亚卡瓦萨学院结成了姐妹校。
圣·艾登圣公会女子学校	澳大利亚	2004 年 5 月 28 日到我校交流访问。 2006 年 8 月，在澳大利亚与圣艾登学校签订姐妹校合作协议。之后，两校师生定期互访交流。
萨尔斯曼高级学校	德国	2008 年 10 月 28 日，我校迎来了德国萨尔斯曼高级学校代表团作为期 1 周的访问。双方于 2011 年 4 月签订友好协议。
斯克约穆海尔学校	爱尔兰	2007 年 11 月 5 日，来自爱尔兰的教育代表团到我校交流访问。 2008 年 10 月 3 日，双方在爱尔兰签订友好交流意向书。
上海虹桥国际学校（HQIS）	上海	2017 年 2 月起，与我校在课程教学、文化融合等方面定期交流。
德国波恩一体化综合中学	德国	2017 年 4 月起，该校代表团来我校交流访问，之后每年两校师生定期互访交流。
德国（浦东）学校 （Deutsche Schule Shanghai）	上海	2018 年 3 月起，与我校在课程教学、文化融合等方面定期交流。

资料来源：上海市建青实验学校校长办公室提供。

进入新世纪，学校更加重视对外交流，包括组织教师出国进修，聘请外籍教师来校上课，还与海外同类学校建立友好关系，开展经常性的业务交往活动，在交流中拓展视野，在交往中增加见识，使学校的教育工作呈现出生动活泼的局面。（图 3-120、图 3-121、图 3-122、图 3-123）

上海市建青实验学校的国际教育交流与合作非常广泛，通过不同的途径与形式，增强师生对外交往的意识和能力。开放办学，为学校师生开拓更广阔的平台，也为学校走向世界开辟一条新渠道。

自 1939 年肇创以来，"建青"走过了 80 年。

80 年来，栉风沐雨，校名历经数变，校园屡经搬迁，办学性质层次因时而异，历经磨难而坚韧不拔，屡受挫折而自强不息。

80 年来，在时代之境的变与不变、常与无常之间，演绎着文脉的起承转合，不断谱写学校创新发展的新篇章。

80 年来，桃李春风，培养出众多出色校友，他们活跃于各个领域、各个行业，足迹遍布海内外。

80 年，是一个里程碑，也是一个新起点。

图 3-120　2011 年 9 月，时任校长戴群、书记熊秋菊在教师节庆祝活动中与澳大利亚卡瓦萨学院教师代表合影

图 3-121　德国萨尔斯曼高级学校师生代表团来建青实验学校作交流访问（摄于 2013 年 3 月 8 日）

图 3-122　上海虹桥国际学校陈志成董事长一行来校进行文化交流

图 3-123　德国（浦东）学校思文校长一行来校进行文化交流

注 释

[1]《关于要求建造一座现代化中学的申请报告》，1984
年 11 月 3 日，长宁区档案馆藏，档号：49-1-343-1。

[2]《（上海市建青中学）关于更改校名的报告》，1984
年，长宁区档案馆藏，档号：49-1-343-33。

[3]《关于试办建青实验学校的方案（讨论稿）》，1984
年 6 月 1 日，长宁区档案馆藏，档号：49-1-343-？。

[4]《关于试办建青实验学校的方案（讨论稿）》，1984
年 6 月 1 日，长宁区档案馆藏，档号：49-1-343-？。

[5]《（上海市建青中学）关于更改校名的报告》，1984
年，长宁区档案馆藏，档号：49-1-343-33。

[6]《关于试办建青实验学校的请示报告》，1984 年 6 月
6 日，长教秘（84）29 号，长宁区档案馆藏。

[7]长宁区教育局《关于建立建青实验学校的通知》，
1984 年 6 月 22 日，长教秘（84）41 号，长宁区档
案馆藏，档号：49-1-343-25。

[8]《本市成立建青实验学校》，《文汇报》1984 年 7 月 5
日，第 1 版。

[9]凌同光口述，马学强、潘敬芳采访整理，2019 年 4
月 15 日。

[10]《探讨普教整体改革的问题》，《光明日报》1986 年
12 月 26 日，第 3 版。

[11]上海市建青实验学校档案室提供。

[12]高平口述，马学强、潘敬芳采访整理，2019 年 4 月
10 日。

[13]《关于同意建青实验学校"九年一贯制"素质教育课
题延伸研究的请示与批复》，上海市教育委员会文
件，沪教委基（1997）45 号，1997 年 5 月，长宁区
档案馆藏，档号：49-4-842-1。

[14]关于建青实验学校的办学目标，不同时期也有一些
不同提法，如曾提出将"基础扎实、能力较强、爱
好显著、习惯良好、品德高尚"作为具体培养目标，
总的说来内容大致相同。

[15]此数据由上海市建青实验学校提供。

[16]此数据由上海市建青实验学校提供。

[17]长宁区教育局致长宁区政府《关于要求调拨 4.5 亩
土地给长宁区教育局扩大建青学校教育用地的请
示》，1995 年 11 月 11 日，长宁区档案馆藏，档号：
49-4-573-17。

[18]长宁区教育局致长宁区政府《关于要求调拨 4.5 亩
土地给长宁区教育局扩大建青学校教育用地的请
示》，1995 年 11 月 11 日，长宁区档案馆藏，档号：
49-4-573-17。

[19]由上海市建青实验学校于 2019 年 5 月 30 日提供。

上海市建青实验学校历史沿革图

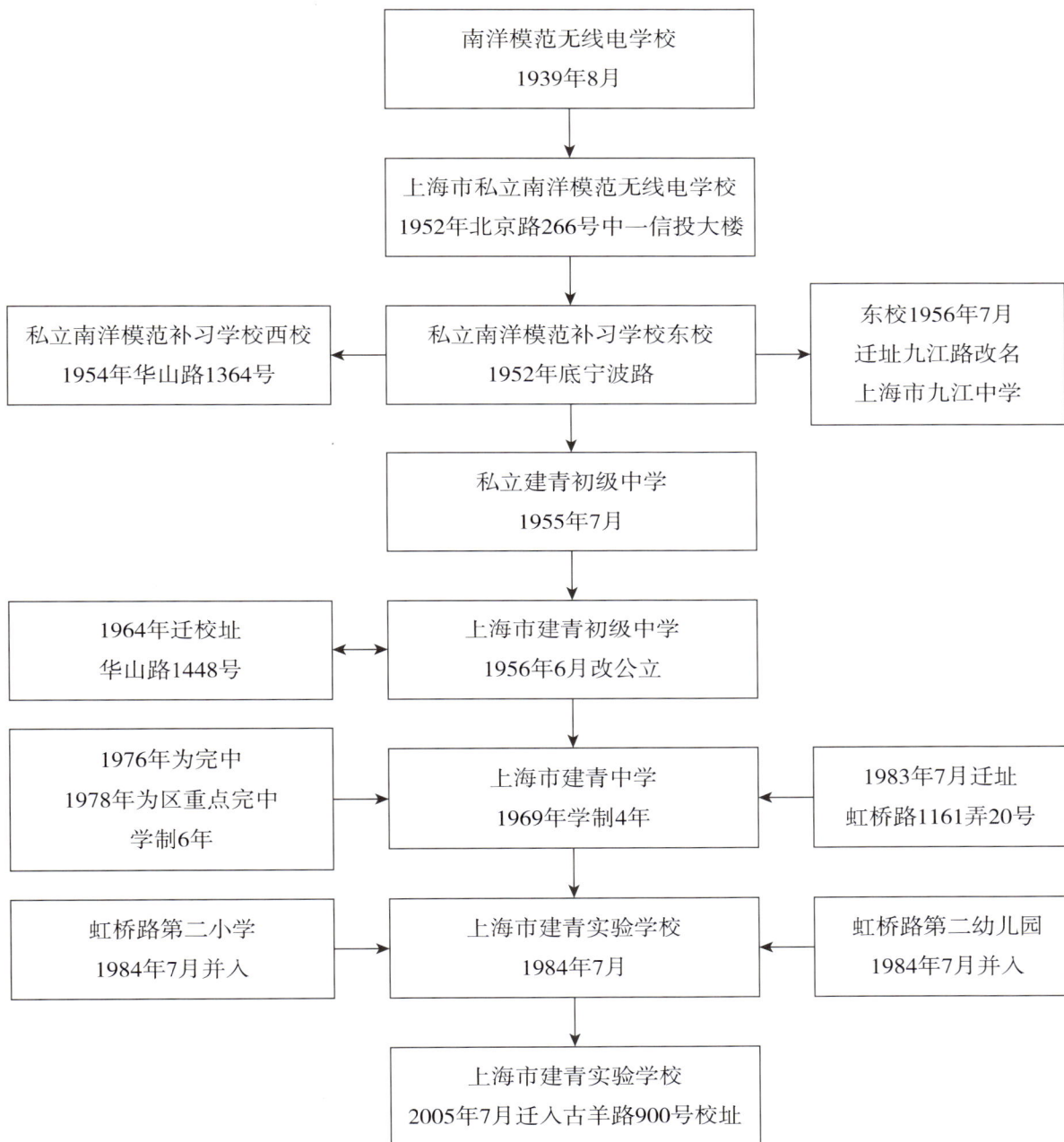

```
          ┌─────────────────────────┐
          │     南洋模范无线电学校      │
          │       1939年8月           │
          └─────────────────────────┘
                      │
                      ▼
          ┌─────────────────────────┐
          │  上海市私立南洋模范无线电学校  │
          │ 1952年北京路266号中一信投大楼 │
          └─────────────────────────┘
                      │
                      ▼
┌──────────────────┐ ┌─────────────────┐ ┌──────────────────┐
│ 私立南洋模范补习学校西校 │←│ 私立南洋模范补习学校东校 │→│   东校1956年7月     │
│ 1954年华山路1364号  │ │  1952年底宁波路     │ │   迁址九江路改名     │
└──────────────────┘ └─────────────────┘ │   上海市九江中学     │
                          │              └──────────────────┘
                          ▼
                  ┌─────────────────┐
                  │   私立建青初级中学   │
                  │     1955年7月     │
                  └─────────────────┘
                          │
                          ▼
┌──────────────────┐ ┌─────────────────┐
│    1964年迁校址     │↔│  上海市建青初级中学  │
│   华山路1448号     │ │  1956年6月改公立   │
└──────────────────┘ └─────────────────┘
                          │
                          ▼
┌──────────────────┐ ┌─────────────────┐ ┌──────────────────┐
│    1976年为完中     │→│   上海市建青中学    │←│   1983年7月迁址     │
│ 1978年为区重点完中  │ │  1969年学制4年    │ │  虹桥路1161弄20号   │
│     学制6年        │ └─────────────────┘ └──────────────────┘
└──────────────────┘      │
                          ▼
┌──────────────────┐ ┌─────────────────┐ ┌──────────────────┐
│   虹桥路第二小学     │→│  上海市建青实验学校  │←│   虹桥路第二幼儿园   │
│  1984年7月并入     │ │     1984年7月     │ │   1984年7月并入     │
└──────────────────┘ └─────────────────┘ └──────────────────┘
                          │
                          ▼
                  ┌─────────────────────────┐
                  │      上海市建青实验学校       │
                  │ 2005年7月迁入古羊路900号校址  │
                  └─────────────────────────┘
```

资料来源：由上海市建青实验学校校长办公室提供。

附录二

上海市建青实验学校大事记

1939 年

是年，张和卿在上海爱多亚路 1292 弄均乐邨 7 号创立"南洋模范无线电学校"。

8 月 13 日，《申报》刊登南洋模范无线电学校招生信息《告学电信工程者注意》：学校"特设电信工程合并科，以造就通信及工程兼长之专门技术人才为宗旨，庶毕业即任领班主任，亦能应付裕如，倘欲得一专门技术之青年，希注意焉"！

8 月 16 日，《申报》公布"南洋模范无线电学校第一次录取新生"，并附告第二次考期为八月廿日。

8 月 29 日，《申报》刊登《交部备案南洋模范无线电学校开学通告》，学校定于 9 月 3 日开学。

9 月 3 日，学校开学，《申报》刊登"南洋模范无线电学校招男女生"。

1942 年

学校迁往南京韩家巷 1 号。

1945 年 9 月—1947 年

学校停办。

1948 年

张和卿返回上海塘山路住处，翌年在《申报》重新刊登复校信息，在河南路桥北市商会、华龙路 80 号大厦、西门路（太平桥）等多处设点复校。

1950 年

学校迁到北京东路 266 号中一信投大楼五楼，有课堂 3 间。

1952 年

年初，张和卿等再次迁校，搬至宁波路的一条弄堂内，有七八间课堂，校名改为"上海市私立南洋模范无线电学校"。教授电务、电讯及其装修等课程。

11 月，上海市教育局派共产党员焦英任私立南洋模范无线电学校副校长，张和卿仍为校长。

是年底，改校名为"私立南洋模范补习学校"，实施相当于初中的单科，文化补习，如机械制图、语文、数学等。单科补习维持了一年多。

1953 年

自春季起，学校根据市教育局指示、指引、整顿、改造，以求逐渐符合国家的需要。暑期始，学校招收初中一年级 8 个班，所有教师均已经过思想改造，教学上的研究工作已有了初步基础，学校设备及校舍方面都有了增建。至本学期为止，一切代训班、文化选科班一律结束。

10 月 12 日，学校填写《黄浦区南洋模范补习学校学生基本情况统计表》。

1954 年

7 月 6 日，私立南洋模范补习学校副校长焦英向上海市教育局业余中等教育处提交《关于私立南洋模范补习学校改为私立初级中学的报告》。

8 月，上海市教育局业余中等教育处正式批准焦英关于更改学校为私立中学的呈请。

是年秋，私立南洋模范补习学校分为东校、西校两处。宁波路老址是东校。焦英副校长带队到华山路 1364 号组建西校。

1955 年

4 月，填写《私立（南洋模范）补习学校调查表》。该校校长为焦英，教导主任郑裕家，副主任杨嘉均（有时也写"杨嘉钧"），校务主任（负责人）孙廷圭，校务会议成员有焦英、郑裕家、杨嘉均、徐兢、孙廷圭等。

7月7日，上海市教育局决定将私立南洋模范补习学校（西校）正式改名"私立建青初级中学"。任命焦英担任代理校长，上海市教育局签发"关于派焦英为上海市私立建青初级中学代理校长的令"。

私立南洋模范补习学校东校后迁至九江路，改名九江中学。

1956 年

是年，按照教育局"一次接办，逐步整顿"的方针，学校由私立转为公办。全校仅 6 个毕业班，当年只有 6 名学生考取高中。

1957 年

3 月，调殷文明到校。

8 月，焦英调往和平中学任职。上海市教育局任命殷文明为学校党支部书记。

是年，长宁区教育局将延安中学语文教研组长许之森与复旦中学数学骨干教师徐鼎臣调入，学校成立"中心教研组"，许之森负责文科教研组，徐鼎臣负责理科教研组。

1958 年

在校领导殷文明主持下，提出"建青就是建青"口号，教师们发扬"艰苦奋斗、自强不息"精神，自力更生、克服困难，使学校设施逐步完善，教育质量逐年提高。殷文明知人善用，形成了以杨嘉钧、孙廷圭、许之森、徐鼎臣、王维馨、钱岑蔚、钱裕民等新老结合的较强的师资队伍，学校教学质量明显提高。

1959 年

侯玉田任校长。

学校狠抓校风培养，提出"早三抓、中三抓、晚三抓"。早抓进校、早操、上课；中抓课内、课余、饮食；晚抓课余活动、教室整洁、离校。极大地改善了校风，教学质量有了很大的提高。

1962 年

是年，学校有 18 个班，其中初一 6 个班，初二 6 个班，初三 6 个班，共 821 名学生。

当年升学考，6 个毕业班只有 6 名学生未考取高一级学校。

1964 年

迁至华山路 1448 号。

是年，学校规模有 20 个班，其中初一 6 个班，初二 10 个班，初三 4 个班。全校学生 997 名。

1966 年

"文革"始，学校办学遭受冲击。学校招收小学毕业生，学制 4 年，作为中学生毕业。

1967 年

纪孝敏任校长。

1968 年

学校成立"革委会"，第一批工宣队（上海溶剂厂于 1968 年 9 月）进驻学校，此后，第二批工宣队（第五制药厂）进驻，许多老师被隔离、审查。

1969 年

学校招收小学毕业生，学制 4 年，作为中学生毕业。

1976 年

10 月，粉碎"四人帮"以后，工宣队撤出学校，教师对"四人帮"极"左"路线进行批判。全校教职工经过努力，在短时间内恢复正常的教育、教学秩序，创造良好的学习环境。学校形成"秩序井然、书声朗朗、整洁大方、生动活泼"的校风。

是年，长宁区教育局批准建青中学为完全中学。

1977 年

8 月 26 日，纪孝敏任建青中学党支部书记，免去徐赓康的建青中学党支部书记、革委会主任职务。长宁区开始在中学试行党支部领导下的校长负责制，纪孝敏任校长。

是年，学校被评为上海市教育战线先进单位。同时，被评为上海市招飞选滑先进单位。

1978 年

是年，经市、区教育局批准，学校被定为区重点中学。

1977、1978 年学校连续两年被评为长宁区"双学"先进单位、上海市爱国卫生运动先进单位、上海市群众体育先进单位。

1979 年

7 月 11 日，《文汇报》头版刊登《建青中学坚持八年学雷锋》；第 2 版报道《记建青中学学生开展学雷锋活动的几个故事》。

1980 年

7 月 24 日《光明日报》第 2 版发表记者谢军撰写的《建青中学好校风》。

1981 年

3 月 5 日，《光明日报》第 2 版刊登报道《建青中学"学雷锋，创三好"》。

是年，学校被评为"全国勤工俭学先进单位"。

1982 年

是年，学校被长宁区教育局评为区文明学校。

1983 年

学校迁入虹桥路 1161 弄 20 号新址。

1984 年

上半年，建青中学向长宁区教育局提交《关于更改校名的报告》，提出要建立一所实验学校。

6 月 1 日，推出《关于试办建青实验学校的方案（讨论稿）》。

6 月 6 日，长宁区教育局向区政府提交《关于试办建青实验学校的请示报告》。

6 月 22 日，上海市长宁区教育局发文，《关于建立建青实验学校的通知》。

7 月，余倚鑫任校长。

7 月，经长宁区政府、区教育局批准，正式将原建青中学、虹桥路第二小学、虹桥路第二幼儿园三个单位合并为"建青实验学校"，开始中、小、幼三段一体整体改革实验。校址：虹桥路 1161 弄 20 号。上海市教科所所长陆善涛等被学校聘为顾问。

1985 年

学校领导在市区教育局，教科室指导下，对整体实验反复研究，反复制订与修改计划。在课程设置、教材选用与自编，及小、幼衔接方面实行了一系列教育改革措施。

1986 年

9 月，中共上海市委副书记吴邦国等到校视察。吴邦国题词"大胆探索，勇于实践"。

11 月，我校实验首次总结撰写《中、小、幼教育整体改革实验的初步体会》，刊登在《中学教育》1986 年 11 期。

12 月 26 日，《光明日报》第 3 版发表中国教育学会秘书处编辑的《探讨普教整体改革的问题》，提及上海建青实验学校在儿童智能早期开发的幼、小、中的实验与探索。

是年，学校实行管理体制改革，正式建立中学部（分初中部、高中部）、小学部、幼儿部、二处（教务处、总务处）、二室（校务办公室、教科室），以适应整体实验改革的需要。

1987 年

1 月，沈蔚萍同志任校长。

7 月，吴娥英同志任党总支书记。

是年，上海市教育局副局长凌同光同志担任我校实验领导小组组长。学校成立了市、区、校三级组成的实验改革领导小组，全面部署我校整体实验改革，并聘任吕型伟、陆善涛两位老教育家为学校顾问。

1988 年

是年，国家教委将我校列为中学生德育大纲试点单位之一，实施德育大纲，为期三年，整体改革实验围绕中、小、幼三部，语、数、外、德四个纵向系列各自制订分课题与实施计划，切实稳步开展实验。

由沈蔚萍校长执笔的《九年制义务教育的实践与思考》刊登于 1988 年的《课程、教材、教法》期刊。

1989 年

11 月，国家教委副主任柳斌、上海市副市长谢丽娟等来校视察，并分别题词。柳斌同志题词是："对每一个学生来说，品德、智力、体质全面发展；对所有学生来说，做到整体素质的提高，从这里看到了我们民族的希望。"谢丽娟题词为："继续探索，深入改革，努力教好每位学生。"

1990 年

8 月 17 日，上海建青实验学校和刘湖涵教育基金会联合举办"90 年上海中小学新生家长咨询"记者招待会，新闻发布会在本校召开。

8 月 19 日上海电视二台来我校拍摄"90 年上海中小学新生家长咨询活动"，并拍摄《普教奇葩》电视片，多次在上海电视二台播出。

12 月，沈蔚萍任党总支书记。

1991 年

7 月，上海 60 所中小学进行课程设置和教材的改革。我校六年级预备班和小学一年级为试点年级。

8 月，高平任校长。

10 月 5 日，学校隆重举行校第二届科技节。

是年，学校被评为上海市行为规范示范校。

1992 年

1 月，长宁区政府授予我校"外事接待先进单位"称号。

5 月，我校被评为上海市体育先进集体。

11 月，上海市教育局凌同光、张民生、许象国及华东师大专家等来校参加研究实验工作总结。

12 月，沈蔚萍、高平撰写的《整体改革、优化发展"中、小、幼"三段一体办学模式的实验与思考》获上海市第 4 届普教科研成果三等奖。

1993 年

2 月 8 日，上海电视台来我校拍摄"开学第一天"，并在上海电视台新闻节目中播出。

4 月 2 日，"上海市素质教育现场会"在我校召开。

4 月 6 日，《文汇报》刊登《摆脱"应试教育，充分发展个性"》，介绍我校整体教改 9 年的成效。

4 月 8 日，《文汇报》刊登《上海建青实验学校整体教改见成效》的通讯。

4 月 13 日，《上海教育报》头版报道《中小学一贯制，注重素质教育——建青实验学校超前实验有成效》。

是年，学校获得国家体委、国家教委授予的"全国先进传统体育项目学校"称号。

是年，学校入选上海市引进国外智力工作先进集体。

是年起，学校作为参加上海市第一期课程教材改革整体实验的学校进入第二轮试验。

1994 年

4 月 22 日，长宁区委书记茅明贵和区教育宣传科在我校召开全区教育系统部分青年教师"新时期青年教师党员形象座谈会"。

5 月 6 日，《文汇报》第 7 版《弘扬传统美德的好教材——部分中小学校长座谈百集电视短剧〈东方小故事〉》中登载了我校高平校长的座谈发言"结合学校实际，用好《东方小故事》"。

7 月，学校被评为上海市德育工作先进集体。

9 月 24 日，上海市建青实验学校成立 10 周年暨建青中学建校 55 周年校庆日。

1995 年

3 月 29 日，市课程教改会议在我校召开。

4 月 11 日，举行"刘京华先生捐赠颁证仪式"，福禄贝尔国际文教基金会向我校捐赠了 486 电脑 25 台，上海各电视台、报刊记者都出席了颁证仪式。

9 月 1 日，学校举行了"华东师大普教基地"挂牌仪式。

9 月 4 日，"桥本义雄先生捐赠仪式"在幼儿部八角亭举行。

10 月 26 日，由联合国科教文组织的亚太地区总办事处、亚太经社理事会和中国联合国科教文组织全国委员会联合举办的"开发人力资源的近距离教育地区研讨会"在我校举行教学观摩活动。

12 月，学校被评为上海市第三届教育科研工作先进集体。

1996 年

3 月，我校手球队荣获上海市"建青杯"中小学手球锦标赛男子高中组第一名。

4 月 30 日，上海市"九年一贯制"办学工作研讨会在我校召开。

5 月，钱南荣任校长、潘学乐任党总支书记。

5 月 30 日，世界卫生组织上海市健康促进和健康教育合作中心健康促进学校实验基地成立大会在我校召开。宣布我校为"世界卫生组织上海健康促进和健康教育合作中心健康促进学校实验基地"。

10月，我校被授予上海市中小学日常行为规范示范学校首批授牌单位。

11月23日，论文《九年一贯制素质教育模式研究》获中国基础教育学制研究会论文一等奖。

是年，我校与华东理工大学签订"关于联合培养优秀学生"协议书。

1997 年

2月，长虹中学为建青实验学校分校。

4月，施志红老师代表上海市教师赴河南洛阳市参加全国英语教学大奖赛，获特别奖。

4月，学校首次被评为上海市文明单位。

5月27日，校第十届艺术节暨校音乐队专场演出在上海音乐厅举行，晚会获圆满成功。

6月，学校组建了第一届延伸班，40名学生初中毕业免试直升高中，积极探索升学预备教育和就业预备教育。

11月11日，日本神埼清明高等学校170名师生在校长前田胜行的带领下来我校访问。

1998 年

4月，吴子健任校长。

7月，学校与澳大利亚卡瓦萨学院结成姐妹学校，签订了两校互往协议书。

7月31日，潘学乐书记率师生代表团赴澳大利亚卡瓦萨学院作为期2周的考察活动。

10月18日，陈冠一老师作为上海市教育系统教师代表赴北京参加中国工会十三大会议。

10月，秦璞老师被评为全国优秀教师。

12月18日，由上海市教育学会中学政治教学专业委员会召开《秦璞老师思想政治课教学经验研讨会》及《名师经典（一）全国优秀教师秦璞》光盘首发仪式。

是年，幼儿部被上海市中小学课程教材改革委员会定为上海市幼儿园课程教材改革研究基地。

1999 年

1月，小学部被评为上海市"金钥匙"科普宣传先进集体。

1月31日，学校召开首届教科研工作会议，凌同光、吕型伟、陆善涛、苏忱等先后发言。吴子健校长作《建青实验学校教育科研工作十四年回顾》报告。

2月，学校被评为上海市爱国卫生标兵单位。

4月26日，在学校综合楼五楼手球馆举行上海市第11届运动会手球赛开幕式暨建青实验学校手球馆揭牌仪式。

5月4日，中国创造力学会创造教育专业委员会在我校举行"幼儿创造潜能开发研讨会暨实验基地揭牌仪式"，授予我校"创造教育实验基地"铜牌。

6月，学校与中国人民解放军57343部队共建文明先进集体，并被评为上海市共建文明先进集体。

7月，学校创编了全市第一份由学生主办，反映3岁到18岁学生生活的校报《建青报》。

8月24日，经国家体育总局批准，我校男子手球队员前往日本参加中、日、韩青少年体育交流大会手球比赛。

9月16日，教育部艺术教育委员会常务副主任周荫昌等观看我校学生的艺术表演，并为我校艺术教育题词。

9月22日，在上海市金孔雀舞蹈节比赛中，舞蹈《采茶乐》和《绿色小天使》分别获得中、小学组表演与创作一等奖。

9月27日，上海市"牛津教材"试点教学活动交流会在我校召开。

9月，上海市建青实验学校虹桥路1161弄20号，正式更改为虹桥路1161号。

9月，秦璞老师被评为全国中学思想政治课优秀教师。

10月8日，在上海音乐厅举行"上海市建青中学60周年暨上海市建青实验学校15周年校庆"管乐专场音乐会。

10月16日，举行上海市建青中学60周年暨上海市建青实验学校15周年校庆庆典。

10月17日，在上海美琪大戏院举行"上海市建青中学60周年暨上海市建青实验学校15周年"校庆艺术教育成果汇报演出。

10月，学校完成论著《九年一贯制学校办学模式研究》、教材《低幼英语》、电视纪录片《我们的摇篮》与《校庆纪念册》，并建立校史陈列室。

11月，学校被评为上海市科技教育特色学校。

2000 年

1月20日，日本广岛江田岛高等学校师生来我校进行友好交流。

2 月 4 日，上海市副市长周慕尧等领导参加学校开学典礼。

4 月，学校被评为上海市二线高水平运动队（手球）试点学校。

10 月 24 日，学校被批准为上海中小学心理辅导协会实验校。

是年，上海市教委在建青实验学校举办"上海市学校德育工作巡访——长宁区'三观'教育现场交流会。"

2001 年

3 月 30 日，幼儿部向上海市教育学会专家展示幼儿尝试教学活动。

6 月 6 日，长宁区小学英语教学实验基地在我校小学部成立。

6 月 20 日，土耳其友人诺扬·罗拿先生向我校捐赠高一数理化教学软件。

7 月，梁建国任党总支书记。

9 月，学校《学生创造力培养序研究》一书由上海教育出版社出版；《快乐体验——学前儿童尝试教育方法与实例》一书由上海远东教育出版社出版；课题《城市中小幼学生创造力培养序的研究》获上海市第 7 届教育科学研究成果一等奖。

9 月 30 日，施志红老师被评为全国优秀教师。

10 月 18 日，应香港特区政府教育署正式邀请，钱明华老师赴港参加"内地语文教师与香港中小学语文教师的交流计划"的教学工作。

2002 年

3 月 8 日，由团市委组织的"新世纪我能行"全市统一行动日活动在我校举行。

5 月，学校被评为上海市科技教育特色学校。

5 月 10—18 日，全国青年手球锦标赛在我校举行。

6 月，学校大队部被授予全国红旗大队。

9 月，学校成为接受外国学生资格学校。

10 月，由梁建国书记率领建青舞蹈队赴日本参加大阪国际体操节暨大阪艺术体操节 20 周年演出。

是年，学校被评为上海市首批素质教育实验校。

2003 年

4 月，学校成立青少年手球俱乐部。

5 月，学校被评为上海市中小学示范图书馆。

8 月，学校被批准为奥运后备人才培训基地。

9 月 20 日，台北市政府教育局、中国台湾地区中小学教育代表团来访。

10 月 15 日，长宁区首届英语节开幕暨建青实验学校第 3 届英语节在长宁区艺术中心举行。

2004 年

4 月 8 日，中国澳门特区化地玛圣母女子学校访问团来学校幼儿部考察学习。

4 月 23 日，作为全市 28 所幼儿园课改实验基地之一，市教研室在幼儿部举行了"上海市二期课改幼教新教材实施研讨会"。

5 月 25 日，在学校电化教室举行"外国人汉语作文演讲比赛"。

8 月 11 日，在古羊路 900 号举行了新校舍开工仪式。新校舍位于虹桥古北经济开发区，作为古北开发二期的配套工程，占地 48 亩，总建筑面积 27 935 平方米。

8 月，学校成为国际交流 AFS 项目学校，教师任含华、学生文嘉琪、顾逸菲分别赴美国、德国进行为期 10 个月的交流学习。

9 月 1 日，在开学典礼上红蜻蜓集团董事长钱金波先生为 65 周年校庆捐赠 20 万元。

9 月 23 日，学校被评为首批"上海市心理健康教育示范校"。

10 月 16 日，举行建青中学 65 周年暨建青实验学校 20 周年的校庆庆典活动。

11 月 17 日，在上海市第三届青少年运动会上，学校手球队取得男、女、高中、初中、小学组 6 项比赛第一名。

是年，吴子健校长主持的全国十五规划课题《"一贯制学校"探究性学习与教师指导行为的研究》的立项实现了我校独立申报国家级课题零的突破。

2005 年

1 月 11 日，长宁区小学英语实验基地在我校举行展示活动。

3 月，学校获上海市教育系统德育工作先进集体称号。

7 月，古羊路新校舍全面竣工，学校从虹桥路 1161 号始整体搬迁。其时，学校在职教职员工 228 人，学生总数 2 800 人，其中外籍学生 130 人，共有 67 个教学班。

9 月 20 日，中共上海市委副书记刘云耕等视察学校校容、环境和课堂教学情况。

11 月 13 日，学校被评为上海市第 6 届中小学生科技先进集体。

2006 年

3 月 22 日，荷兰教育局局长一行 9 人来学校访问。

4 月，中国创造学会授予学校"中国创造学会创造教育实验基地"称号。

4 月 28 日，施志红同志被授予"2005 年上海市特级教师"荣誉称号。

4 月 28 日，上海人民广播电台"990 市民与社会"栏目组在学校举行"中学生论坛"现场直播活动，围绕《手机能否进校园》展开讨论。

5 月 10 日，上海市双语实验学校工作评审组来校对学校申报市双语实验学校工作进行专项评审。

6 月 21 日，国际乒联荣誉主席、中国乒联主席、原国家体育总局副局长徐寅生来学校考察。

9 月 21 日，学校与上海音乐学院签订建立教育实习基地合作协议书。

10 月 18 日，上海市 2006 年中德两国幼小衔接研修班交流会议在学校举行。

11 月 9 日，"教育科研与学校发展"全国学术研讨会——建青实验学校专场在多功能厅召开，吴子健校长在大会做《校本科研管理初探》的发言。

12 月，中国香港谭李丽芬中学和元朗信义中学师生来校访问。

2007 年

4 月 23 日，幼儿部举行上海市"快乐小淘气　环保智多星"环保创新展示活动。

6 月 1 日，小学部学生参加由全国少工委、中国青少年发展基金、中国东方航空集团公司联合举办的"红领巾梦想号首航仪式暨东方空中文化体验之旅·快乐儿童周开幕式"活动。

6 月 13 日，"全国幼儿园环境创设及发展研修班"活动在幼儿部举行。

7 月 12 日，我校落实市教委"以教育内涵建设项目推动郊区义务教育均衡发展"的指示精神，举行金山区教育局

与建青实验学校签约"推进兴塔中学内涵建设发展"签约仪式。

12 月，学校被命名为"上海市航模示范学校"。

2008 年

1 月 11 日，上海市人大常委会副主任周慕尧及有关区领导来学校视察。

7 月，陈建国任党总支书记。

9 月 23 日，学校承办"幼小衔接、市区联动"——长宁区小学学习准备期学科实践研讨活动。

10 月 3 日，建青实验学校和爱尔兰斯克约穆海尔学校签订合作交流协议。

10 月，学校手球队参加上海市第一届学生运动会手球比赛，获男子高中乙组、男子初中甲组第一名，男子初中乙组第二名。

12 月 4 日，上海市中学生体育协会手球工作委员会成立大会在学校举行。

2009 年

1 月 30 日，《光明日报》第 2 版刊登《创建"从 3 岁至 18 岁"的全新办学模式——访上海市建青实验学校校长吴子健》。

2 月 20 日，幼儿部成为上海市学前教育系统首批 15 所学前科普基地之一。

5 月 23 日，建青小学部代表长宁区参加了上海市广播操比赛学生阳光体育大联赛中小学生广播操比赛，并荣获一等奖。

6 月 6 日，建青幼儿部节目《熊猫与竹子》参加上海市第二届"爱科学、讲礼仪、我行我秀迎世博"儿童生态艺术创意展演获一等奖。

11 月 15 日，学校举行建青中学建校 70 周年暨建青实验学校建校 25 周年庆典。

12 月 12 日，学校在上海大剧院举行"光荣与展望"校庆文艺演出。

2010 年

4 月，由上海市教委、世博局等单位联合举办的"放飞世博心愿"活动在我校成功举行。

4 月 26 日，团市委在我校召开世博城市站点志愿者（高中

学生）动员大会。

5 月，我校少先队荣获上海市"中国少先队红旗大队"。

6 月 25 日，爱尔兰国际青少年合唱团与学校中学部合唱团进行了艺术交流和表演。

8 月，戴群任校长。

9 月 7 日，校学生艺术团和爱尔兰"穿越"艺术团进行艺术交流演出。

11 月，学校被评为上海市知识产权示范校。

2011 年

1 月，学校成为上海市家庭教育指导实验基地。

5 月 24 日，第 5 届上海市小学英语优质课展示研讨活动在建青实验学校举行。

6 月 22 日，学校被命名为"上海市少先队工作示范校"。

9 月 27 日，第 4 届"上海-新加坡基础教育圆桌会议"在我校召开。

11 月 26 日，幼儿部挂牌上海市示范性幼儿园。

2012 年

3 月，熊秋菊任党总支书记。

5 月 11 日，学校承办建青特色课程"传媒与语言"区级展示活动。

7 月，学校评为全国特色学校。

9 月，中澳英语特长班启动。

10 月 11 日，我校承办"激发兴趣，快乐成长"区幼小衔接"主题-运动"项目研讨活动。

11 月 2 日，上海市城市学校少年宫授牌仪式暨现场推进会在建青实验学校举行。

2013 年

2 月 28 日，上海市明星足球队和上海市体育发展基金会开展"足球进校园"活动。

11 月，学校与上海市科普教育基金会签约成为上海市明日科技之星培训基地学校。

11 月，小学数学《生活中的可能性》一课被教育部基础教育一司评为"学科德育精品课程"。

12 月 8 日，上海市青少年科普创新活动总结会在学校召开，有 12 名同学共获颁 12 项国家知识产权局专利证书。

2014 年

4 月 25 日，学校被评为"上海市防震减灾科普示范学校"。

5 月 28 日，由上海市团委、上海市公民学校专门针对校园内暴力侵害研发的"小鸡快跑"防范技能训练课程在我校开展，上海电视台现场拍摄。

9 月 8 日，小学部第一期《科技报》出版，整份科技报从内容的选定、排版、校对、编辑均由学生独立完成。

10 月 16 日，"中澳优质教育方法比较与借鉴"研讨会在建青实验学校举行。会前长宁区领导会见了澳大利亚来宾。

10 月 18 日，举行建青中学成立 75 周年暨建青实验学校成立 30 周年庆典仪式。

11 月，学校师生艺术展演在东方艺术中心举办。

12 月，学校被长宁区教育局定为中美合作"千校携手项目"参与学校。

2015 年

5 月 21 日，上海市中小学语文文学、数学学习领域贯彻两纲现场会在我校举办。

6 月 9 日，"欢乐蹦蹦跳"摄制组在幼儿部进行为期一天的拍摄。

10 月，我校参加中美合作"千校携手项目"示范校评选。该项目由刘延东副总理与美国克里国务卿于 2014 年 7 月在北京正式宣布启动。项目以"千校携手，热爱自然，绿色生活"为主题，鼓励双方学校发挥主动性、开展师生交流、学术交流、环境保护等相关活动。

2016 年

2 月 18 日，《光明日报》第 6 版刊登《九年一贯制如何实现"6＋3＞9"》，介绍上海建青实验学校等校的做法并进行探讨。

4 月，小学部被评为"上海市中小学中华优秀传统文化经典诵读特色学校"。

10 月，潘敬芳任校长。

11 月 23 日，学校迎接参加全球健康促进大会"中国国家日"活动的世界卫生组织专家等各国嘉宾来校参观访问。

11 月 30 日，"深化改革服务学生"——上海市"小学快乐活动日"拓展推进会在学校召开现场会。

2017 年

2 月，学校与上海虹桥国际学校 HQIS 结为友好学校。

4 月，幼儿部通过上海市示范性幼儿园复验。

9 月 4 日，国际手联主席哈桑·穆斯塔法来学校参观访问。

9 月，上海市中学艺术专业委员会成立大会在学校举行。

9 月，学校与东华大学共建，开设模联、时尚创意等课程。

2018 年

3 月 21 日，学校与上海德国学校（浦东校区）结为友好学校。

4 月 6—7 日，学校承办上海市青少年手球锦标赛。

5 月，上海市"儿童友好型城市建设"项目启动仪式在学校举行。

5 月，幼儿部向全市展示了"尝试探究、玩转科学"的童趣课程。

7 月，重新开启了建青师生赴澳大利亚布里斯班圣·艾登圣公会女子学校和德国波恩一体化综合中学的交流活动。

12 月 6 日，上海课程改革 30 周年语文专场现场会在建青召开。

12 月，学校被评为上海市家庭教育示范校。

2019 年

2 月 21 日，国家住房和城乡建设部党组书记、部长王蒙徽，党组成员、副部长倪虹，上海市副市长陈寅，长宁区委书记王为人，区长顾洪辉等领导来校视察调研垃圾分类工作。上海电视台新闻频道专题报道。

3 月 8 日，小学部获"2017—2018 年度上海市三八红旗集体"称号。

4 月 8 日，"上海足协幼儿足球专项发展计划"启动仪式暨首期幼儿足球节活动在我校举行。

4 月，学校被评为上海市文明校园。

6 月，学校承办第十四届上海市高中名校读书节。

资料来源：

1. 上海市档案馆馆藏南洋模范无线电学校（私立南洋模范补习学校）档案。

2. 上海市档案馆馆藏上海市建青中学、上海市建青实验学校档案。

3. 上海市长宁区档案馆馆藏上海市建青中学（建青初级中学）、建青实验学校档案。

4. 上海市建青实验学校档案室所藏档案。

5.《申报》等近代报刊

6.《人民日报》《光明日报》《解放日报》《文汇报》等报道。

7. 上海市长宁区志编纂委员会编：《长宁区志》，上海社会科学院出版社 1999 年版。

8. 上海市长宁区志编纂委员会编：《上海市长宁区志（1993—2005）》，方志出版社 2010 年版。

9.《长宁年鉴》编纂委员会编：《长宁年鉴》，2000 年至 2018 年版。

说明：

（1）大事记中，为行文方便，涉及上海市建青中学、上海市建青实验学校简称"学校""本校""我校"等。

（2）大事记截止日期为 2019 年 5 月 1 日。

（3）1978 年以来的大事记内容，经校史研究组与上海市建青实验学校校长办公会议多次讨论后确定。

（4）1978 年以后校长（党总支书记）任职时间以所发公函为准。

学校历任校长、副校长名录
党支部（党总支）书记、副书记名录

1. 学校历任校长名录

校　长	任职起讫时间	备　注
张和卿	1939—1954	
焦　英	1955—1957	
侯玉田	1959—1961	
纪孝敏	1967—1968	
秦　标	1968—1973	"革委会"主任
徐赓康	1973—1977	"革委会"主任
纪孝敏	1977—1982	
余倚鑫	1984.7—1986.4	
沈蔚萍	1987.1—1991.8	
高　平	1991.8—1994.11	
钱南荣	1996.5—1996.10	
吴子健	1998.4—2010.6	
戴　群	2010.8—2016.10	
潘敬芳	2016.10 至今	

2. 学校历任副校长名录

副校长	任职起讫时间	备　注
焦　英	1952—1954	
殷文明	1957—1966	
洪同德	1961—1962	
王辉联	1965—1966	
纪孝敏	1969—1977	

续　表

副 校 长	任职起讫时间	备　注
王季芳	1973—1977	
郭培群	1977—1981	
杨清培	1982—1984	
余倚鑫	1984.4—1984.6	
沈蔚萍	1984.7—1987.1	
徐鼎臣	1984.7—1989.6	
高　平	1987.1—1991.8	
钱南荣	1991.1—1996.5	
施德明	1991.6—1996.2	
陆雪琴	1993.8—1995.3	
吴子健	1994.8—1998.4	
曹　晨	1996.2—2002.8	
徐永初	1997.11—1998.5	
郭兆年	1998.4—1999.2	
竺建伟	1998.4—2000.4	
梁建国	1999.3—2002.7	
陈冠一	1999.7—2003.11	
潘敬芳	1999.7—2006.8	
江龙祥	2002.7—2003.7	
顾平康	2003.8—2008.2	
徐惠娣	2004.7—2005.12	
张佩萍	2005.12—2016.9	
缪　青	2006.8—2009.7	
陈建国	2008.2—2008.7	
张斯恒	2009.7—2012.8	
熊秋菊	2011.2—2014.11	
万技伟	2013.12 至今	
陈依群	2014.2 至今	
童葆菁	2016.10 至今	

资料来源：上海市建青实验学校校长办公室提供，并根据相关档案资料核对。

3．学校历任党支部（党总支）书记名录

书　记	任职起讫时间	备　注
焦　英	1955—1956	
殷文明	1957—1965	
秦　标	1966—1969	
宋嘉麟	1970—1972	
徐赓康	1973—1977	
唐士伦	1977—1977	
纪孝敏	1977—1982	
吴娥英	1985.7—1987.7	1987 年 7 月后党支部改为党总支
吴娥英	1987.7—1990.2	
沈蔚萍	1990.12—1991.8	
潘学乐	1996.5—2001.7	
梁建国	2001.7—2008.7	
陈建国	2008.7—2010.12	
熊秋菊	2012.3—2014.11	
陈依群	2019.7 至今	

4．学校历任党支部（党总支）副书记名录

副 书 记	任职起讫时间	备　注
纪孝敏	1972—1977	
王季芳	1972—1981	
杨清培	1982—1984	
潘学乐	1990.12—1996.5	1987 年 7 月后党支部改为党总支
郭兆年	1996.2—1998.4	助理
熊秋菊	2011.2—2012.3	
陈依群	2014.2—2019.7	

资料来源：上海市建青实验学校校长办公室提供，并根据相关档案资料核对。

附录四

教职员工名录（1954—2019 年）

1. 上海市建青中学教职员工名录
（1954—1966）

年 份	姓 名	入职年份	姓 名	入职年份	姓 名	入职年份	姓 名	入职年份
1954 | 1955	张和卿	1939	孙爱凤	1953.9	胡开洛	1954.8	沈 萍	1955.4
	张炳炎	1949.6	郭熙孚	1954.7	钱岑蔚	1954.8	范泓庠	1955.5
	卞承灿	1950.8	黄相麟	1954.7	孙廷圭	1954.8	顾 琦	1955.7
	戴祥娟	1952.2	孙庭圭	1954.7	王维馨	1954.8	郑裕家	1955.7
	杨嘉钧	1952.2	孙扬年	1954.7	王志英	1954.8	孙晋秀	1955.8
	周世业	1952.2	王辉联	1954.7	吴志礼	1954.8	吴大焯	1955.9
	焦 英	1952.11	张阿根	1954.7	谢含芬	1954.8	郭文举	1955.11
	李企霞	1953	董董生	1954.8	张良道	1954.8	罗宇隆	1955.12
	余传舜	1953.8	顾廷良	1954.8	李倚霞	1954.9		
1956 | 1966	符光辉	1956.1	宋骏声	1956.8	黄志英	1957.8	侯玉田	1959.8
	黄养焘	1956.1	汤庆慧	1956.8	许之森	1957.8	郑英杰	1959.9
	杨淑芬	1956.1	王海蓝	1956.8	张永元	1957.8	富春华	1960
	张珍珍	1956.1	李康衢	1956.9	周天浩	1957.8	何玉麟	1960
	祝宛才	1956.1	沈传礼	1956.9	屈文淑	1957.9	黄沛南	1960
	何冠瑛	1956.6	谢联璧	1956.9	王 源	1957.9	纪孝敏	1960
	陈孟萍	1956.8	徐曼丽	1956.9	徐鼎臣	1957.9	康文岳	1960
	费新华	1956.8	张兰华	1956.9	朱登慧	1957.9	李家煜	1960
	黄贞琴	1956.8	张子方	1956.9	卞德庆	1958	刘新美	1960
	金晓岷	1956.8	王 沅	1957.2	黄天友	1958	马全红	1960
	李 维	1956.8	殷文明	1957.3	王庆生	1958	钱尔昭	1960
	庞涣艇	1956.8	盛世侠	1957.5	杨 勇	1958	尚瑞宏	1960
	申承德	1956.8	陈秉娴	1957.8	钱裕民	1958.1	宋应明	1960

续 表

年 份	姓 名	入职年份	姓 名	入职年份	姓 名	入职年份	姓 名	入职年份
	孙爱玉	1960	庄祗礼	1961	王 锐	1962.7	陈福麟	1965.3
	翁慧晔	1960	吴献华	1961.7	朱起莉	1962.7	李慕洁	1965.8
1956	翁治中	1960	洪同德	1961.8	蔡宝瑛	1962.8	祁长宝	1965.8
	杨嗣洵	1960	施鸿英	1961.9	凌大广	1962.8	曹 明	1965.9
	张月娥	1960	孙雪兰	1962	陆雪雪	1962.8	陈美丽	1965.9
	张振庄	1960	孙养年	1962	苏忠槐	1962.8	李绍秋	1965.9
	赵六规	1960	严胜涛	1962	孙富兰	1962.8	刘定金	1965.9
	时学孟	1960.8	冯家哲	1962.1	项奎章	1962.8	卢慧生	1965.9
	奚鸣录	1960.8	哈成忠	1962.2	郁鑑芳	1962.8	施甘霖	1965.9
	方 嘉	1961	黄丽珍	1962.2	金四维	1962.9	王郁雯	1965.9
	郭茂安	1961	马维龙	1962.2	邓绍杰	1963.6	严俭芳	1965.12
	蒋日朝	1961	赵宏春	1962.2	张正祥	1963.8	秦 标	1966.2
1966	陆寒生	1961	顾观涛	1962.3	孙景候	1964.7	刘培选	1966.3
	田金榜	1961	刘传富	1962.5	冯美芳	1964.8		

资料来源：上海市建青实验学校档案室提供。

2. 上海市建青中学教职员工名录

（1967—1982）

年 代	姓 名	入职年份	姓 名	入职年份	姓 名	入职年份	姓 名	入职年份
	曹云珠	1968.1	王季芳	1971	陈其尧	1975	张根庆	1975
1967	高 平	1968.6	张美娟	1971	何张妹	1975	张金宝	1975
	宋范川	1968.12	徐赓康	1971.12	刘光华	1975	张文渝	1975
	陈振民	1970.1	曹林妹	1972.6	戎思平	1975	周秀英	1975
	董景蓉	1970.1	刘鸿裳	1973.1	沈立国	1975	顾柄炎	1976
	郭培群	1970.7	张国方	1974.2	孙玲妹	1975	王 辐	1976
	周国英	1970.8	吴传贤	1974.11	澳丽佩	1975	洪莲卿	1976.1
1976	钱尚萍	1970.8	曹小弟	1975	吴宗松	1975	唐士伦	1976.8
	汪国珍	1971	陈 廉	1975	杨启真	1975		

年 代	姓 名	入职年份	姓 名	入职年份	姓 名	入职年份	姓 名	入职年份
1977	陈庆堂	1977	朱蓉珍	1978	刘静娟	1980.7	凌蓓蓓	1982
	陈长华	1977	沈艾玫	1978.8	吴国璠	1980.9	罗 明	1982
	戴亚芬	1977	夏兰娣	1978.9	陈 贞	1981	吕 茵	1982
	胡 钺	1977	曹玉茹	1979	丁仁耀	1981	马 平	1982
	李佐华	1977	崔宝娣	1979	龚仲平	1981	毛建民	1982
	潘一平	1977	戴玉芬	1979	郭南海	1981	潘泳川	1982
	钱佩贤	1977	董指中	1979	胡 敏	1981	乔伟忠	1982
	王少平	1977	洪炳文	1979	刘献华	1981	沈红梅	1982
	徐文煜	1977	华加蒙	1979	陆建民	1981	史亚伦	1982
	徐元荧	1977	潘荣先	1979	倪大为	1981	汤增福	1982
	杨素霞	1977	杨博文	1979	田国忠	1981	王建萍	1982
	王依怀	1977.8	杨洪明	1979	谢丽英	1981	王全红	1982
	陈立根	1978	叶 澄	1979	徐双渔	1981	徐永初	1982
	陈 霖	1978	张峻华	1979	严光荣	1981	严荣华	1982
	金 霞	1978	戴美娥	1979.8	周云庭	1981	杨年娣	1982
	刘琳玉	1978	张健男	1979.8	左 燕	1981	尹 慧	1982
	沈 毅	1978	陈瑂珍	1979.11	蔡惠英	1981.1	仲玉华	1982
	孙 建	1978	陈长宁	1980	张 泽	1981.1	郭日鋐	1982.1
	吴小迪	1978	李静微	1980	蒋逸瑜	1981.2	曹 晨	1982.7
	徐棣杨	1978	王腾芳	1980	潘三明	1981.9	沈蔚萍	1982.7
	许惠兰	1978	王泳明	1980	杨清培	1981.12	陈冠一	1982.8
	殷秋凤	1978	尹 蕾	1980	蔡志洪	1982	项 颖	1982.8
	翟齐鸣	1978	岳梅珍	1980	陈旭英	1982	赵鸿发	1982.9
1982	赵红英	1978	张永慧	1980	甘书强	1982	周洁民	1982.9
	郑 珊	1978	白 坤	1980.2	蒋忠毅	1982		
	朱苰元	1978	陈家雄	1980.6.	李耀薇	1982		

资料来源：上海市建青实验学校档案室提供。

3．上海市建青中学／建青实验学校教职员工名录

（1983—1991）

姓名	入职年份	姓名	入职年份	姓名	入职年份	姓名	入职年份
陈复麟	1968.3	朱锦梅	1984	黄世强	1986	徐育才	1988
陈爱民	1983	易春英	1984.2	姜小路	1986	姚英姿	1988
郭兆年	1983	吴传乐	1984.5	倪　磊	1986	叶　萍	1988
姜心洁	1983	陆静秀	1984.6	钱明华	1986	张文佳	1988
李　烨	1983	潘学乐	1984.7	于　卫	1986	赵玲波	1988
陆　奇	1983	汪蕙雯	1984.8	袁　虹	1986	周志强	1988
施鑫峰	1983	周惠仙	1984.8	李　惠	1986	蒋　坚	1988.2
孙　虹	1983	朱　政	1984.8	朱诗奎	1986	田秋雯	1988.2
王广忠	1983	孔德渭	1985	邹　婷	1986	王　敏	1988.3
翁　芸	1983	冷炜雯	1985	周建星	1986	顾信钧	1988.9
肖泳舟	1983	陆　红	1985	冯锦根	1986.2	周坤元	1988.9
袁建中	1983	齐建均	1985	钱大凯	1986.9	毕连之	1989
张霞英	1983	秦　璞	1985	徐秀英	1986.12	曹德胜	1989
朱　勤	1983	施志红	1985	倪　嘉	1987	黄国瑾	1989
瞿锡红	1983.7	孙发秀	1985	钱　泓	1987	黄　艳	1989
余倚鑫	1983.7	孙中环	1985	孙国英	1987	李少麟	1989
袁志盘	1983.7	王佩君	1985	吴子健	1987	陆李扬	1989
陈巧生	1983.8	闻人范	1985	张元欣	1987	缪玲芳	1989
张　静	1983.11	张雯英	1985	朱　虹	1987	潘　峰	1989
储海轩	1984	张云昆	1985	邹　燕	1987.1	王红斌	1989
吉杏珍	1984	祝金国	1985	王晓明	1987.2	王玮华	1989
李微耀	1984	孙伊范	1985.1	郭芳锦	1988	杨为人	1989
盛仁初	1984	赵金德	1985.2	郭咏梅	1988	俞　晴	1989
汪亚平	1984	钱南荣	1985.7	何淑满	1988	张　颉	1989
汪　亮	1984	袁焕立	1985.7	刘　晏	1988	张　欣	1989
姚　谦	1984	申晓蔚	1985.9	陆锦秀	1988	夏公葆	1989.2
殷诗琦	1984	吴娥英	1985.9	马唤东	1988	陆　雄	1989.3
周弼燕	1984	曹雪清	1986	魏　雯	1988	陶志铭	1989.9

姓名	入职年份	姓名	入职年份	姓名	入职年份	姓名	入职年份
方　晖	1990	殷　哲	1990	曹仁华	1991	王亚军	1991
汪蕙雯	1990	袁继红	1990	傅小燕	1991	尉迟晓苓	1991
李　忠	1990	赵峥嵘	1990	黄永刚	1991	周洁民	1991
施　梅	1990	朱庆全	1990	康　杰	1991	施德明	1991.6
宋毅文	1990	李家冀	1990.1	荣蓓华	1991	侯中平	1991.7
唐克雯	1990	梁　敏	1990.1	孙为言	1991	吴敏珠	1991.7
田亚琴	1990	张　婉	1990.2	屠亦群	1991	殷秋琴	1991.8
王晓燕	1990	姚俊明	1990.8	汪祚伟	1991		

资料来源：上海市建青实验学校档案室提供。

4．上海市建青实验学校中学部教职员工名录
（1992—2003）

姓名	入职年份	姓名	入职年份	姓名	入职年份	姓名	入职年份
何晓军	1992	金保罗	1993	梁建国	1994.8	夏建国	1997
陆雪琴	1992	陆晓峰	1993	石惟龄	1994.9	俞陈虎	1997
陆志明	1992	宋琪	1993	黄　歆	1995	周媛媛	1997
倪　侃	1992	徐　凡	1993	金蕙南	1995	陈世明	1998
施美峰	1992	姚欣宏	1993	李　敏	1995	陈　勇	1998
王志海	1992	殷曼华	1993	魏晓芳	1995.2	陈志宇	1998
张美英	1992	朱敏珏	1993	马海波	1996	龚丽华	1998
张　萍	1992	陈雅萍	1994	徐雪咏	1996	李春霞	1998
张思嘉	1992	郭洁纯	1994	许平静	1996	马燕英	1998
赵洪流	1992	黄万红	1994	余泽红	1996	茅　燕	1998
郑莉亚	1992	计晨平	1994	仲丽娟	1996	孟　鸿	1998
朱　红	1992	季晓军	1994	曹　俊	1997	孙亚英	1998
凌曜钧	1992.2	李　莹	1994	胡建民	1997	覃晓玲	1998
萨　莎	1992.9	沈继萍	1994	江　涛	1997	吴海霞	1998
俞　雯	1992.9	孙长荣	1994	金　喆	1997	杨　俊	1998
敖宛松	1993	徐振宇	1994	童葆菁	1997	杨蜀宁	1998

姓名	入职年份	姓名	入职年份	姓名	入职年份	姓名	入职年份
张翼翔	1998	郁小明	1999	褚凌艳	2001	邵海宝	2002
郑左贞	1998	张文梅	1999	黄健民	2001	沈玉兰	2002
朱　刚	1998	周彬慧	1999	梁　伟	2001	沈振松	2002
朱　梅	1998	周诗懿	1999	陆滟滟	2001	吴功德	2002
竺建伟	1998	周　毅	1999	王　斌	2001	许尉勤	2002
龚雪英	1998.8	朱崇福	1999	王黎明	2001	周　萍	2002
谭燕华	1998.8	陈筱琪	2000	王燕萍	2001	左朝生	2002
陶玉娟	1998.8	何　静	2000	颜　洁	2001	曾志军	2003
陈晓波	1999	黄　景	2000	杨耀珠	2001	迟少辉	2003
程乐乐	1999	金映辉	2000	杨　峥	2001	顾平康	2003
程　萍	1999	荆朝霞	2000	于　勇	2001	姜　芳	2003
黄国强	1999	刘　蓉	2000	余发安	2001	李君宜	2003
蒋涵毅	1999	娄卫东	2000	余同芳	2001	李　梅	2003
吕　晨	1999	彭志明	2000	俞培夫	2001	孙　丁	2003
潘敬芳	1999	孙耀明	2000	张定鸿	2001	唐育华	2003
沈　瑞	1999	王　辉	2000	周　华	2001	许庆书	2003
王　卉	1999	张庆华	2000	江龙祥	2002	张恩维	2003
王映楠	1999	周胜峰	2000	姜有荣	2002	张　红	2003
杨　洁	1999	刘继鹏	2000.9	邵　斌	2002		

资料来源：上海市建青实验学校档案室提供。

5. 上海市建青实验学校教职员工名录
（2004—2019）

姓名	入职年份	姓名	入职年份	姓名	入职年份	姓名	入职年份
陈丽华	2004	金文磊	2004	王长青	2004	徐海锋	2004
陈　以	2004	茅　慧	2004	肖　辉	2004	徐惠娣	2004
黄　新	2004	钱叶秀	2004	徐繁荣	2004	徐恬文	2004

姓名	入职年份	姓名	入职年份	姓名	入职年份	姓名	入职年份
杨吉	2004	王遂坡	2008	钟斌	2013	胡伊人	2016
尹雪静	2004	应黎莉	2008	陈丽	2014	马遥	2016
张垚	2004	许一飞	2009	陈依群	2014	吴冬梅	2016
邹婷	2004	张斯恒	2009	胡丹丹	2014	徐泽群	2016
汤湧萍	2004.1	戴群	2010	黎雯越	2014	顾静	2017
陈莉	2005	许海鸣	2010	龙婴	2014	黄裔	2017
褚亚婷	2005	王建军	2011	陆春香	2014	倪文韬	2017
梅援	2005	王蒨	2011	马骁骁	2014	孙红蕾	2017
任先明	2005	熊秋菊	2011	沈天莹	2014	陶晓阳	2017
尚丽娟	2005	张平	2011	万技伟	2014	胥明雨	2017
吴莉娟	2005	陈洁	2012	王晓宇	2014	张利国	2017
徐华	2005	郝春芸	2012	魏启河	2014	朱岩	2017
张佩萍	2005	李明珠	2012	熊剑锋	2014	宗云	2017
朱光一	2005	马豫鄂	2012	袁朝阳	2014	陈鲁芳	2018
韩建萍	2006	潘丽娃	2012	蔡晟喆	2015	陈苏旸	2018
娄同森	2006	潘自意	2012	李俊	2015	黄子轩	2018
缪青	2006	滕芳梅	2012	李伟	2015	邵量亮	2018
邬小璐	2006	肖敏	2012	沈静	2015	王莹雯	2018
熊茵	2006	黄雯	2013	杨兆环	2015	薛瑞婷	2018
徐益	2006	蒋闻旭	2013	殷小凤	2015	张禹晟	2018
朱峻明	2006	刘喆	2013	张明宇	2015		
戴静芬	2007	毛佳颖	2013	周珉慧	2015		
王妍	2007	施宇慧	2013	周平	2015		
陈建国	2008	吴珍	2013	程芳	2016		
沈佩芳	2008	赵纪诺	2013	胡瑞丽	2016		

资料来源：上海市建青实验学校档案室提供。

6. 上海市建青实验学校小学部教职员工名录
（1984—2019）

姓名	入职年份	姓名	入职年份	姓名	入职年份	姓名	入职年份
郑宏娣	1979.8	张萝苓	1984.8	徐青	1987	吕国英	1989.7
施林芳	1983	张美娟	1984.9	张颉	1987	袁淑敏	1989.8
陶惠镛	1983.7	傅明华	1985	周琦	1987	胡蕊茝	1989.9
陈敏	1984	姜清	1985	朱虹	1987	陈薇薇	1990
陈守嘉	1984	金海萍	1985	李伟妹	1987.1	黄莉	1990
陈震德	1984	梅明凤	1985	陈立根	1988	余文漪	1990
黄中德	1984	翁凤娣	1985	杜海萍	1988	张力	1990
姜小路	1984	朱瑾	1985	顾允一	1988	张争芳	1990
凌杏菊	1984	姚宝生	1985.2	黄冰晶	1988	阎骐	1991
陆惠君	1984	何晓琦	1985.5	陆亚平	1988	王秀萍	1991.9
缪如宁	1984	李慧征	1985.7	马焕东	1988	沙飇	1992
苏雯	1984	宋文多	1985.9	马缨	1988	邵璐璐	1992
汪亚平	1984	王桂珍	1985.9	倪敏	1988	叶峥	1992
王莉珍	1984	王勇	1986	覃海珍	1988	朱铭焱	1992
叶彩云	1984	王月琴	1986	张凤霞	1988	许忠棠	1992.7
叶翠云	1984	奚红	1986	赵玲波	1988	陈婕	1993
张雅芬	1984	翟齐鸣	1986	周志强	1988	仇兆军	1993
郑虬	1984	周丽萍	1986	周丽瑛	1988.8	沈鹏	1993
周毅	1984	朱丽华	1986	钟伟	1988.9	王昊	1993
沈全发	1984.2	郑左贞	1986.7	刘文煊	1988.11	王晓燕	1993
杨振钏	1984.2	王静韵	1986.8	范季铭	1989	许敏海	1993
裔静莲	1984.2	陈燕菲	1987	田秋雯	1989	詹雯蔚	1993
沙德璞	1984.7	承宇烨	1987	许泽萍	1989	钟培琴	1993
杨伯元	1984.7	李颖	1987	杨咏梅	1989	朱艳	1993
顾心芳	1984.8	吴英	1987	郑华	1989	陆文琪	1994
王云梅	1984.8	徐敏海	1987	陆雄	1989.3	毛煦静	1994

姓名	入职年份	姓名	入职年份	姓名	入职年份	姓名	入职年份
施玉萍	1994	张 硕	1999	郑祯华	2006	汪 效	2013
孙韦静	1994	周虹霞	1999	金燕萍	2007	朱佳敏	2013
徐 琳	1994	江 渝	2000	乐秉刚	2007	彭 越	2014
杜 蕾	1995	李冬薇	2000	王春燕	2007	沙佳伦	2014
洪 华	1995	沈 凌	2001	王 琰	2007	沙 倩	2014
刘金晔	1995	颜 洁	2001	虞培灵	2007	盛怡婷	2014
陈丽丽	1996	沈 琦	2003	陈 瑶	2007	田 婷	2014
陈龄龙	1996	许 妍	2003	吴婷婷	2008	王 伟	2014
朱 刚	1996	刘 畅	2004	徐 艳	2008	吴斐斐	2014
庄思宗	1996	陆 惠	2004	赵卓敏	2009	张 俊	2014
姜圣皓	1998	季秀倩	2005	陈山鹰	2010	张 雯	2014
姜 艳	1998	徐 清	2005	黄敏芯	2010	张漪蓓	2014
马静仪	1998	周文青	2005	孔丽萍	2011	陈 洁	2015
裴 军	1998	洪可循	2006	郑 娴	2011	李婷婷	2015
郑月冬	1998	金 晶	2006	邓青华	2012	沈 洁	2015
濮志芃	1999	韦海峰	2006	刘人杰	2012	童 璐	2015
王才平	1999	袁 铭	2006	程诗卉	2013	王 珊	2017
许蕴超	1999	袁培颖	2006	裴 立	2013	唐 蕾	2018

资料来源：上海市建青实验学校档案室提供。

7. 上海市建青实验学校幼儿园教职员工名录
（1984—2019）

姓名	入职年份	姓名	入职年份	姓名	入职年份	姓名	入职年份
符 蕾	1983	孙 华	1983	蒋玉莲	1984	徐黎敏	1984
刘 纯	1983	谢 芳	1983	陆静秀	1984	周蕙仙	1984
刘 惠	1983	张云昆	1983	王宪蓉	1984	张筱芬	1984
糜模娟	1983	承宇烨	1984	王 悦	1984	赵根娣	1984

姓名	入职年份	姓名	入职年份	姓名	入职年份	姓名	入职年份
宋桂红	1983	戚训生	1984	许锡芬	1984	周彩凤	1984
王湘心	1985	苏 雯	1989	许士瑾	1998	张丽婷	2011
彭海英	1985	袁继红	1990	郭 璇	2000	章少珍	2011
张凤霞	1986	张 凌	1990	李冬薇	2000	傅 蓉	2012
张秀白	1986	陆文杰	1991	张 蕙	2000	居笑冰	2012
沈国华	1986	杨卫岚	1991	曹 洁	2001	陈 雯	2013
吴 梅	1986	赵 薇	1991	吴芳芳	2002	陈正楠	2013
姚英姿	1986	杜 蕾	1992	陈海美	2003	范 芸	2013
赵 群	1986	冯锦根	1992	唐丽婷	2003	何佳緦	2013
周建星	1986	季孝敏	1992	王 汝	2003	田 岚	2013
李伟妹	1987	罗 明	1992	毛 奕	2004	袁 溪	2013
高定琦	1987	吕 茵	1992	郑海燕	2004	周 颖	2013
陈 佳	1987	徐敏海	1992	钱倩雯	2005	陈 春	2014
郭芳锦	1987	杨 振	1992	沈 梦	2005	陈 梦	2014
卢碧滢	1987	翟齐鸣	1992	刘海珠	2006	沙佳琳	2014
吴彩菊	1987	罗 芳	1993	陈佳英	2007	孙梦茜	2014
许 梅	1987	朱莉君	1993	杨文珺	2007	昌 春	2015
张文佳	1987	卢德慧	1994	董颖天	2008	雷 佳	2016
胡彩菊	1988	陈 凌	1994	王佳璐	2008	杨玲玲	2016
金 洁	1988	马燕瑾	1994	朱 莹	2008	杨 杨	2016
徐 敏	1988	翟玉华	1994	沈晓凤	2009	戴潇佳	2017
张静秀	1988	陈 谦	1996	周艳蓉	2009	姜雅敏	2017
陈芙琼	1989	冯 凌	1996	胡 琰	2010	陆昕瑜	2017
陈 青	1989	吴燕凤	1996	王丽丽	2010		
蒋 莉	1989	周红琳	1996	蔡静玲	2011		
刘文佳	1989	张旭燕	1997	金耀文	2011		

资料来源：上海市建青实验学校档案室提供。

附录五

部分校友简介

1. 周明伟： 1972 届校友。

　　1969 年 8 月至 1972 年 8 月在上海市建青中学读书。1972 年 10 月至 1980 年 8 月在江苏沛县大屯煤矿务工，连续五年被评为劳动模范、先进生产者，在煤矿务工期间艰苦自学，于 1980 年考上复旦大学国际政治系。1983 年 10 月加入中国共产党，1984 年 7 月毕业于复旦大学国际政治系、研究生学历，副教授。1984 年 5 月至 1996 年 3 月，先后任共青团复旦大学团委副书记、校长助理兼校办主任、外办主任；其间先后到美国纽约州立大学洛克菲勒政治学院学习和美国哈佛大学肯尼迪政治学院学习；1996 年 3 月至 2000 年 7 月任上海市人民政府外事办公室副主任、党组书记、主任，中共上海市委候补委员、委员；2000 年 7 月至 2003 年 12 月任中共中央台湾事务办公室、国务院台湾事务办公室副主任；2003 年 12 月任中国外文局常务副局长（副部长级）；2009 年 7 月任中国外文局局长。党的十六大、十八大代表，第十二届全国政协委员、全国政协外事委员会委员。任中国人民对外友好协会常务理事、中国外交学会常务理事等，是俄罗斯莫斯科高等经济管理学院名誉教授。

2. 孙蒙生： 1973 届校友。

　　中共党员，硕士研究生。1973 年 11 月参加工作，曾任职上海石化总厂对外合同项目科长、瑞士／比利时／日本跨国公司驻华采购经理、浙江九洲药物科技有限公司副总经理、浙江九洲药业股份有限公司营销总监，现任浙江九洲药业股份有限公司监事会主席。

3. 陈国宏： 1974 届校友。

　　硕士。先后任华东理工大学台湾研究所教授、所长，华东理工大学硕士生导师和上海市经委党校教授。现任上海荣欣家庭装潢有限公司董事长、党委书记、总经理、中国建筑装饰协会副会长等职。工作至今获得数十项全国和市级以上奖项，并先后主编出版了《上海家庭艺术》荣欣家庭装潢书系列三册，《在竞争中创造消费潮流——荣欣装潢公司的经营理念与实践》上下册，《追寻工业化装修之路》，策划《家庭装潢指导作品精选》20 多集 DVD，策划教育电视台《家庭装潢指导》栏目 500 多集等。

4. 邵鸣： 1975 届校友。

　　法律硕士。1979 年 9 月作为首届生被华东政法学院（现改名华东政法大学）法律系录取。1983 年 9 月至 1988 年 8 月，被先后分配到上海市普陀区人民法院和普陀区公证处工作；其间，担任过法院助理审判员、审判员、庭长、审判委员会委员、公证处主任，曾是上海市最年轻的法院庭长和公证处主任。目前是沪上规模最大，职业律师人数最多的上海市锦天城律师事务所的一级合伙人（高级合伙人），直接经手办理了一系列在国内外产生重大影响的著名案件。

5. 杨继才： 1975 届校友。

　　中共党员，研究生。1978 年 5 月参加工作，曾任职于上海医疗器械表牌厂设备动力科科长、上海市医药管理局团委委员、副书记，共青团上海市委组织部人事科长，机关党委专职副书记，事业管理委员会办公室副主任、主任，上海大世界（集团）有限公司董事长、党委书记、总经理，上海青年实业控股（集团）有限公司董事长，现任上海大众公用事业（集团）股份有限公司副总经理。

6. 蔡菊英： 1975 届校友。

　　中共党员。1971 年至 1975 年在上海市建青中学读书，任班长。班上有一患小儿麻痹症的同学，蔡菊英组织了一些同学每天用轮椅将她推到学校，再由她背着那位同学进教室。中学 4 年，蔡菊英背了 4 年，从中一的一楼教室背到中四的四楼教室。她的事迹在《文汇报》《人民日报》报道，被沈阳雷锋纪念馆了解后，将她的事迹收进了雷锋纪念馆。1975 年中学毕业后蔡菊英带头去崇明东风农场，任团支部书记、连队代理指导员。1979 年回城后在几个单位一直做团的工作和党的工作，任九洲商厦第三党支部书记。

7. 丁雨育：1975 届校友。

中共党员。1976 年分配进入上海第三光学仪器厂工作。曾任厂技校老师、教育科科长、厂办主任、厂工会主席等职。后调任光学集团公司党办主任。浦东改革开放后，进入浦东新区社会组织管理局工作。现任浦东新区社会组织服务中心主任。

8. 徐畅：1976 届校友。

创办阿达艺术公司，任总经理。国际动画协会会员、动画编导。与中央、北京、上海和南京等多家电视台合作，制作了《地球神童》《盘瓠招亲》《丁丁与大鼻子狗》等系列电视动画片。在多个国际动画电影节上担任评委工作。作为亚洲第一个加入国际动画协会的儿童动画指导者，他指导儿童绘制了数十部动画影片，在多个国际动画电影节上放映，获得好评。曾受聘于上海视觉艺术学院等多个高等艺术院校和中小学为学员授课。先后任教南京电视台东华中心，上海美术电影专修学校，广播电影电视管理干部学校动画系，并被聘为客座教授。自 1984 年起，利用业余时间，先后在徐汇区、长宁区和上海市老年大学以及上海老年大学科技分校授课。担任书画装裱、动画、摄影、电脑课程的教学工作。在上海老年大学曾发起"学科渗透"课题研究，探索科学与艺术相互渗透的教学方法。

9. 臧宏鸣：1978 届校友。

1975 年至 1979 年在建青中学就读，1979 年考入复旦大学，获理学士学位。1983 年在上海大学任教与在职学习，获硕士学位。1993 年获副教授职称。主要教授计算方法、软件开发、信息管理和企业信息化等硕士、博士及总裁班等课程并参与国家与部委的多项研究项目；1999 年开始任百事中国东区及上海百事的资讯技术总监，负责百事中国东区各企业的 IT 战略规划及企业管理流程的优化，成功建设各类信息系统等，现同时担任几所高校与企业的兼职教授和顾问。

10. 袁鹰：1979 届校友。

曾担任校团委副书记，多次被评为校三好学生和校优秀团干部。高中毕业后留校，被组织推荐保送入读上海团校（现上海市青年干部管理学院）。1983 年 4 月任共青团上海市长宁区委员会副书记。1986 年至 2000 年，先后担任长宁区天山新村街道办事处副主任、虹桥街道党工委副书记，2000 年至 2003 年任中共长宁区委办公室主任，2003 年至 2006 年期间担任中共青浦区委常委、宣传部部长，2006 年至 2015 年 6 月任中共宝山区委常委、宣传部部长、中共宝山区委副书记，2015 年 7 月至今任上海市政协副秘书长。

11. 顾洪辉：1981 届校友。

毕业后考入华东师范大学历史系，并任校学生会第十三届主席。1985 年大学毕业，经市委组织部第四期青年干部培训班培训后进上海天原化工厂，曾任企业管理办公室主任等职。1992 年起曾任共青团上海市委宣传部副部长、青工部部长、统战部部长，市青联秘书长等职。2001 年起任共青团上海市委副书记、市青年联合会副主席。2006 年起担任上海市委台湾工作办公室副主任、市政府台湾事务办公室副主任。2011 年 9 月起任上海市发展和改革委员会副主任、党组成员，兼物价局局长、市口岸服务办公室副主任。2016 年起任上海市长宁区委副书记、区长、区政府党组书记。十一届上海市委委员。曾任上海市第八届政协委员。上海市第十五届人民代表大会代表。

12. 杨杰：1981 届校友。

曾任上海市公安局指挥部指挥中心主任，上海市公安局城市轨道交通分局党委书记、局长，金山区副区长、市公安局金山分局党委书记、局长，宝山区委常委，市公安局宝山分局党委书记、局长等职。现任上海市黄浦区副区长。

13. 邹小雷：1981 届校友。

1985 年上海师范大学中文系毕业，赴新疆支边 6 年，做过新疆石河子一中教师，新疆石河子市电视台记者编辑。1991 年回沪，先后服务于中国人民银行上海分行和招商银行上海分行。曾任招商银行上海分行人力资源部总经理助理，南西支行副行长，上海分行办公室副主任，自贸区分行综合管理部总经理等职。

14. 贾志华：1981 届校友。

毕业后进入上海河运学校学习，后被分配在上海轮船公司工作。1988 年开始创业，2001 年成立了上海天偶图文印务有限公司并任董事长至今，多次参与社会慈善活动并对贫困地区进行捐助及帮助。

15. 卢霖：1983 届校友。

1979 年至 1983 年在建青中学就读高中。1983 年至 1987 年在上海交通大学机械工程系就读本科。2003 年至 2005 年在中欧国际工商学院就读 EMBA。1987 年 7 月从上海交通大学毕业后到中国船舶及海洋工程设计研究院工作至今（其间于 2013 年至 2014 年调中船第九设计院有限公司任党委书记、副董事长），现任党委书记、副院长。中国船舶及海洋工程设计研究院主要从事船舶及海洋工程总体设计研究，是新中国船舶科技的摇篮，目前隶属于中国船舶工业集团公司。

16. 陈术宇：1986 届校友。

现为上海电气输配电集团副总裁，上海生产性服务业理事会副理事。曾获行业领军人物、商务部劳动模范称号。

17. 郭梅君：1987 届校友。

经济学博士，文学硕士。现任上海戏剧学院艺术管理主任，约翰·霍金斯创意产业研究中心副主任，美国表演艺术学院理事，昆士兰科技大学访问学者，澳大利亚创意产业及创新研究中心特邀研究员。世界城市文化中国论坛秘书长、中英合资智酷文创资产管理（上海）有限公司CEO。郭梅君具备融通艺术、经济与金融的跨学科研究的学术功底和综合管理能力。近年来专注于创意企业管理、创意经济研究和创新人才培养模式的创新实践，发起并推动了多项促进创意产业发展的国际合作项目。主要研究领域包括创意经济、创意产业、艺术管理、创意产业投融资等。先后获得"2011 年度中国创意产业十大领军人物大奖"等荣誉。出版专著《创意转型》，英文译著《How Creativity is Changing China》，其研究成果收录于《2012 中国创意产业发展报告》《2011 上海文化发展蓝皮书》《2012 世界城市

文化报告》等研究报告中。

18. 贾炜：1987 届校友。

上海师范大学政教系学生，毕业后任上海市番禺中学教师，团委书记。1994 年至 2001 年任共青团上海市长宁区委常委、宣传部部长，共青团上海市长宁区委副书记、书记。2001 年至 2006 年 11 月任长宁区江苏路社区（街道）党工委书记。2006 年 11 月至 2009 年 2 月任长宁新华路社区（街道）党工委书记。2009 年 2 月至 2011 年 11 月任长宁区教育党工委副书记、局长、区政府教育督导室主任。2011 年 11 月至 2014 年 6 月任上海市金山区政府副区长、党组成员。2014 年 6 月至今任上海市教育委员会副主任。

19. 李峻：1993 届校友。

中共党员，副教授，博士。2000 年 3 月参加工作。曾任职于东华大学服装艺术设计学院电脑艺术设计专业主任、新媒体设计专业主任、视觉传达系副主任、艺术设计支部书记，东华大学上海国际时尚创意学院副院长，现任东华大学上海国际时尚创意学院常务副院长。

20. 徐瑞哲，1997 届校友。

文学硕士，中共党员。在校就读期间曾任校团委副书记，被评为上海市优秀学生干部。毕业后考进复旦大学中国语言文学系，任中文系团学联副秘书长。作为复旦大学优秀毕业生，2001 年直升中文系研究生。2004 年取得学位后，在解放日报社工作至今。2014 年获评高级职称，受聘主任记者。现任《解放日报》首席记者、《上观新闻》教育栏目主编。获得多种省部级新闻奖项，如上海新闻奖一等奖，全国省级党报好新闻一等奖，教育部优秀教育新闻，科技部"科技好新闻"，中科院"科星新闻奖"，以及上海市科技新闻奖一等奖，上海教育新闻奖特等奖、一等奖、最佳评论奖等多次。

21. 朱潇潇：2000 届校友。

历史学博士。在建青实验学校就读时，担任班长、学生会综管部副部长，多次获得市级以上艺术类和演讲辩论赛奖项。2000 年考入复旦历史系，担任历史系大班班长、学生园区副会长、历史系团学联副主席，被评为上海市三好学生。担任过著名学者海登·怀特的陪同翻译。现任复

旦大学马克思主义学院副教授，研究方向为中共党史与党建、中国近代史。美国弗吉尼亚联邦大学访问学者。

22. 俞懿晗：2000 届校友。

曾任校团委秘书处学生干部。毕业后考入上海外国语大学对外汉语系。2004 年毕业后就职于《东方早报》，先后担任国际新闻部首席记者、国际部副主任，多次作为特派记者赴海外报道重大新闻事件，曾获《东方早报》先进工作者、文汇新民联合报业集团"三八红旗手"称号。此后历任东方卫视业务拓展部副主任，上海文广集团互联网节目中心市场总监。目前供职于谷歌中国。

23. 刘尊钢：2001 届校友。

硕士。在校时，曾任校学生会宣传部部长，多次获得数学、科技、化学竞赛等第奖。毕业后考入上海交通大学，在交大就读期间，被派往德国学习，2006 年 3 月获德国海德堡大学硕士学位。现在美时医疗技术（上海）有限公司工作。

24. 余弦：2002 届校友。

毕业后考入复旦大学国际关系与公共事务学院，大学期间，作为交换生赴香港中文大学学习，并于 2008 年于英国爱丁堡大学商学院完成硕士学业。曾任南（东）苑学生生活园区区长、宣传中心主任，多次被评为优秀学生干部、三好学生，协助校方举办"两岸四地——中华传统文化论坛"，创立心暄社品牌项目，代表复旦大学参加"中国青年记者访问团"赴韩国访问考察。现就职于喜达屋酒店及度假村管理有限公司，实习培训期间赴公司亚太区总部——新加坡及亚太区多家酒店挂职锻炼。

25. 王悦阳：2003 届校友。

2007 年同济大学中文系汉语言专业毕业。上海市作家协会会员，上海市文艺评论家协会会员，第七届上海文化新人提名奖获得者。现任上海报业集团《新民周刊》编辑、记者、画家、文艺评论家、编剧。自 2004 年起，参与上海昆剧团七夕版《长生殿》、北方昆曲剧院《望乡》、江苏省昆剧院《幽闺记》、上海昆剧团《桃花人面》剧本整理改编工作。2018 年，担任由著名作家白先勇担任总制作的苏州昆剧院昆剧《义侠记》剧本整理改编。多年来撰写《人

逢今世缘——国画大师画昆曲》《还似人生一梦中》《画说昆曲》《程十发的笔墨世界》《跟程十发品名画》《画家十发》《一程十发》《清溪樵子钱慧安评传》《画梁软语、梅谷清音——梁谷音评传》《风雅千秋——蔡正仁昆曲官生表演艺术》《海上生明月——上海书画院画师访谈录》《明月千里共婵娟——王文娟》《中国当代绘画艺术巨匠——程十发卷》等著作。2009 年起担任大型文化纪录片《昆曲百种 大师说戏》主编。

26. 沈辛成：2003 届校友。

毕业后考入北京大学历史系，参与了河北邢台补要村发掘工作。大学期间在专业杂志发表学术论文多篇并获奖。2007 年考入复旦大学攻读硕士学位，并代表复旦大学参与郑州市沿黄河文化生态产业规划设计，参与上海松江广富林考古工程。2012 年取得哥伦比亚大学人类学硕士学位，佐治亚州理工学院科技史博士。现任上海交通大学科学史与科学文化研究院助理教授，青年作家。曾于美国自然历史博物馆、9·11 国家纪念馆、纽约历史学会和上海科技馆，从事策展和研究工作。在《人民日报》《史林》《文汇学人》等发表学术文章数篇，著作《纽约无人是客》入选豆瓣 2017 年榜和单向街书店读者最爱新书。

27. 宁静：2003 届校友。

中共党员。在校期间曾任学生会学习部部长，毕业时以上海考生 2003 年高考文科第一考进上海财经大学会计学院。2007 年受聘于通用电气任财务培训生。2013 年移民澳洲，现任贝克休斯深海采油澳洲项目财务经理。

28. 关珏颖：2004 届校友。

中共党员，在校期间被评为上海市优秀毕业生，上海市"雏鹰好少年"，并担任《建青报》第 4 任主编。同时还是长宁有线电视中心《你我心曲》栏目节目主持人和上海东方广播电台 FM92.4《英语乐园》节目主持人。毕业后进入复旦大学新闻学院广告系学习，担任新闻学院团学联副主席，获上海市旅游形象大使十佳称号，任旅德艺术家王小慧女士的专署模特，代表复旦大学随中国记者协会出访中国台湾地区，进行新闻交流。被评为复旦大学优秀毕业生。毕业后，曾先后就职于多家国际广告公司，现任职

Superunion扬特品牌咨询大中华区执行策略总监，协助高管团队制定品牌发展战略。

29. 苏瑛莹：2005届校友。

中共党员。毕业后考入同济大学英语系，在外国语学院英语作文竞赛及西方人文知识大赛中分别获得二等奖和三等奖，并以榜首的成绩通过了英语八级测试。2007学年被学校推荐前往比利时布卢塞尔学习，并到欧洲许多国家交流。大学四年，担任学生干部，被评为同济大学优秀学生和同济大学优秀毕业生。现在上海一家知名建筑设计咨询公司，担任市场发展部副总监，负责公司运营及全国战略拓展的工作。

30. 黄颖：2005届校友。

中共党员，一级运动员，中国青少年书法家协会会员。在校期间任体育委员、中队长，被评为三好学生。曾获全国中学生、业余体校手球联赛女子B组第三名，"体彩杯"上海市第三届青少年运动会手球比赛女子A组第三名。毕业后考入中国刑事警察学院。第二届全国大学生军用枪射击比赛女子组第八名，学院学生书画苑苑长、班长、连续四年获得优秀团员称号。2009年8月起任职于上海市公安局普陀分局刑侦支队。

31. 周音：2006届校友。

在校期间任班长，历年获区优秀学生干部，区三好学生称号。获张明为奖学金和徐勤奖学金。2005年代表学校赴澳大利亚考察学习交流。进入同济大学后，任2006电气类一支部副书记，获院"优秀学生干部"称号。2009年7月赴上海移动参加"动感智才"实习，获好评。

32. 方玮：2006届校友。

1992年至2006年在建青实验学校学习期间，任大队委员、文艺部部长。加入中国福利会少年宫东方小伙伴艺术团舞蹈班，多次参与市级、国家级重大文艺晚会演出，曾随东方小伙伴艺术团出访美国、日本和香港，被全美中文学校协会授予"国际艺术杰出贡献奖"。在"群星奖"舞蹈比赛中，《金葵花》、《白鸽》分别获一、二等奖。2006年进入复旦大学新闻学院后，获国家教育部授予国家

奖学金、复旦大学书院之星、网易企业奖学金和"复旦大学优秀毕业生"的荣誉。大学期间曾参加复旦大学艺术团的舞蹈《秀色》，并获全国大学生舞蹈比赛一等奖。在欧莱雅校园市场营销策划大赛中获中国赛区冠军。2010年至2014年就职于强生（中国）消费品集团担任品牌经理，被授予管理培训生项目"希望之星"。2014年至2016年就读于美国杜克大学富卡商学院，并获得工商管理硕士学位。2016年至今就职于贝恩咨询上海办公室，担任项目经理。

33. 陶晓阳：2007届校友。

1993年至2007年在建青实验学校学习期间，曾任校大队长、校学生会文艺部部长，荣获上海市优秀少先队长，上海市优秀初中、高中毕业生等荣誉称号。2007年以全国第一名的成绩考入中国舞蹈最高学府北京舞蹈学院。在校期间每年获一等奖学金，被评为优秀共青团员。毕业后回到长宁成为一名艺术教师，现任建青实验学校艺术中心主任。工作期间，荣获上海市五一劳动奖章、上海市五四青年奖章、上海市优秀共青团员、上海市教学能手、长宁区园丁奖等荣誉称号，被评为2017—2018年度上海市职工职业道德建设十佳标兵个人，荣获第二届爱岗敬业青年教师技能大赛、上海市中青年教师教学评优、上海市首届艺术教师基本功大赛等多个重要的教学赛事一等奖。2017年，他作为最年轻的教师，被上海电视台拍摄了纪录片，在上海市教委和上海广播电视台联合推出的大型纪录片《师道》节目中播出。

34. 李骈：2008届校友。

1994年至2007年在建青实验学校学习期间，任校学生会主席、大队长、班长。进入同济大学后担任学院学生会副主席；后于Johns Hopkins University获得硕士学位；CFA持证人。毕业后加入一家位于纽约的咨询公司工作，担任数据分析师。

35. 顾逸菲：2008届校友。

1994年至2008年在建青实验学校学习期间，曾作为AFS国际交流组织一员到德国Hamm交流学习，并在当地Freiher-von-Stein Gymnasium读10年级。2008年9月进入上海财经大学会计学院。

36. 邓晓颖：2009 届校友。

中共党员。1995 年至 2009 年在建青实验学校学习期间，任班长、少先队大队委员。荣获上海市优秀学生干部、优秀少先队员和区优秀共青团员。高中时先后任学生会文艺部部长，学生会副主席、主席，《建青报》主编。荣获校张明为一等奖奖学金。2009 年考入上海财经大学银行与国际金融专业，在学校的大学生政治学院实践部工作。

37. 陈甄婧：2009 届校友。

1995 年至 2009 年在建青实验学校学习，任学生会副主席，连续两年的区三好和连续四年班长，2009 年建青实验学校理科高考状元，考入复旦大学外文学院英语系。本科期间曾获校奖学金，任一年班长，赴芬兰进行一学期的校际交流，还作为校合唱团成员积极参与各类演出。本科毕业后供职于埃克森美孚（中国）投资有限公司市场部。现居新加坡，南洋理工大学国立教育学院国际汉语教学专业硕士在读。

38. 沈唐尧：2013 届校友。

1998 年至 2013 年在建青实验学校学习期间曾获第 17、18 届上海市高中物理竞赛一、二等奖；第 27 届上海市青少年科技创新大赛三等奖；第 19 届上海市高中科普英语竞赛三等奖；2011—2012 学年度上海市三好学生；2013 年复旦大学自主招生笔试满分；2013 年 9 月进入复旦大学物理学系，任学生会副主席、主席。2017 年被评为复旦大学优秀毕业生。目前于复旦大学物理学系凝聚态物理专业攻读博士学位。研究方向：光子晶体、有机无机掺杂型发光材料、时间分辨光谱。

39. 陈天地：2013 届校友。

中共党员。2001 年 9 月至 2013 年 6 月就读于建青实验学校。其间曾任校学生会主席，上海市学生联合会委员，上海市学联第十五次代表大会委员，长宁区三好学生，第七届"恒源祥"文学之星，第 27 届上海市青少年科创成果奖，《长宁学子》编辑部编辑，校优秀干部，校优秀团员。2013 年 9 月至 2017 年 7 月就读于复旦大学电子信息科学与技术专业。其间曾任复旦大学信息学院联合党支部组织委员，复旦大学信息学院学生会宣传部部长，课题项目获得 2017 年度上海市自然科学基金。2017 年 7 月参加工作。现任职于 Arvato Bertelsmann，担任 IT 咨询顾问，负责国际品牌数字化业务的落地实施。

资料来源：由上海市建青实验学校校长办公室提供，截稿时间 2019 年 9 月。

附录六

图片目录索引

主要参考文献

一、地方志、年鉴、学校章程、纪念册、课本、教材、讲义等

《上海市教育统计》（1946年度），上海市教育局编，1947年刊印。

《上海市中等教育概况》，上海市教育局编印，正中书局1948年刊印。

《上海市学校调查录》，乐德卿等主编，群协出版社1948年版。

《上海重要人名录》，简称《上海人名录》，许晚成编，上海龙文书店1941年版。

《袖珍上海里弄分区精图》，葛石卿等编纂绘制，国光舆地社1946年版，作者书社发行。

《上海市行号路图录》（上册），鲍士英测绘、顾怀冰等编辑，上海福利营业股份公司编印，1949年版。

《长宁区志》，长宁区志编纂委员会编，上海社会科学院出版社1999年出版。

《上海市长宁区志（1993—2005）》，上海市长宁区志编纂委员会编，方志出版社2010年出版。

《长宁区年鉴》编纂委员会：《长宁区年鉴》（2000、2001、2002、2003、2004、2005、2006、2007、2008、2009、2010、2012、2013、2014、2015、2016、2017年），上海社会科学院出版社等陆续出版。

《电源供给》，南洋模范无线电学校讲义，1952年3月初稿。

《简易三角讲义》，南洋模范无线电学校，1952年12月印。

《墙门楼梯讲义》，南洋模范无线电学校，20世纪50年代初期印。

上海市建青实验学校相关教材、读本，上海市建青实验学校提供。

二、报纸、杂志类

申报

东方杂志

人民日报

光明日报

解放日报

文汇报

三、档案、资料汇编、文集笔记、回忆录、口述等

《私立南洋模范无线电学校毕业留言簿》，1944年，征集。

《中央电讯社第三年》，中央电讯社出版委员会编，中央电讯社出版委员会1943年。

上海市档案馆馆藏南洋模范无线电学校、私立南洋模范补习学校、上海市建青中学（建青初级中学）、上海市建青实验学校部分档案：

南洋模范无线电学校学生会填报的学校基本情况统计表，1952年，上海市档案馆馆藏，档号：C23-2-21-194。

上海市人民政府教育局关于南洋模范无线电学校学生集体请愿事件的报告，1953年，上海市档案馆馆藏，档号：A22-2-

125—56。

黄浦区南洋模范补习学校学生基本情况统计表，1953年10月12日，上海市档案馆藏，档号：C23-2-37-46。

关于私立南洋模范补习学校改为私立初级中学的报告，1954年，上海市档案馆藏，档号：B105-1-1151-38。

南洋模范补习学校填报私立补习学校情况调查表，1955年，上海市档案馆藏，档号：B105-1-1369-8。

关于将私立南洋模范补习学校改名为上海市私立建青初级中学的令，1955年，上海市档案馆藏，档号：B105-1-1369-14。

第一机械工业部关于基本建设局华东建筑设计公司关于检奉南洋模范无线电校训练学生状况表一份，上海市档案馆藏，档号：B44-2-104-23。

上海市教育局关于派焦英为上海市私立建青初级中学代理校长的令，1955年，上海市档案馆藏，档号：B105-1-1225-50。

我们是怎样做好团的发展工作的，建青初级中学团总支书记纪孝敏，1964年，在共青团上海市第五次代表大会发言稿之六十七，上海市档案馆藏，档号：C21-1-996-272。

上海市长宁区教育局关于建青、致远二所初级中学合并的报告和上海市教育局的批复，1964年，上海市档案馆藏，档号：B105-2-822-12。

上海市建青中学推选优秀教职员先进事迹报告表，1956年，上海市档案馆馆藏，档号：B105-5-1751-93。

上海市延安中学革命委员会、上海市天山中学革命委员会、上海市建青中学革命委员会等学校填报的1978年重点中学设备修缮费安排情况调查表，1978年6月，上海市档案馆馆藏，档号：B105-9-486-26。

上海市建青中学在上海市教育战线先进集体和先进工作者代表大会上的报告材料，1977年，上海市档案馆藏，档号：B244-4-68-10。

上海市建青中学革命委员会填报的新长征突击手登记表（张安民），1979年，上海市档案馆馆藏，档号：C21-5-74-94。

上海市建青中学校长室填报的上海市三好学生登记表（张安民），1979年，上海市档案馆馆藏，档号：C21-5-87-205。

上海市建青中学校长室填报的上海市三好学生登记表（徐家赛），1979年，上海市档案馆馆藏，档号：C21-5-87-209。

共青团上海市建青中学总支委员会填报的青年先进集体登记表（上海市建青中学高一（2）班），1980年，上海市档案馆馆藏，档号：C21-5-134-153。

上海市建青中学填报的上海市三好先进集体登记表（上海市建青中学初三年级二班），1980年，上海市档案馆藏，档号：C21-5-145-58。

上海市建青中学填报的上海市1982年度"三八"红旗手登记表（许惠兰），1983年，上海市档案馆藏，档号：C31-5-103-10。

上海市教育局关于推荐昌邑路小学和建青中学为市爱国卫生红旗单位的函，1980年，上海市档案馆馆藏，档号：C63-1-57-82。

发挥红十字青少年在学校卫生工作中的作用——上海建青中学红十字卫生站副站长保健老师吴传贤在中国红十字会1980年上海市先进集体、先进会员授奖大会的讲话，上海市档案馆藏，档号：C63-1-71-104。

上海市建青中学填报的上海市1982年先进红十字会员事迹表（吴传贤），上海市档案馆馆藏，档号：C63-1-87-28。

上海市建青实验学校校办工厂填报的工业企业基本情况卡片，1985年，上海市档案馆藏，档号：B72-1-172-5。

上海市建青实验学校填报的上海市"三八红旗手"登记表（潘学乐），1985年，上海市档案馆馆藏，档号：C31-5-194-30。

上海市长宁区档案馆藏上海市建青中学（建青初级中学）、建青实验学校部分档案：

上海市建青中学全宗介绍，长宁区档案馆藏，全宗号：113。

中共长宁区委组织部关于本校李绮霞等同志批准为中共候补党员，1956年4月26日，长宁区档案馆藏，档号：（档号，下同）113-1-1。

（上海市建青初级中学）肃反运动发动群众的大体打算，1957年，长宁区档案馆藏，档号：113-1-3-10。

（上海市建青初级中学）肃反工作总结，1957年2月16日，长宁区档案馆藏，档号：113-1-3-20。

1958年（上海市建青初级中学）教工名册，长宁区档案馆藏，档号：113-1-5。

中共建青支部1961年度学校行政工作大纲（草案），1961年9月，长宁区档案馆藏，档号：113-1-10-1。

1962届（上海市建青中学）毕业学生情况调查表（名册），长宁区档案馆藏，档号：113-2-12。

建青中学学生征兵入伍通知书，1968年3月，长宁区档案馆藏，档号：113-2-23。

（上海市建青中学）1976届一班学籍卡，长宁区档案馆藏，档号：113-1-68。

中共长宁区委关于纪孝敏同志任职的通知，1977年8月26日，长宁区档案馆藏，档号：113-1-62。

（上海市建青中学）1977届学生毕业证书存根，长宁区档案馆藏，档号：113-2-74、113-2-75、113-2-76。

关于整党整风试点单位建青中学的基本情况，1978年7月，长宁区档案馆藏，档号：5-12-117-1。

（上海市）长宁区建青中学1979年学校情况介绍，长宁区档案馆藏，档号：113-2-79。

上海市建青中学1979年工作汇报，长宁区档案馆藏，档号：113-2-79。

（上海市建青中学）1979届一班学籍卡，长宁区档案馆藏，档号：113-1-115。

（上海市建青中学）1982届初中毕业证书存根，长宁区档案馆藏，档号：113-2-128。

（上海市建青中学）1983届高中毕业证书存根，长宁区档案馆藏，档号：113-2-133。

建青中学校长碰头会会议记录，1983年1月4日，长宁区档案馆藏，档号：113-1-155。

关于试办建青实验学校的方案（讨论稿），1984年6月1日，长宁区档案馆藏，档号：49-1-343-？。

关于试办建青实验学校的请示报告，1984年6月6日，长教秘（84）29号，长宁区档案馆藏。

（上海市建青中学）关于更改校名的报告，1984年，长宁区档案馆藏，档号：49-1-343-33。

上海市长宁区教育局"关于建立建青实验学校的通知"，1984年6月22日，长宁区档案馆藏，档号：49-1-343-25。

长宁区教育局向上海市教育局提交的"关于要求建造一座现代化中学的申请报告"，1984年11月3日，长宁区档案馆藏，档号：49-1-343-1。

关于要求调拨4.5亩土地给长宁区教育局扩大建青实验学校教育用地的请示，1995年，长宁区档案馆藏，档号：49-4-573-10。

关于同意调拨4.5亩土地给长宁区教育局扩大建青实验学校教育用地的批复，1995年10月，长宁区档案馆藏，档号：49-4-573-17。

关于同意建青实验学校"九年一贯制"素质教育课题延伸研究的请示与批复，1997年5、6月，长宁区档案馆藏，档号：49-4-842-1。

关于建青实验学校幼儿部的调查报告，约1987年，长宁区档案馆藏，档号：49-1-547-5。

上海市建青实验学校档案室所藏档案：

上海市建青中学（建青初级中学）档案，1955—1984年，上海市建青实验学校档案室藏。

上海市普教系统各单位房屋、场地情况表（上海市建青实验学校），沪教（85）19号表，上海市教育局，1985年12月，上海市建青实验学校档案室藏。

上海市建青实验学校档案，1984—2019年，上海市建青实验学校档案室藏。

《中国近代中小学教科书总目》，王有朋主编，上海辞书出版社2010年版。

《中国近代教育史资料汇编》，璩鑫圭、唐良炎编，上海教育出版社1991年版。

"建青"部分老领导、老教师、校友座谈会记录，马学强、胡端等整理，2019年4月10日。

高平口述，马学强、潘敬芳采访整理，2019年4月10日。

凌同光口述，马学强、潘敬芳采访整理，2019年4月15日。

吴子健口述，马学强、陈依群采访整理，2019 年 4 月 15 日。

四、相关论著

《上海中小学课程教材改革》（专辑 1），上海中小学课程教材改革委员会办公室编，上海教育出版社 1990 年版。

《上海通史》，熊月之等著，上海人民出版社 1999 年版。

《青春飞扬：近代上海学生生活》，施扣柱著，上海辞书出版社 2009 年版。

《西学东渐第一校：从徐汇公学到徐汇中学（1850—2010）》，庄小凤、马学强主编，上海辞书出版社 2010 年版。

《沪上名校：百年大同（1912—2012）》，盛雅萍、马学强主编，上海辞书出版社 2012 年版。

《为国桢干：上海南洋中学 120 年（1896—2016）》，马学强、于东航主编，商务印书馆 2016 年版。

《探究学习与教师行为改善》，吴子健编著，上海教育出版社 2007 年版。

《十五年一贯制学校管理创新研究——以上海市建青实验学校为例》，戴群、董辉、熊秋菊著，人民出版社 2012 年版。

《九年一贯制学校办学实践与思考》，潘国青主编，上海教育出版社 2014 年版。

《循理而行》，潘敬芳著，华东师范大学出版社 2018 年版。

近年来，上海社会科学院马学强研究员团队以"百年名校与江南文脉"为题，陆续出版《西学东渐第一校：从徐汇公学到徐汇中学》《沪上名校：百年大同研究》《为国桢干：上海南洋中学120年》《存古开新：从绍郡中西学堂到绍兴市第一中学》多部校史著作，加强名校、特色学校研究。此次，该研究团队与上海市建青实验学校合作，共同撰写、出版《建树青年：上海市建青实验学校图志（1939—2019）》。

上海市建青实验学校，位于上海市长宁区，毗邻虹桥、古北经济技术开发区。其前身可以追溯到1939年创立的上海南洋模范无线电学校。其校名、校址屡经变迁。1955年成为上海市私立建青初级中学，翌年转为公立学校。1978年，该校确立为上海市长宁区重点中学。1984年7月，建青中学、虹桥路第二小学及幼儿园合并，在虹桥路1161弄20号成立上海市建青实验学校，探索幼、小、中"三段一体"改革。这是上海市最早的幼、小、中"十五年一贯制"实验学校，也是首批上海市素质教育实验学校。80年来，学校在奋斗中求生路，自立自强；80年来，学校积淀了丰厚的校园文化，办学特色鲜明。作为一所已有80年历史的学校，蕴含了丰富的人文内涵，其办学历程、办学理念、办学特色，在上海基础教育史上具有一定地位，研究价值独特。这所学校拥有众多校友，人才辈出，目前活跃于社会各界。在新时代，学校以其深厚的历史底蕴、独特的人文传承、显著的办学特色受到各界广泛关注。梳理这所学校80年的发展历程，解读办学特色，挖掘文化内涵，具有很高的历史人文价值与积极的社会意义。

严格意义上说，"建青"迄今还没有一本完整的校史著作。为迎接建校80周年，学校与上海社会科学院校史研究团队合作，专门成立课题组，对这所学校进行系统、深入研究。于是，有了现在这部书稿。书稿以"图志"的形式撰写，系统梳理学校80年的发展历程，反映不同时期的校址、校园，利用大量珍贵档案文献，完整、准确解读学校80年的办学成就与办学特色，基本框架分导读、正文、附录。附录部分包括：学校沿革图、大事记、历任校领导、教职员工名录、部分校友简介、图片目录索引、主要参考文献等。图志由文字和图片两部分组成，采取以图带文，以文释图，做到图文并茂。通过对不同时期的毕业照及与校友相关的照片、档案和物品的展示，再现同学们当年在母校的学习、生活情景，展现母校对每位学子的关爱，引发回忆，分享记忆。其中不少档案、图片为首次公布，弥足珍贵。

　　"洗尽铅华始见金，褪去浮华归本真"。回顾"建青"80年来的风雨历程，正如校名所寓意的那样，"建树青年"始终是其孜孜以求、底色不改的使命与担当。然而，就"建青"的核心文化内涵来说，有几个关键词颇具历史穿透力而一以贯之。首先是"厚德养正"。因该校的前身南洋模范无线电学校是一所工具理性极强的专门技术学校，学生们多是"技术至上主义"的信奉者与崇拜者，而往往漠视个人的修身养德。这种"技术"与"操守"、"德行"之间如何平衡的问题，就曾引发不少师生、校友的关注与反思。从一所专门的无线电学校，后来演变为补习学校，再转型为建青中学，学校破旧立新，正本清源，大力发展共青团组织，长期坚持学雷锋、创三好，好人好事层出不穷，优良校风远近驰名，正是"厚德养正"的鲜明体现。组建建青实验学校后，"立德立人"工作更成为重中之重。多年来，坚持学校、家庭、社区三位一体的育德机制，积极构建"自主管理、自主教育、自主发展"的德育工作模式，建设"礼仪规范、公共规则、学习规范、道德规范、社会责任和国际理解"六大系列的德育课程体系，为学生良好的思想道德形成奠定坚实的基础。其次是"拓新致远"。无论是首创独特的"十五年一贯制"办学，还是最早踏上"三段一体"办学模式整体实验改革之路，"建青"都称得上是上海乃至中国基础教育园地中勇于创新、敢于探索、率先垂范的"窗口"。这种底气来源于对教育本质与规律的尊重，对认知规律的尊重和对成才规律的尊重。

　　"建青"校史积淀深厚，要研究这样一所具有一定历史的老校、特色学校，需要我们广泛发掘各种原始史料，这是校史研究的基础。学校各个时期的档案文献分散于各处，种类亦多，收集这些资料本身需要花费很大的心力，同时也须具备一定的专业能力。为了系统梳理建青80年的办学历程，在资料收集上也要注意其多样性、连续性等特点。课题组与学校合作，陆续在海内外寻访到大量史料，包括文献、图片乃至文物，主要包括：一、学校的档案文献，各个时期出版印发的多种资料，如章程、教材、课本、讲义、校内刊物、毕业证书等，这些档案文献存于国家图书馆、中国第二历史档案馆、上海图书馆、上海市档案馆、上海市长宁区档案馆、上海市建青实验学校校史室、档案室等处，也有来自民间收藏的。二、与学校相关的笔记、文集等，记录学校的各个方面。三、来自近现代报纸杂志的记载，包括近代的《申报》等，以及当代的《人民日报》《光明日报》《解放日报》《文汇报》等。四、口述资料、校友回忆。需要特别指出的是，为了加强校史研究，学校与课题组联合成立"建青"人物口述小组，曾邀请部分老领导、老教师、老校友前来学校，我们通过不同方式，或举行座谈会，或口述访谈，从中获得了大量信息与珍贵线索，口述资料与档案文献相结合，极大丰富了"建青"校史的内涵。我们曾经拟定一份详细的"建青人物采访名单"，但由于种种原因，一些人物口述未能进行，以后如有机会可以深入采访，汇编成专辑。

本书稿于2019年5月底完成，撰稿人的具体分工如下：第一篇，马学强、胡端、鲍彦悦；第二篇，马学强、彭晓亮、陈凤；第三篇，潘敬芳、马学强、陈依群等；附录部分，马学强、陈依群、胡端、龚浩、陈世明、陈瑾瑜、杨裙橞、赖芳玮等。书稿中的图片，除特别注明外，均由鲍世望拍摄，或由上海市建青实验学校提供。

本书主编潘敬芳、马学强，陈依群为执行主编，万技伟、童葆菁、李春霞、胡端任副主编。

北京师范大学资深教授、中国教育学会名誉会长顾明远先生，国家督学、上海市教育学会会长、上海市教委原副主任尹后庆先生分别为本书作序。

上海市建青实验学校的老领导、老教师，以及校友会始终关心、关注学校80周年校史书籍的编写与出版。校友们广泛参与，有的提供信息，有的联络校友，有的安排采访，他们对母校的热爱与慷慨，令人感动。上海社会科学院出版社的编辑为本书出版也付出了辛勤劳动。在书稿撰写中，我们得到了国家图书馆、中国第二历史档案馆、上海图书馆、上海市档案馆、上海交通大学图书馆、华东师范大学图书馆、上海社会科学院图书馆、上海市长宁区档案馆、上海市建青实验学校图书馆、校史室、档案室，以及上海市建青实验学校校友会等的大力协助与支持。谨此致谢。